Hermann Zschokke

Das Weib im Alten Testament

Hermann Zschokke

Das Weib im Alten Testament

ISBN/EAN: 9783743488519

Hergestellt in Europa, USA, Kanada, Australien, Japan

Cover: Foto ©Lupo / pixelio.de

Manufactured and distributed by brebook publishing software (www.brebook.com)

Hermann Zschokke

Das Weib im Alten Testament

Das Weib

im

Alten Testamente.

Von

Dr. Hermann Zschokke,

o. ö. Professor der Theologie an der k. k. Universität in Wien.

Wien, 1883.

Verlag von Heinrich Kirsch, Singerstraße 7.

Erste Wiener Vereins-Buchdruckerei.

Einleitung.

Während ich in meinem Werke: „Die biblischen Frauen“ die einzelnen Frauengestalten des alten Testamentes, deren Lebensumstände, Charakter und symbolische Bedeutung nach dem Berichte der heil. Schrift und anderer einschlägigen Quellen gezeichnet habe, faßt das vorliegende Werk das alttestamentliche Weib im Allgemeinen in's Auge. Zwar hatte ich beim ersten Angriffe des obigen Werkes den Plan, Alles, was überhaupt das weibliche Geschlecht betrifft, nach Angabe der heil. Schriften zu sammeln und in wissenschaftlicher Form vorzuführen; allein bald überzeugte ich mich, daß es Umstände und Verhältnisse gebe, die sich nicht gut, wenigstens nicht in erschöpfender Weise, in Lebensbilder einreihen lassen. Als Anhang aber wollte ich diese allgemeinen Partien nicht behandeln, sowohl der Wichtigkeit der Sache wegen, als auch deshalb, weil der Umfang der zu behandelnden Materie die Grenze eines Anhanges weit überschritt. So bildet demnach gegenwärtige Schrift einerseits eine passende Ergänzung zu den „Biblischen Frauen“, anderseits aber ein selbstständiges Ganze, so daß beide in möglichst erschöpfender Weise alle das weibliche Geschlecht im alten Testamente betreffenden Umstände besprechen und erörtern. Für die logische Behandlung dieses Gegenstandes empfahl sich mir die Eintheilung nach den einzelnen Lebensstufen der Frau: als Mädchen, Jungfrau, Gattin, Mutter, Geschiedene, Wittwe und Sclavin, wobei ich zugleich Gelegenheit fand, andere wichtige Fragen über die Jungfräulichkeit, Buhlerei, Ehe, Stellung des Weibes im alten Testamente gegenüber dem Heidenthum, Kinderzucht u. a. einzuflechten und näher zu erörtern. Gleich dem oben angeführten Werke ist auch das vorliegende zunächst für Theologen berechnet, nicht blos um die Exegese in manchen Punkten zu erläutern und aufzuhellen, damit sie mittelst dieses Hilfbuches einen Ueberblick über viele schwierige, das Geschlechtsleben betreffende Stellen der heil. Schrift gewinnen, sondern auch um dem Homileten einen kurzgedrängten, aber inhaltsreichen Stoff für seine Zwecke zu bieten. Doch dürfte auch dem gebildeten Laien und Archäologen diese Arbeit nicht ganz ohne Nutzen sein.

Als Hauptquelle diente mir die heil. Schrift, und zwar nicht blos in der üblichen Version der Vulgata, sondern auch im Urtexte, der nach den Anforderungen unserer Zeit nicht unberücksichtigt bleiben darf. Sodann wurde die Patristik und einschlägige Profanliteratur berücksichtigt, mit steter Rücksichtnahme auf die neueste Literatur. Besonders aber durfte das sog. mosaisch-talmudische Eherecht nicht ganz außer Acht gelassen werden. Bekanntlich sind die im Pentateuche enthaltenen eherechtlichen Bestimmungen auf ein geringes Maß reducirt und meist negativer Art; positive Bestimmungen finden sich nur wenige. Da sich nun in späterer Zeit die Lebensverhältnisse des jüdischen Volkes veränderten oder erweiterten und die einfachen Bestimmungen, die sich meist aus der Sitte und Gewohnheit herausgebildet hatten, nicht mehr zureichten, mußte um die bestehenden Gesetze ein weiterer Kreis gezogen und ganz neue Normen in's Leben gerufen werden[1]), und so entstand das sogenannte mosaisch-talmudische Eherecht.

Nach der Ansicht jüdischer Gelehrten ist dieses talmudische Recht eben nur das erweiterte mosaische Recht; denn es schließt sich in zweierlei Form an das mosaische an, nämlich als Forschung und Fortbildung. Erstere will das mosaische Gesetz erklären und soll den Commentar zu demselben bilden; als Fortbildung aber hält es sich von fern an dasselbe, dessen Idee es zu erfassen und durch Analogien und Deductionen auf die durch den Umschwung der Zeit veränderten und neugestalteten Verhältnisse anwendbar zu machen sucht; und gerade diese Fortbildung ist im talmudischen Eherechte das vorwiegende Moment. Diese sonderbare Verquickung des Ausdruckes mosaisch mit talmudisch läßt gleich Anfangs errathen, daß das talmudische Recht auf gleiche Stufe mit dem mosaischen gesetzt, mithin als göttlich anerkannt wird. Und wirklich erkennen die Juden nebst dem schriftlich von Moses verfaßten Gesetze noch ein mündliches, im Talmud fixirtes Gesetz, welches Gott dem Moses am Berge Sinai mündlich geoffenbart, Moses dem Josue und dieser seinen Nachfolgern überliefert hat[2]), und doch ist der Talmud, „diese Schatzkammer rabbinischer Gesetzesweisheit und Gesetzesthorheit, Gesetzesschärfe und Gesetzesarmuth", wie Pressel schreibt[3]), eben nur menschliches Machwerk, welches die jüdischen Schriftgelehrten, indem sie durch willkürliche und aberwitzige Auslegung die heil. Schrift bis zur Unkenntlichkeit verunstaltet, als das allein bindende kirchlich-politische Gesetz, als Richtschnur aller Glaubenslehren und Lebenspflichten dem Volke aufoctroyirt

[1]) Vgl. Z. Frankel, der gerichtl. Beweis nach mos. talm. Rechte. Berlin 1846. S. 7 und Grundlinien des mos. talm. Rechtes. Leipzig 1860. S. 12.

[2]) Siehe Beweise C. Pawlikowski, Talmud in d. Theorie u. Praxis. Augsbg. 1866. S. 56 ff. u. 72 ff. Rohling. Talmudjude, Münster 1871. S. 12 ff.

[3]) Art. Talmud in Herzogs Real-Encyclop. 1. Aufl. 15 Bd. S. 615.

haben. Die alttestamentliche Synagoge kannte als Wächter des Glaubens neben dem ordentlichen Lehramte des Priesterthums noch die Propheten, die Gottes Willen kundgaben; auch hatte der Hohepriester die persönliche Prärogative, durch Urim und Thummim den Herrn in außerordentlichen Fällen zu erfragen. Die Synagoge nach Christi, die wohl erkannte, daß eine lebendige göttliche Autorität noth thue, hielt an derselben fest, dehnte jedoch selbe auf die Person eines jeden einzelnen Lehrers aus und ging so weit, alle, selbst die irdischen und weltlichen Sätze dieser rabbinischen Gesetzesweisheit als göttlichen Willen aufzufassen.

Der Ueberrest der Tradition aus vorexilischer Zeit konnte wohl nur ein geringer sein, wenn man den traurigen Zustand des religiös und sittlich verkommenen Volkes Israel vor dem Exile betrachtet, an welchem selbst die großen Propheten umsonst sich abmühten; derselbe mochte sich eben auf Sitte und Gewohnheit bei den festlichen Anlässen des Lebens beschränken.

Die rabbinische Tradition ist eigentlich die Ausgeburt der nachexilischen Zeit. Als unter Esra und Nehemias das Volk regenerirt wurde und einerseits den Kampf gegen den immer mehr eindringenden Geist des Hellenismus aufnahm, anderseits den ganz veränderten äußeren und inneren Umständen Rechnung tragen mußte, wurde es zu einer nicht selten minutiösen Schriftauslegung gedrängt, die sehr oft vom Mosaismus sich entfernte. Als nun auch das Christenthum gegen den Pharisäismus und seine Schriftauslegung, die zur Stützung desselben willkürlich modulirt wurde, zu Felde zog, blieb den Trägern desselben nur die Wahl, entweder diesen alten Sauerteig ganz über Bord zu werfen oder ihn mit Haut und Haaren als in Einklang mit der heil. Schrift stehend, zu erhärten, mochte auch dieser die ärgste Zwangsjacke angelegt werden. Die Vielbedeutsamkeit und Schwierigkeiten der hebräischen Sprache und der Umstand, daß man in der heil. Schrift überall einen mystischen Sinn witterte, kamen den gelehrten Führern des Judaismus, welche für eine bereits verlorene Sache wetteiferten, sehr zu statten. Die Soferim oder Schriftgelehrten, die Mitglieder der großen Synagoge, hatten vielfach die heil. Schrift commentirt und eigene Bestimmungen zum Gesetze hinzugefügt. Die zu einer bedeutenden Höhe bereits angewachsenen formalen Erklärungen der heil. Schrift hatten, weil vom obersten Gerichtshof ausgehend, unangefochtene Gesetzeskraft. Als aber in der Zeit nach der Zerstörung des zweiten Tempels das Studium des Gesetzes freigegeben war, entstanden zahlreiche Lehrmeinungen, die vermöge des einem Jeden innewohnenden Geistes Gottes gleichmäßigen Anspruch auf Beachtung machten. Dieses Sammelsurium der einzelnen von Rab Jehuda bis zur Zeit des Kaisers Marc-Aurelius in ein Buch zusammengetragenen Erklärungen bildet die Mischna, das zweite Gesetz. Diese an vielen Stellen unklare Mischna wurde wieder in den palästinensischen und babylonischen Akademien Gegenstand der Erklärung und so entstanden die beiden Gemara, welche mit dem unwandelbaren Text der Mischna den palästinensischen (um's Jahr 230 vollendet) und babylonischen Talmud (welcher im Anfange des sechsten Jahrhunderts seine Schlußredaction erhielt) bilden. Während die Mischna also den Codex der einfachen Normen bildet, ist der Talmud die eigentliche Interpretation derselben, bereichert ihn aber zugleich mit neuen Normen. Die Motivirung derselben wird theils in der Tosefta, einer späteren Sammlung alter Lehrsätze und Meinungen, theils in anderen alten exegetischen Werken: Mechilta, Sifra, Sifri gebracht.

Die Mischna zerfällt in sechs Sedarim (Ordnungen), die wieder in Tractate eingetheilt sind. Die dritte Ordnung Seder Naschim (der Frauen) handelt in 7 Tractaten: Jebamot, Ketubot, Kidduschin, Gittin (Nedarim, Nasir) und Sotah von der Verheirathung, Heirathscontracten, Verlöbnissen, Ehescheidungen (Gelübden, Nasiräern) und Ehebruch, und ist mithin fast ausschließlich dem Eherechte gewidmet. Auch der vierte Tractat Sanhedrin der vierten Ordnung Nesikin erläutert das Eherecht, doch mehr nach seiner negativen Seite. Diese Tractate bilden den eigentlichen Codex des jüdischen Eherechtes. Mit dem Abschlusse des Talmud war der daselbst niedergelegte Lehrstoff nicht abgeschlossen, sondern wurde durch die Häupter (Geonim) der beiden babylonischen Akademien zu Pumbaditha und Sora weiter bearbeitet, welche viele, die talmudischen Satzungen wieder abändernde Verordnungen in's Leben riefen, wozu endlich noch andere wichtige Satzungen des deutschen Rabbi Gerson kamen. Alle diese Lehrsätze der überhaupt lückenhaften Mischna und der älteren Werke, die vielen talmudischen Zusätze, Erklärungen und Erweiterungen, welche bereits Gesetzeskraft erlangt hatten, und die Verordnungen der Geonim sammelte der gelehrte R. Maimonides in seinem großen Werke Jad Hachasaka. In echt aristotelischer Weise ordnete und vertheilte er den Stoff, wobei er jedoch manche, ganz unhaltbare Hypothesen mit einfügte und Vieldeutiges in eine starre, dem Grundgedanken nicht entsprechende fixe Form brachte, allein die Motive für seine Ansichten und Handlungsweise beizufügen unterließ. Zu diesen Mängeln tritt noch der Umstand hinzu, daß in seinem Werke eine Quellenangabe vermißt wird.

Um diese Lücken auszufüllen, verfaßte R. Jacob ben Ascher aus Toledo im 14. Jahrhunderte ein Werk, Tur genannt, in welchem er die vorzüglicheren Meinungen mit kurzer Angabe der Quellen zusammenstellt und auch die Motive der Annahme und Bevorzugung irgend eines dieser Lehrsätze angibt. Dabei folgte er vorzugsweise den Ansichten seines Vaters R. Ascher der zu vielen talmudischen Tractaten ein gelehrtes Werk verfaßte, welches die Halacha (Fixirung der Norm) zum Zwecke hatte. Der dritte Theil des Tur, Eben Haëser genannt, ist ausschließlich dem Eherechte gewidmet. Da aber dieses Werk durch die Anführung der Quellen und der Meinungsdifferenzen nicht zum Codex sich eignete, verfaßte R. Joseph Karo im 16. Jahrhundert mit Zugrundelegung des Tur und des von ihm demselben beigegebenen Commentars, Bet Joseph genannt, den Codex Schulchan Aruch, der in 4 Theilen ausschließlich die Normen bringt. Der dritte Theil ist gleichfalls Eben Haëser benannt und ist der bei den jüdischen Gerichten giltige Codex des Eherechtes. Endlich gehören hieher noch die in den Responsen niedergelegten Entscheidungen auf verschiedene Anfragen und Fälle, die von der Zeit der Geonim bis in's 18. Jahrhundert reichen.[1])

[1]) Ueber das Eherecht in kürzerer Form handeln außer den Archäologien und den oben bezeichneten Werken von Frankel: J. L. Saalschütz, das Mosaische Recht nebst den vervollständigenden talmudisch-rabbinischen Bestimmungen. Berlin 1853. 2 Theile. J. D. Michaelis, Mosaisches Recht. Frankft. 1774. 6 Theile. J. Selden, Uxor hebraica absolvens nuptias et divortia veterum Hebraeorum. Wittenbg. 1712. P. Buchholz, die Familie in rechtlicher und moralischer Beziehung, nach mosaisch-talmudischer Lehre. Breslau 1867. Em. Weil, La femme juive, sa condition légale d'apres la Bible et le Talmud. Paris 1874.

§ 1. Das Kind (Mädchen).

Das Haus oder die Familie wird durch Kinder erbaut; eine zahlreiche Kinderschaar war daher den Hebräern sehr erwünscht und galt als besondere Gnade Gottes. Die Geburt eines Kindes, namentlich eines Knaben, welcher den Familiennamen fortpflanzte, wurde als Festtag betrachtet. Die Geburt eines Mädchens war nicht so angenehm, weil ein solches dem Vater größere Sorgen verursache[1]), und die Talmudisten[2]) befehlen sogar, nach der Empfängniß der Frau zu beten, daß die Frucht ein Knabe werde. Daraus folgt aber nicht, als ob das Mädchen in der hebräischen Familie auf einer niederen Stufe stehend betrachtet worden wäre. Das mosaische Gesetz erkennt in jedem Individuum die Persönlichkeit, und darum hat das Kind bei den Hebräern schon bei seinem Erscheinen den Anspruch, als werdende und einst selbstständige Person anerkannt und behandelt zu werden. Das Tödten eines Kindes im Mutterschooße sowohl, als nach der Geburt, sowie das Opfern desselben wurde mit dem Tode bestraft.[3]) In dieser Beziehung war das Mädchen dem Knaben ganz gleichgestellt. So werden die Kinder überhaupt als Krone der Eltern bezeichnet.[4]) Für die Erziehung der Kinder in den ersten Jahren sorgte die Mutter[5]); vorzugsweise blieben die Mädchen bis zu ihrer Verheirathung unter mütterlicher Aufsicht und Leitung[6]), ohne jedoch in übertriebener Weise ganz eingeschränkt zu sein. Ein eigentliches Haremsleben, wie bei den jetzigen Arabern, existirte bei den Hebräern nicht; im Gegentheil genoß das Mädchen im öffentlichen und geselligen Leben eine Freiheit, welche nur an den Forderungen der Sittlichkeit eine Schranke fand. So geht Rebecca an den Brunnen, obschon daselbst fremde Männer lagern[7]), denen sie sich sogar dienstbar erweist, und reiset ohne Begleitung eines ihrer Verwandten (obschon mit Mägden) nach einem fernen Lande. Rachel weidet und tränket ihre Heerde gemeinschaftlich mit den Hirten und wird von ihrem Verwandten, Jacob, am Brunnen geküßt.[8]) Im Hohenliede[9]) wird der Sulamith gerathen, mit ihrer Heerde zu den Hirten zu eilen, um ihren Geliebten zu suchen. Dina geht aus, um die Töchter des Landes zu sehen, wobei ein Zusammentreffen mit Männern sich nicht vermeiden ließ, freilich mit einem ungünstigen Erfolge.[10]) Das mosaische Gesetz[11]) läßt voraussetzen, daß ein Mädchen oder eine verlobte Braut ganz allein einen Weg über Feld machen kann, wo Gelegenheit war, Männern zu begegnen. Weit entfernt, diese freie Sitte zu tadeln, schützt

---

[1]) Eccli. 42, 9, 10. — [2]) Sot. 70. — [3]) Lev. 20, 2—5; Dt. 12, 30, 31; 18, 10. — [4]) Prov. 17, 6. — [5]) Prov. 31, 1; 1. Tim. 3, 15. — [6]) Gen. 24, 28, 55. Cant. 3, 4; 8, 2; 2. Makk. 3, 19. — [7]) Gen. 24, 15. — [8]) Gen. 29, 9, 11. — [9]) 1, 8. — [10]) Gen. 34, 1 f. — [11]) Dt. 22, 25—27.

Moses sie vielmehr, indem er in dem gegebenen Falle den Verführer mit dem Tode bestraft, das Mädchen jedoch, weil fern von menschlicher Hilfe, schuldlos ausgehen läßt. Maria, die Schwester Mosis, stellt sich am Ufer des Nil auf und benützt den richtigen Augenblick, um bei der Rettung ihres Bruders die eigene Mutter als Amme für die Pharaonentochter herbeizurufen.[1]) Die Töchter Salphaads treten vor Moses und die Aeltesten, um ihre Angelegenheit bezüglich des Erbrechtes selbst zu vertreten.[2])

Während dem Römer das Recht über die Freiheit, über Leben und Tod[3]) seines Kindes zustand, hatte der Hebräer kein Recht über die Freiheit seiner Kinder. Selbst wenn das hebräische Kind gegen Eltern durch Fluchen und Schlagen sich verging und trotz der elterlichen Ermahnung und Züchtigung bei seinem unsittlichen Lebenswandel verharrte, oder zum Götzendienste verleiten wollte, worauf die Todesstrafe gesetzt war, hatten die Eltern nur das Recht der Klage[4]); die Execution stand den Aeltesten zu. Natürlich lag es in dem Willen der Eltern, von diesem Rechtsmittel Gebrauch zu machen oder nicht. Der Strafe der Steinigung für Widerspenstigkeit gegen Eltern verfällt nach dem Talmud[5]) nur der Sohn und nicht die Tochter, und zwar Jener erst nach dem Eintritte vom ersten Zeichen der Mannbarkeit, nicht mehr aber nach 3 Monaten nach dem angegebenen Zeitpunkte. Ueberdies mußte der Schuldige vorher schon einmal die körperliche Züchtigung erhalten haben und die Eltern über die Anklage vollkommen einig sein, wodurch offenbar die elterliche Gewalt noch mehr beschränkt wurde. Damit steht aber nicht in Widerspruch das Gesetz bezüglich des Verkaufes der Tochter zur Magd: „Hat Jemand (aus Armuth) seine Tochter als Magd (Concubine) verkauft, so soll sie nicht austreten, wie die Knechte (Mägde) austreten (also nach 6 Dienstjahren entlassen werden). Mißfällt sie ihrem Herrn, der sie für sich bestimmt hatte, so soll er sie lösen lassen (d. h. gestatten, daß ein anderer Israelit sie sich als Kebsfrau erwerbe); einem fremden Volke hat er nicht das Recht, sie zu verkaufen, da er treulos gegen sie gehandelt hat. Bestimmt er sie für seinen Sohn, so soll er ihr nach dem Rechte der Tochter thun (sie als Tochter behandeln). Nimmt er ihm (dem Sohne) eine andere, so soll er ihr (der gekauften Israelitin) Nahrung, Kleidung und Beiwohnung nicht kürzen (also nicht zugeben, daß der Sohn sie verstößt oder schlecht behandelt). Wenn er ihr diese drei Dinge nicht leistet, soll sie unentgeltlich ohne Lösegeld entlassen werden.“[6]) Dieses Gesetz beruht auf einer alten fremden Volkssitte, gemäß welcher der unbemittelte Vater seine Tochter verkaufte, die der Käufer nach Belieben fortschicken oder weiter verkaufen konnte. Das Gesetz wollte durch obige Bestimmungen diese Sitte einschränken und allmählich beseitigen, und somit der Freiheit einer solchen Tochter Vorschub leisten. In der nachexilischen Zeit hatte sich dieses Verhältniß bereits verloren.[7]) Söhne und Töchter den Götzen zu opfern und zu weihen, war durch das Gesetz verpönt.[8]) Die Opferung Isaaks durch Abraham war zwar von Gott befohlen, jedoch nur, um den Glauben Abrahams zu prüfen; darum wurde die Voll-

[1]) Ex. 2, 7 f. — [2]) Num. 27, 1 ff. [3]) Jus vendendi, jus vitae necisque. — [4]) Dt. 13, 6 ff. 21, 18—21. — [5]) Sanhed. 8, 1. — [6]) Ex. 21, 7—11. — [7]) Gittin 65, Erachin 29, Kiddus. 69. — [8]) S. unten §. 3.

ziehung des Opfers verhindert und ein Thieropfer substituirt.[1]) Mit der Opferung der Tochter Jephte's hat es jedoch ein anderes Bewandtniß.[2])

Das mosaische Gesetz enthält keine näheren Bestimmungen über die Pflichten der Eltern gegen die Kinder; denn diese ergeben sich von selbst aus dem gegenseitigen Verhältnisse derselben und der Anschauung über die Familie. Dringend wird dem Vater an's Herz gelegt, seine Kinder mit der Erkenntniß des einen wahren Gottes, mit seinen Geboten und Lehren bekanntzumachen[3]), daß sie den Herrn fürchten lernen und ihm gehorchen. So that es bereits Abraham.[4]) Besonders soll der Vater die göttliche Führung des Volkes, Jehova's Wunderthaten und Gnadenerweisungen seinen Kindern in's Gedächtniß zurückrufen, wobei zugleich eingeschärft wird, was die Eltern den Kindern antworten sollen, wenn diese nach der Bedeutung des Erzählten fragen.[5]) „Du sollst sie deinen Kindern erzählen und nachdenken (reden) darüber beim Sitzen in deinem Hause, beim Gehen auf dem Wege, beim Schlafengehen und Aufstehen."[6]) „Unterweise deinen Sohn, so wird er dich ergötzen und Wonne deiner Seele gewähren."[7]) Oft wendet sich der Weise an die Jugend, um sie zur Beherzigung der väterlichen und mütterlichen Belehrungen zu ermahnen[8]) und die erwachsene Jugend ganz besonders vor Verführung und Unkeuschheit zu warnen, sowie den Werth der Tugend und Weisheit ihr vor Augen zu stellen.[9]) „In Frieden bewahret die Zucht, Kinder, denn verborgene Weisheit und ein versteckter Schatz — welcher Nutzen ist mit Beiden?"[10]) „Höret, Söhne, des Vaters Lehre und merket auf, daß ihr Klugheit lernet."[11]) „Der Sohn wird weise durch des Vaters Lehre; wer aber ein Spötter ist, hört nicht, wenn er gewarnt wird."[12]) „Höre deinen Vater, welcher dich gezeugt und verachte nicht, wenn sie alt geworden, deine Mutter."[13])

Ein Musterbild für alle Väter und für alle Zeiten ist Tobias, welcher seinen Sohn von Kindheit auf lehrte, Gott zu fürchten und alle Sünde zu meiden[14]) und vor seinem Tode Lehren gab, die er als Grundfesten in sein Herz legen sollte. Dieselben betreffen Ehrfurcht vor der Mutter, Religiosität, Almosen und Barmherzigkeit überhaupt, Keuschheit, Demuth, Gerechtigkeit und Weisheit im Handeln, die mit Gebet und Consultirung der Weisen verbunden ist.[15]) So begegnet uns selbst eine königliche Mutter, welche ihrem Sohne, dem Thronfolger, weise Lehren gibt, ihn vor Wein und Frauen warnt und ihn bittet, gerecht und rücksichtsvoll gegen Arme zu sein.[16]) Viele hebräische Mütter waren auch wohl geeignet, ihre Kinder zu erziehen und darum werth, von ihnen verehrt zu werden. „Das fromme, starkmüthige Weib öffnet ihren Mund mit Weisheit und das Gesetz der Milde ist auf ihrer Zunge. Sie schauet auf die Wege (den Wandel) ihres Hauses und ißt ihr Brot nicht in Müssiggang. Ihre Söhne treten auf und preisen sie als die glücklichste, auch ihr Mann lobt sie."[17]) So erinnert sich

[1]) Gen. 21. — [2]) Vgl. Zschokke, Bibl. Frauen. Freiburg, 1882. S. 186. — [3]) Dt. 4, 9, 10; 31, 13; 32, 46. — [4]) Gen. 18, 19. — [5]) Ex. 12, 26 ff.; 13, 8, 14 ff. Dt. 4, 10; 6, 20 ff.; 11, 19, Prov. 6, 20. — [6]) Dt. 6, 7. — [7]) Prov. 29, 17. — [8]) Prov. 1, 8, 9; 4, 1 u. ö. — [9]) Prov. 1, 10 ff.; 2, 1 ff.; 23, 22 ff. — [10]) Eccli. 41, 17. — [11]) Prov. 4, 1. — [12]) Prov. 13, 1. — [13]) Prov. 23, 22. — [14]) Tob. 1, 10. — [15]) Tob. 4, 1 ff.; 14, 10 ff. — [16]) Prov. 31, 1 ff. — [17]) Prov. 31, 26—28.

Salomon in späterer Zeit mit dankbarem Herzen an die Lehren, welche sein Vater ihm in früher Jugendzeit gegeben.[1]) Jeremias[2]) fordert die Frauen Jerusalems auf, ihre Töchter Klagelieder zu lehren, damit sie mit ihnen gemeinschaftlich ihr unglückliches Los bedauern.

Ferner wird den Eltern zur Pflicht gemacht, den Kindern mit ihrem guten Beispiele voranzuleuchten, denn ihr gutes Beispiel gereicht den Kindern zum Segen, das schlechte zum Verderben.[3]) Wenn demnach Gott die Sünden der Eltern an den Kindern im dritten und vierten Geschlechte heimsucht, so soll damit nicht gesagt sein, daß die sündigen Väter straflos ausgehen, an den Kindern und Enkeln aber ohne eigene Verschuldung die Sünden ihrer Väter gestraft werden, sondern daß die Strafe, wenn sie durch die göttliche Langmuth verzögert wird, nicht ausbleibe, ja sogar die Kinder die Sünden ihrer Väter büßen müssen, wenn sie (nach Ex. 20, 5) das Sündenmaß vollmachen, so daß sie dann für ihre eigenen und für ihrer Vorfahren Missethaten Strafe leiden. An solchen erfüllt sich das Wort des Ps. 108, 14: „Die Missethat seiner Väter komme wieder ins Angedenken vor dem Herrn, und die Sünde seiner Mutter werde nicht ausgelöscht.“ Daher wird nebst den Eltern auch den Söhnen und Töchtern die Strafe verkündet und ebenso an diesen vollzogen.[4]) Wenn dagegen die Kinder von den bösen Wegen der Eltern lassen, so wandelt sich der göttliche Zorn in Liebeseifer, und er erweist ihnen Gnade ins Unendliche. Jedenfalls liegt hier der Gedanke zu Grunde, daß die Väter durch ihre Gottlosigkeit an dem Unglücke der Kinder mit Schuld tragen, weil diese, ihrem bösen Beispiele folgend, der göttlichen Strafe anheimfallen müssen. „Der Gute hinterläßt als Erben Söhne und Enkel, und aufbewahrt wird dem Gerechten die Habe des Sünders.“[5]) „In der Furcht des Herrn ist feste Zuversicht, und seinen Söhnen wird die Hoffnung (Schutz Gottes) zu Theil.“[6]) „Ein Gerechter, der in seiner Einfalt wandelt, wird glückliche Kinder zurücklassen.“[7]) Ist Söhne zu hinterlassen der Lohn des Gerechten, so ist die Glückseligkeit der Kinder Folge der Gerechtigkeit ihres Vaters. „Kinder der Weisheit sind die Gemeinde der Gerechten, und ihre Nachkommenschaft ist Gehorsam und Liebe“[8]), d. i. sie besteht aus Gehorsamen und Liebenden. „Der Söhne Ruhm sind ihre (gerechten) Väter.“[9]) Nach dem Sprüchworte, daß der Apfel nicht weit vom Stamme falle, kann man aus der Lebensweise der Söhne oft auf die Grundsätze schließen, welche die Eltern ihren Kindern gegeben haben. Darum schreibt der Siracide: „Aus den Söhnen wird der Mann erkannt.“[10]) „Des Gottlosen Weiber sind Thörinnen (Ehebrecherinnen), und bösartig sind ihre Kinder (also die der Sünde des Ehebruches entsprossene Nachkommenschaft gleicht an Verderbtheit den Müttern). Verflucht ist ihr Geschlecht. Kinder von Ehebrechern verderben, und Nachkommenschaft aus gesetzwidrigem Beilager verschwindet. Und selbst, wenn sie langes Leben haben, werden sie doch für nichts geachtet, und ehrlos zuletzt wird ihr Alter sein. Und wenn sie frühzeitig sterben, so

[1]) Prov. 4, 3 fl. — [2]) 9, 20. — [3]) Ex. 20, 5, 6; 34, 7. Dt. 4, 40; 5, 9, 26; 30, 19; 32, 46, 47; Jer. 32, 18. — [4]) Lev. 26, 39. Jos. 7, 24. Js. 65, 7. Jer. 14, 16; 16, 3, 11; Bar. 4, 10, 14. Ez. 14, 16, 18, 20; 23, 10; 25, 47. Am. 7, 17. Dan. 9, 16. — [5]) Prov. 13, 22. — [6]) Prov. 14, 26. — [7]) Prov. 20, 7. — [8]) Eccli. 3, 1. — [9]) Prov. 17, 6. — [10]) Eccli. 11, 30.

werden sie keine Hoffnung haben und nicht Trost am Tage der Entscheidung. Denn das Geschlecht der Ungerechten nimmt ein schauerliches Ende."[1]) Darum gleichen die gottlosen Töchter der lasterhaften Mutter.[2]) Damit nun ein Land durch die fortgesetzten Gräuel böser Nachkommen nicht ganz befleckt werde, hatte Gott die Canaanäer, „die Mörder ihrer Kinder und Schlächter hilfloser Seelen durch Israel vertilgen lassen, damit eine würdige Einwohnerschaft von Gottes Kindern das Land empfange, welches vor allen Andern dir theuer ist."[3]) „Das Erbe der Söhne der Sünder wird zu Grunde gehen, und mit ihren Nachkommen ist beständige Schmach. Ueber einen gottlosen Vater klagen die Kinder, weil seinetwegen sie in Schande stehen".[4])

Gott selbst wird als lehrender und leitender Vater geschildert[5]), der, wenn es nothwendig ist, es auch an Zucht nicht fehlen läßt[6]), die bei ihm, wie bei den Eltern, ein Beweis der Liebe ist.[7]) Ein Vater soll sich der strengen Kinderzucht nicht schämen.[8]) Ohne Züchtigung geht es wohl dabei nicht immer an. „Ruthe und Züchtigung verschaffen Weisheit; der Knabe hingegen, der seinem Willen überlassen ist, machet Schande seiner Mutter."[9]) „Wer die Ruthe spart, hasset seinen Sohn (läßt ihn dem Verderben entgegengehen), wer ihn aber liebt, unterweist ihn ohne Unterlaß".[10]) „Nicht entziehe einem Knaben Zucht, denn so du ihn schlägst mit der Ruthe, wird er nicht sterben; du schlägst ihn mit der Ruthe, und seine Seele bewahrst du vor der Hölle"[11]) (vor dem zeitlichen und ewigen Verderben). Von der Erziehung des Sohnes soll nicht abgelassen werden, wenn auch ein oder der andere Versuch mißglückt. Soweit jedoch soll die Strenge nicht ausgedehnt werden, daß dadurch des Kindes Leben in Gefahr kommt.[12]) Aehnliche Ermahnungen ertheilt der Siracide: „Hast du Söhne, unterweise sie und beuge sie von ihrer Kindheit an. Hast du Töchter, wahre ihren Leib und zeige nicht heiter dein Angesicht denselben"[13]), und an einer anderen Stelle ertheilt er wahrhaft goldene Regel der Kinderzucht, weshalb dieser Abschnitt im Griechischen die Aufschrift: „Von den Kindern" trägt: „Wer seinen Sohn liebt, wird stets für denselben die Ruthe haben, damit dieser Freude habe bei seinem Ende und nicht klopfen muß an die Thüren der Nächsten. Wer seinen Sohn unterweist, wird von demselben Lob haben, und unter den Hausgenossen mag er sich dessen rühmen. Wer seinen Sohn unterweiset, macht seinen Feind (den Neider) eifersüchtig (und beschämt ihn zugleich), und unter den Freunden mag er sich dessen rühmen. Ist sein Vater gestorben, so ist er doch wie nicht gestorben; denn er hat sein Ebenbild hinterlassen. In seinem Leben sah er ihn mit Freude und bei seinem

---

[1]) Sap. 3, 12, 13, 16 ff., vgl. Job. 30, 8. — [2]) Ez. 16, 3, 44, 45; 19, 2, 10; 23, 2. — [3]) Sap. 12, 3 ff. — [4]) Eccli. 41, 9, 10. — [5]) Dt. 1, 31; 8, 5; 14, 1; 32, 6. — [6]) Dt. 8, 5. — [7]) Prov. 3, 12. — [8]) Eccli. 42, 5 — [9]) Prov. 29, 15. Aehnliche pädagogische Grundsätze lehrte Plutarch l. de off. audit. und Seneca l. 2. de via: Plurimum proderit pueros statim salubriter instituere, difficile autem est regimen, quia dare debemus operam, ne aut iram in illis nutriamus, aut indolem retundamus... Sic itaque inter utrumque regendus est, ut modo fraenis utamur, modo stimulis. — [10]) Prov. 13, 24, vgl. 3, 11, 12. Aehnlich Ben Sira Alph. Daleth: Aurum indiget percussionis et puer verberationis h. e. aurum tundi debet et puer verberari. — [11]) Prov. 23, 13, 14. — [12]) Prov. 19, 18, 19. — [13]) Eccli. 7, 25, 26.

Tode wird er nicht betrübt, noch beschämt vor seinen Feinden, denn er läßt zurück einen Vertheidiger des Hauses gegen die Feinde, der auch den Freunden die Wohlthat vergilt.[1]) Wer den Sohn verzärtelt, der verbindet dessen Wunden, und über jeden Schrei desselben werden erschüttert seine Eingeweide (so daß der Verband ihm mißglückt). Ein Pferd ohne Bändigung wird unlenksam, und ein Sohn ohne Zucht wird tollkühn. Verzärtle einen Sohn, und er wird dir Schrecken bereiten; tändle mit ihm, und er wird dich betrüben. Scherze nicht mit ihm, damit du nicht trauerst und am Ende deine Zähne knirschen. Gib ihm keine Gewalt in der Jugend, und lasse nicht außer Acht seine Gesinnungen (Anlagen und Neigungen — nach Griech.: Uebersieh nicht seine Thorheiten). Beuge seinen Nacken in der Jugend und schlage seine Lenden, so lange er noch Kind ist, damit er nicht unbeugsam werde, und dir nicht mehr folge, und du Schmerz der Seele habest. Unterweise deinen Sohn und gib dir Mühe mit ihm, damit du nicht an seiner Schande Anstoß nehmest."[2])

Den ersten Unterricht erhielten die Kinder von der Mutter, wozu dann die häusliche Unterweisung des Vaters trat. In wohlhabenden Familien wurden sie eigenen Erziehern zur Ausbildung übergeben.[3]) Ob es in früherer Zeit bereits Schulen gab oder Kinder überhaupt gemeinsam unterrichtet wurden, darüber fehlen die Angaben. Nur der Psalmist gedenkt seiner Lehrer[4]) und außerdem werden bei den Tempelchören Meister und Schüler aufgeführt.[5]) Einer der Ersteren war Gesanglehrer[6]), woraus man schließen könnte, daß damit zugleich auch der Elementar-Unterricht verbunden war. Mag nun dieses Alles vorzugsweise von den Knaben gelten, so waren doch die Mädchen davon nicht ausgeschlossen. Nach dem Talmud[7]) soll der Pentateuch, wenn er die Eltern anweist, die Kinder im Gesetze zu unterrichten, nur die Knaben verstehen. So sagt auch R. Elieser: Wer seine Tochter im Gesetze unterrichtet, das sei eben so viel, als lehrte er ihr abgeschmackte und unnütze Sachen. Dagegen ist nach dem Ausspruche des Sohnes Asai ein Vater schuldig, seine Tochter im Gesetze zu unterrichten, damit sie wisse, wenn sie etwa das Eiferwasser trinken müsse, daß das Verdienst guter Werke die Wirkung desselben verzögere.[8]) Allerdings war ein tieferes Forschen und Studium des Gesetzes für Mädchen nicht so nothwendig, als für die Knaben; allein daß Erstere vom Unterrichte keineswegs ausgeschlossen waren, bestätigt die Erziehung der Susanna[9]), sowie der Umstand, daß bei den regelmäßigen Vorträgen der Propheten an Neumonden und Festtagen auch Frauen sich einfanden.[10]) Dazu kommen viele Belege aus der heil. Schrift von der Klugheit und Weisheit vieler Frauen, welche einen Unterricht zur nothwendigen Voraussetzung haben. Ein Frauenchor unter Leitung der Schwester Mosis stimmt ein in den Lobgesang der Männer, um Israels Rettung am rothen Meere zu feiern.[11]) Debora, welche der Unterjochung ihres Volkes ein Ende macht, tadelt die säumigen Stämme und stimmt nach erlangter Rettung das herrliche Sieges-

[1]) Vgl. Ps. 126, 4, 5. — [2]) Eccli. 30, 1—3. — [3]) Num. 11, 12; 4. Kön. 10, 1, 5. Js. 49, 23, vgl. 2. Sam. 12, 25. 1. Par. 27, 31. — [4]) Ps. 118, 90. — [5]) 1. Par. 25, 8. — [6]) 1. Par. 15, 22. — [7]) Kiddus. 29 b. — [8]) Mischn. Sota 3, 4. — [9]) Dan. 13, 3. — [10]) 4. Kön. 4, 23. — [11]) Ex. 15, 20.

lied an.[1]) Frauen lobsingen den siegreich heimkehrenden David.[2]) Joab bedient sich eines klugen Weibes, um von David die Rückkehr Absaloms zu erwirken.[3]) Während Seba's Aufstande weiß eine Frau durch ihre Klugheit und Beredsamkeit den Feldherrn zu bestimmen, die Belagerung der Stadt aufzuheben.[4]) Die einsichtsvolle Abigail vermag den Zorn Davids zu beschwichtigen und ihr Haus von dem Untergange zu retten.[5]) Jephte's Tochter ist in den Sachen, welche Religion und Gelübde betreffen, wohl unterrichtet. Bei der Prophetin Hulda erholen sich König und Hoherpriester Rath.[6]) Judith rettete durch ihre Klugheit Reich und Vaterstadt vor der Vernichtung — Beispiele, welche bestätigen, daß die Mädchen bei den Hebräern einen geeigneten Unterricht genossen. Unter den gesetzlichen Pflichten, welche die Mischna[7]) den Eltern auferlegt, wird besonders der Unterricht in der Gotteslehre hervorgehoben. Wer seine Kinder im Geiste der Religion erzieht und in der Gotteslehre unterrichtet, der genießt die Früchte davon schon hernieden und erbt das Jenseits.[8])

Die Alimentirung der Kinder liegt in den natürlichen Verpflichtungen der Eltern; das Gesetz konnte mithin dieselbe übergehen. Nach dem Talmud ist der Vater gesetzlich verpflichtet, die Kinder zu ernähren, bis sie das sechste oder siebente Lebensjahr erreicht haben. Im Weigerungsfalle alimentirt sie die Obrigkeit aus seinem Vermögen.[9]) Von dem siebenten Jahre an ist die Verpflichtung der Alimentirung bis zu deren Großjährigkeit eine moralische. Wenn Warnungen nicht fruchten, kann die Obrigkeit die Execution vollstrecken, aber nur unter dem Titel der Almosenspendung.[10]) Dasselbe gilt von der Alimentirung eines unehelichen Kindes von dem dazu sich bekennenden Vater. Zur Alimentirung gehört auch die Beschaffung der Kleidung, Wohnung und Hausgeräthe.[11]) In der Ketuba verpflichtet sich der Vater: Deine Töchter, die du von mir haben wirst, sollen in meinem Hause bleiben und ihren Unterhalt von meinem Vermögen erhalten bis zu ihrer Verheiratung.[12]) Mit dem Tode des Vaters erhalten die Söhne das Recht auf die Erbschaft und die Töchter auf Alimentirung bis zu ihrer Verheiratung oder Großjährigkeit. Der Vater hat das Recht über seine Tochter, so lange sie unmündig und unmannbar ist, über ihre Verheiratung, über das, was sie findet und das, was sie mit ihrer Hände Arbeit verdient. Er kann ihre Gelübde lösen und einen Scheidebrief über sie in Empfang nehmen, jedoch das Nutznießungsrecht dessen, was ihr als Erbschaft von mütterlicher Seite zufällt, steht ihm nicht zu.[13]) Sobald die Tochter die Vollreife erlangt, oder wenn auch noch unmündig, vom Vater einmal förmlich vermählt, aber verwittwet oder geschieden worden ist, hören diese Rechte auf.[14]) Genießt aber die Tochter auch nach ihrer Vollreife die Alimentation des Vaters, so gehört das, was sie findet oder erwirbt, dann noch dem Vater.[15])

Der Siracide ertheilt dem Vater den Rath, durch seine Lebenszeit hindurch freie Macht über sein Eigenthum zu bewahren, damit er nicht etwa gezwungen werde, bei seinen Kindern betteln zu müssen. „So lange

---

[1]) Richt. 5. — [2]) 1. Sam. 18, 6, 7. — [3]) 2. Sam. 14, 2 fl. — [4]) 2. Sam. 20, 16—22. — [5]) 1. Sam. 25. — [6]) 4. Kön. 22, 14 fl. — [7]) Tosifta Kidd. 1. Mechilta zu Ex. 13, 11. Kidd. 29 fl. Jore Dea 260, 245, 305. — [8]) Sabb. 127a. Pesach 113. — [9]) Ketub. 65. — [10]) Ketub 49. — [11]) Ket. 67a. — [12]) Mischn. Ket. 4, 11. — [13]) Mischn. Ket. 4, 4. — [14]) Kidd. 79, Ket. 43 b. — [15]) B. Mezia 12.

du lebest und athmest, mache dich Niemand irre (freie Macht über dich und dein Eigenthum bewahren zu wollen); denn es ist besser, daß deine Söhne dich bitten, als daß du schauest auf die Hände deiner Söhne (ob es ihnen beliebe, dir zu geben, was sie schuldig sind). Am Tage der Vollendung deiner Lebenszeit und zur Zeit deines Todes vertheile dein Erbe". [1])

Nach dem mosaischen Gesetze [2]) konnte ein Vater das Gelübde seiner unverheiratheten und in seinem Hause lebenden Tochter aufheben, u. z. wenn er alsogleich, als er davon hörte, Einsprache dagegen erhob. Ob dieser Verweigerung von Seite des Vaters wird ihr der Herr vergeben, daß sie nämlich ihr Gelübde nicht erfüllt; denn der Gehorsam gegen den Vater wird höher angeschlagen, als die selbsteigene Bestimmung. Schweigt jedoch der Vater dazu, sobald er davon Kenntniß erhält, so hat das Gelübde seine Giltigkeit. Das alttestamentliche Gesetz bestimmte nichts über das Alter, in welchem die Mündigkeit mit ihren Rechten und Pflichten eintritt. Nach späterem jüdischen Rechte tritt das mündige Alter mit erreichter Mannbarkeit, u. z. im Allgemeinen bei Mädchen mit 12 Jahren und 1 Tag, bei Knaben mit 13 Jahren und 1 Tag ein. Das talmudische Recht enthält für die verschiedenen Altersstufen folgende Bezeichnungen und Rechtsbestimmungen. Von der Geburt bis zum vollendeten 12. Jahre heißt das Mädchen Ketanah (קטנה), eine Kleine (Kind, Unmündige); haben sich bei Erreichung dieses Alters die Zeichen [3]) der Pubertät (Mannbarkeit) bereits eingefunden, so heißt sie während der sechs folgenden Monate Naarah (נערה), d. i. Mädchen. Wenn sich jedoch zu dieser Zeit jene Zeichen noch nicht eingestellt haben, so bleibt sie bis zur Erreichung des 20. Jahres unmündig. Finden sich nun in diesem 20. Jahre Zeichen der Unweiblichkeit (der Impotenz), so heißt sie Ajelonith (אילונית), d. i. Unempfängliche oder Unweibliche. Ist Letzteres nicht der Fall, so bleibt sie unter der Kategorie der Unmündigen, eventuell bis zum 35. Lebensjahre. Haben sich auch dann noch nicht die Zeichen der Pubertät eingestellt, so bleibt sie Ajelonith (impubes), in jedem Falle aber ist sie mündig. Sobald sich zwischen dem bezeichneten 12. und 35. Jahre die Pubertätszeichen eingestellt haben, und außerdem noch 6 Monate verstrichen sind, tritt das Mädchen in die Kategorie der Bogereth (בוגרת), d. i. der Vollreifen oder Jungfrau. Ist das Mädchen mit 12 Jahren und 1 Tag wirklich mannbar geworden, so ist sie gesetzespflichtig und fällt bei strafbaren Handlungen der Strenge des Gesetzes anheim. [4])

Dem Vater wird aufgetragen, für die Unschuld seiner Töchter zu sorgen und sich ihnen gegenüber ernst zu benehmen [5]), damit er sie nicht durch eine zu gütige Behandlung muthwillig mache; daß Töchter Schwächen und Gebrechen ihres Vaters ausnützen können, bestätigt das traurige Beispiel der Töchter Lots. [6]) Ein Vater soll besonders seine schamlose Tochter bewachen, damit er nicht zum Gespötte in der Stadt und zu Schanden werde. [7]) Eltern sollen sich durch ihre Kinder nicht zum Götzendienst verleiten lassen,

[1]) Eccli. 33, 20—24. — [2]) Dt. 30, 4—6. — [3]) Vgl. Niddah. V.. 8—9. VI. 1. col. I. 4, 5. Maimonides Tr. Ischut cp. 2 § 6—8, 11, 13, 14. — [4]) Nidd. V. 5—9. VI. 1—11. Maimon l. c. cp. 2. — [5]) Eccli. 7, 26, 27. — [6]) Gen. 19, 31 ff. — [7]) Eccli. 42, 11.

sondern solche schuldige Kinder dem Arme der Gerechtigkeit überliefern[1]) und ohne Rücksicht auf Fleisch und Blut die Ehre Gottes vertheidigen, wie es die Leviten thaten.[2]) Wie Töchter bisweilen Götzendienst und Hurerei trieben, berichten die Propheten, die ihnen auch die verdiente Strafe verkündigen.[3]) Daß die Töchter in der hebräischen Familie keine untergeordnete Stellung einnahmen, bestätigen noch die Stellen, daß Salomon selbst sagt, er sei zum Richter über die Söhne und Töchter Israels bestellt[4]), daß die Töchter an den Opfermahlzeiten wie die Söhne theilnehmen sollen[5]) und daß bei den Rechabiten auch Weiber und Töchter gleich den Männern vom Weine sich enthalten mußten.[6])

Aus diesem heil. Vorrechte der Eltern geht nothwendiger Weise für die Kinder die Verpflichtung zur Liebe, treuen Anhänglichkeit und zum bereitwilligen Gehorsam ihren Eltern gegenüber hervor. Ehrerbietung gegen die Eltern wird als erste Bedingung zur Fortdauer des Volkes bezeichnet. Ja sogar bei den Thieren soll man diese Beziehungen achten, weil deren Mißachtung die von Gott gesetzte Weltordnung umkehrt. Dahin gehört das Verbot, ein Rind oder Schaf zugleich mit seinen Jungen zu schlachten[7]); beim Finden eines Vogelnestes die Mutter sammt den Jungen auszunehmen, sondern die Mutter fliegen zu lassen und nur die Jungen zu nehmen[8]), und das Verbot, das Böcklein in der Milch seiner Mutter zu kochen.[9]) Offenbar soll dadurch das Widernatürliche angedeutet werden, welches darin bestand, daß man ein Thier in dem Lebensproducte koche, das seiner Mutter zur Nahrung der Jungen bestimmt war. Schon im Dekaloge ist die Verehrung der Eltern neben der Gottesverehrung den Kindern zur Pflicht gemacht. „Ehre deinen Vater und deine Mutter, auf daß du lange lebest im Lande, das dir Jehova, dein Gott gibt, und es dir wohlgehe.“[10]) Von der Elternverehrung wird nicht blos ein langes Leben für die Einzelnen, sondern auch ein Verbleiben in Canaan für das ganze Volk abhängig gemacht, weil in der Forderung der Elternverehrung der Grund für die Heiligung des ganzen socialen Lebens liegt. Darum wird auch an einer andern Stelle, wo vor Götzendienst und Sabbatentheiligung gewarnt wird, das Gebot der Ehrfurcht vor den Eltern an die Spitze gestellt. Beiden Eltern sollen die Kinder gleiche Ehrfurcht und Liebe entgegenbringen. Es ist nicht ohne psychologische Bedeutung, daß das Gesetz bei dem Gebote der Elternverehrung[11]) den Vater, bei der Ehrfurcht aber die Mutter voranstellt[12]), weil gewöhnlich die Mutter als jene, welche mehr durch beschwichtigendes Zureden, als durch Strafen auf das Kind einzuwirken pflegt, von diesem mehr geliebt und auch geehrt wird, als der Vater, der durch seine, bei dem Unterrichte nöthige Strenge mehr gefürchtet wird, als die Mutter; das Gesetz aber will beide gleich geehrt und gefürchtet wissen.

Ein Kind, welches seinen Eltern flucht, wird nicht nur mit dem göttlichen Fluche bedroht[13]), sondern soll gleich dem, der sich an Vater und

[1]) Dt. 13, 6. — [2]) Dt. 33, 9. — [3]) Ez. 13, 18; 26, 6, 8; 30, 18. Hos. 4, 13, 14. Joel 3, 8. Vgl. Dt. 32, 19. — [4]) Sap. 9, 7. — [5]) Lev. 10, 14. Num. 18, 11, 19; Dt. 12, 12, 18. 1. Sam. 1, 4. — [6]) Jer. 35, 8. — [7]) Lev. 22, 28. — [8]) Dt. 22, 6 ff. — [9]) Ex. 23, 19. Dt. 14, 21. — [10]) Ex. 20, 12. Dt. 5, 16. — [11]) Ex. 20, 12. — [12]) Lev. 19, 3. — [13]) Dt. 27, 16.

Mutter vergreift, getödtet werden.[1]) Weitere Aussprüche der heil. Schrift werden weiter unten bei der Mutter[2]) zur Sprache kommen. Kinder, welche zu Ehren und Ansehen gelangt sind, sollen sich ihrer Eltern nicht schämen. „Gedenke des Vaters und deiner Mutter, stündest du selbst in der Mitte der Fürsten, damit nicht etwa Gott deiner vergesse Angesichts ihrer und du, durch deine Gewohnheit zum Thoren geworden, Schmach leidest und du lieber nicht geboren sein wolltest und den Tag deiner Geburt verfluchest.[3]) Ausführlich handelt der Siracide von den Pflichten der Kinder und über den Segen für deren Erfüllung: „Meine Kinder! Höret auf den Ausspruch eures Vaters und handelt so, daß es euch wohlergehe. Denn Gott hat Ehre gegeben dem Vater vor den Kindern, und das Recht der Mutter hat er bestimmt und festiget dasselbe bei den Söhnen. Wer den Vater ehrt, (Vulgata: in dem Vater Gott ehrt), wird seine Sünden sühnen und sich enthalten von denselben und in den Tagen des Gebetes erhöret werden. Und wie einer der Schätze sammelt, ist der, welcher seine Mutter ehrt. Wer seinen Vater ehrt, wird Freude an den Kindern haben und am Tage seines Gebetes wird er erhört werden. Wer seinen Vater ehrt, wird lange leben, und wer dem Vater gehorchet, gibt Labung der Mutter. Wer den Herrn fürchtet, ehret die Eltern und gleichwie Gebietern dienet er denen, welche ihn gezeugt haben. In That[4]) und Wort und aller Geduld ehre deinen Vater[5]), damit sein Segen über dich komme und der Segen desselben bis an's Ende währe. Der Segen des Vaters festiget die Häuser der Kinder, der Mutterfluch hingegen zerstört sie vom Grunde aus.[6]) Freue dich nicht über die Schmach deines Vaters (wie Cham); denn nicht gereichet dir zur Ehre seine Schande, weil das Ansehen einem Menschen zukommt, gemäß der Ehre seines Vaters, und ein ehrloser Vater die Schmach eines Sohnes ist. Mein Sohn! nimm' dich an des Alters deines Vaters[7]) und betrübe ihn nicht, so lange er lebt und wenn es ihm an Einsicht fehlt, gib Verzeihung (halte es ihm zu Gute) und verachte ihn nicht in deiner Kraft, denn die Wohlthat, die du deinem Vater erzeigest, geräth nicht in Vergessenheit; denn für der Mutter Schuld (d. i. was du von der alten Mutter etwa zu leiden hast) wird Gutes dir vergolten werden, und in Gerechtigkeit wird dein Haus erbaut und deiner am Tage der Drangsal gedacht werden, und wie in Wärme das Eis, so werden deine Sünden gelöst werden.[8]) Gleichwie im schlimmen Rufe derjenige steht, welchen den Vater verläßt, so ist auch verfluchet von Gott, welcher die Mutter betrübt."[9])

Endlich obliegt den Kindern, ihre Eltern zu begraben.[10]) Selbst bei dem Priester, der sich von jeder Verunreinigung einer Leiche hüten soll, macht das Gesetz[11]) bei den Todesfällen seiner Eltern und nächsten Blutsverwandten eine Ausnahme, nicht aber beim Hohenpriester. Fromme Kinder

[1]) Ex. 21, 15, 17. Lev, 20, 9. Prov. 20, 20. Matth. 15, 4. — [2]) §. 6. — [3]) Eccli. 23, 18, 19. — [4]) Vgl. Marc. 7, 10—13. — [5]) Vgl. Ambrosius in Luc. cp. 18. — [6]) Beispiele sind Cham und seine beiden Brüder, Jacob Gen. 27, 27. Vgl. Prov. 30, 17. Matth. 15, 4. — [7]) Nach dem Zeugnisse des Hieron. l. 2 cont. Jov. u. Eusebius l. 1 de praep. cp. 3. haben die alten kaspischen Völker ihre 70jährigen Väter ausgehungert und die alten Indier die greisen Väter geschlachtet und verzehrt. — [8]) Tob. 4, 11; 1 Pet. 4, 8. — [9]) Eccli. 3, 2—18. — [10]) Tob. 4, 3 ff. — [11]) Lev. 21, 1 ff.

wünschen an der Seite ihrer Eltern begraben zu werden.[1]) Auch die Trauer (einen Monat) um die Eltern ist vorgeschrieben.[2]) Nach talmudischem Gesetze schaffen die verschiedenen Ausdrücke, deren sich das Gesetz bedient, „ehren und fürchten", die beiden Kategorien der Elternverehrung und der Ehrfurcht vor den Eltern. Die Pflichten der ersteren sind negativer Natur, nämlich sich nicht an den Platz des Vaters in der Volksversammlung stellen, nicht sitzen auf dem für die Eltern im Hause bestimmten Platze, niemals ihren Worten widersprechen, nicht einmal bei einem Streite derselben mit Anderen ihnen in ihrer Gegenwart Recht geben, sie nicht bei ihrem Namen nennen.[3]) Selbst offenbare Kränkungen und öffentliche Beleidigungen sollen mit Geduld ertragen werden.[4]) Die Pflichten der Ehrfurcht sind positiver Art. Man soll den Eltern Speise, Trank und Kleidung reichen, u. z. wenn sie arm sind, aus eigenem Vermögen. Dabei soll man den Eltern die erwiesenen Wohlthaten nicht fühlen lassen. Der Sohn soll auch stets auf die Ehre seines Vaters bedacht sein, vor ihm sich erheben und bei jeder Gelegenheit ihm den Vorrang geben, selbst wenn der Sohn eine höhere Stellung einnimmt. Im Allgemeinen sind Vater und Mutter den Pflichten der Kinder gegenüber gleich zu achten, doch hat bei einer Collision der Vater den Vorzug. Die Pflicht der Ehrfurcht bezieht sich auch auf Stief-, Schwieger- und Großeltern.[5]) Auch nach dem Tode der Eltern soll man von ihnen nur mit Ehrfurcht reden.

Wohlerzogene und gesittete Kinder sind die Freude und der Stolz der Eltern, während schlechte ihnen nur Kummer, Schmach und Schande bereiten. Der Siracide preist an erster Stelle einen Vater, der Freude an seinen Kindern erlebt.[6]) „Habe nicht Freude an gottlosen Söhnen, wenn ihrer viele sind, und habe nicht Wohlgefallen an selben, wenn Furcht Gottes nicht in ihnen ist. Vertraue nicht auf ihr Leben (daß sie dich unterstützen) und verlasse dich nicht auf ihre Werke. Besser ist ein Sohn, der Gott fürchtet, als tausend Kinder, die gottlos sind. Auch ist es ersprießlicher, ohne Kinder zu sterben, als gottlose Söhne zu hinterlassen"[7]) Ein weiser Sohn machet Freude dem Vater, ein thörichter (gottloser) Sohn hingegen ist seiner Mutter Betrübniß."[8]) „Mein Sohn, wenn weise ist dein Sinn, wird sich mit dir mein Herz freuen. In Freude jubelt des Gerechten Vater; wer einen Weisen gezeugt, freuet sich über ihn. Es freue sich dein Vater und deine Mutter, und es jubele die, welche dich geboren hat."[9]) Nicht einmal der Vater wird Freude haben an einem Thoren. „Des Vaters Verdruß ist ein thörichter Sohn und der Mutter Schmerz, die ihn geboren hat."[10]) „Wer das Gesetz hält, ist ein weiser Sohn, wer aber Schlemmern ein Mahl bereitet, macht seinem Vater Schande."[11]) Der Sohn, welcher das Gesetz beobachtet, wird vom Verderben sicher sein.[12])

„Schande hat der Vater wegen eines ungezogenen Sohnes; eine solche Tochter gereicht ihm zum Schaden (weil sie viel Aufwand macht). Eine

---

[1]) Gen. 49, 29; 2. Sam. 19, 37. — [2]) Dt. 21, 13. — [3]) Kidd. 31 b. Maimon. Mamrim 6, 3. Jore Deah 240, 2. — [4]) Kidd. 32. — [5]) Ket. 83. Tur u. Jore Deah 240, 21, 22. — [6]) Eccli. 25, 10. — [7]) Eccli. 16, 1—4. — [8]) Prov. 10, 1; 15, 20; 19, 13. — [9]) Prov. 23, 5, 24, 25. — [10]) Prov. 17, 21, 25. — [11]) Prov. 28, 7. — [12]) Prov. 29, 27.

kluge Tochter ist wie ein Erbtheil für ihren Mann, welche aber Schande bereitet, die ist zur Schmach ihrem Vater. Die Freche macht ihrem Vater und Manne Schande und wird von beiden verachtet."[1]) „Eine lüsterne Tochter bringt den Vater in üblen Ruf und bereitet ihm Schande vor dem Volke."[2]) Ueber thörichte Söhne wird daher ein weiser Knecht herrschen und das Erbe theilen.[3]) Solche Kinder, welche ihren Eltern zur Freude und zum Troste gereichten, sind: Abel, Seth, Noe[4]), Sem und Japhet[5]), Isaak, welcher willig seinem Vater als Schlachtopfer folgt[6]) und erst in der Verehelichung mit Rebecca einen Trost in seinem Schmerze über den Verlust seiner Mutter fand[7]), Jacob, Josef, Phinees, Samuel, Jephtes Tochter, David, der selbst in seinem Exile für Vater und Mutter Sorge trägt[8]), Salomon, der seine Mutter mit gebührender Ehrfurcht empfängt, sich tief vor ihr verbeuget, sie zu seiner Rechten setzen läßt und ihr keine Bitte abschlagen will[9]), die Söhne und Töchter Jobs, die in größter Eintracht und Frieden lebten.[10]) Eliseus will, ehe er dem Rufe seines Meisters folgt, noch früher Vater und Mutter zum Abschied küssen[11]), Tobias, der Alles thun will, was sein Vater ihn befohlen[12]), und von seiner Mutter „das Licht unserer Augen, Stab unseres Alters, Trost unseres Lebens, Hoffnung unserer Nachkommenschaft, denn in dir hatten wir Alles zugleich", genannt wird[13]) und den Befehlen seines Vaters genau nachkam[14]); und die Söhne der machabäischen Mutter. Dagegen bereiteten Kummer, Schmach und Schande ihren Eltern der Brudermörder Kain, Lamech, Cham[15]), die Töchter Lots, Esau[16]), die zehn Söhne Jacobs, namentlich Ruben[17]), Simeon und Levi[18]), Ophni und Phinees[19]), Nadab und Abiu, die Söhne Aarons[20]), die Söhne Samuels.[21])

§ 2. Die Jungfrau.

Die Töchter, welche unter besonderer Obhut ihrer Mütter verblieben[22]), wurden von diesen in Besorgung der Hauswirthschaft und Verfertigung von Kleidungsstücken unterrichtet, und zwar nicht blos die Töchter der Aermeren, sondern auch der Vornehmen; sie holen das für den Hausbedarf nöthige Wasser aus dem Brunnen, weiden und tränken die Heerden. So treffen wir Rebecca, Rachel und die Töchter des Madianiterfürsten und Priesters Jethro mit ihrer Heerde am Brunnen.[23])

Ein besonderer Werth wurde bei den Hebräern auf die Jungfräulichkeit eines Mädchens gelegt und diese stets in der heil. Schrift mit Nachdruck betont. Der Hebräer hat hiefür drei besondere Ausdrücke.

Das Wort Naarah (נערה) bezeichnet im Allgemeinen ein junges Frauenzimmer, ob ledig oder verheirathet; so Rebecca als Unver=

[1]) Eccli. 22, 3–4. — [2]) Eccli. 42, 11. — [3]) Prov. 17, 2. — [4]) Gen. 5, 29. — [5]) Gen. 9, 26. — [6]) Gen. 22, 7 fl. — [7]) Gen. 24, 67. — [8]) 1. Sam. 22, 3. — [9]) 3. Kön. 2. — [10]) Job. 1, 13. — [11]) 3. Kön. 19. 20. — [12]) Tob. 5, 1. — [13]) 5, 23; 10, 4, 5. — [14]) 14, 14. — [15]) Gen. 9, 25. — [16]) Gen. 27, 41 fl., 46. — [17]) Gen. 35, 22; 49, 3 fl. — [18]) Gen. 34, 30; 49, 5 fl. — [19]) 1. Sam. 2, 12. — [20]) 1. Sam. 8, 3. — [21]) Num. 3, 4. — [22]) 2. Sam. 13, 2. — [23]) Gen. 24, 11 fl. Gen. 29, 6, 9. Ex. 2, 16. 1. Sam. 9, 11.

mählte [1]) oder Unverheirathete [2]) oder Jungfrauen [3]), so Verheirathete [4]) und Mägde [5]), so Ruth als Witwe [6]) und zum zweiten Male Vermählte [7]), Dina als Geschändete [8]) und eine Gefallene. [9])

Der Ausdruck Bethula [10]) (בְּתוּלָה) soll, mit Bezugnahme des arabischen Betil, sich in keuscher, gottgeweihter Zurückgezogenheit halten oder getrennt sein vom Umgange des Mannes, das Mädchen nach dem Merkmale mädchenhafter Ferne von der Ehe bezeichnen. [11]) Der Talmud [12]) zieht daher aus dem Beisatze Gen. 24, 16 den Schluß, daß Bethula an sich noch nicht das Merkmal jungfräulicher Unbeflecktheit in sich schließt, sondern nur Stand und Alter angibt. Nach dem heil. Augustin [13]) ist das Wort virgo in der heil. Schrift oft als nomen aetatis, non integritatis gebraucht. Richtiger bezeichnet Bethula ein Mädchen, welches die Bethulim [14]) (signa virginitatis, das Hymen) noch hat, also physisch Jungfrau ist; doch schließt dieses Wort die moralische Jungfräulichkeit noch nicht in sich; es kann eine Jungfrau gefallen und doch physice virgo sein. Der Talmud bemerkt, daß man nach Rabbi Samuel einem Weibe wiederholt nahen könne, ohne daß es die Bethulim verliere. [15]) Raschi beschreibt sogar in ekelhafter Weise den modus procedendi. [16]) Soll die moralische Virginität zugleich mitangezeigt werden, so geschieht dies durch den Zusatz: incognita viro [17]) oder quae non est nupta viro [18]), oder virgines, quae nescierunt thorum viri. [19]) Die Bethula wird daher einer Witwe oder Befleckten gegenübergestellt. [20]) Jephtes Tochter beweint ihre (physische) Jungfrauschaft [21]), Thamar und Abisag erscheinen als Bethula. [22]) Wenn bei Joel (1, 8) die Jungfrau über den Geliebten ihrer Jugend weint, so ist unter Letzterem der Bräutigam zu verstehen und somit Bethula als Braut zu fassen. Durch προσωποποιίαν bildet Bethula einen Beisatz zu בַּת vor Länder- und Städtenamen, um das bisherige Unbesiegtsein oder das Unerobertsein, also die Integrität der Einwohnerschaft zu bezeichnen. [23])

עַלְמָה d. i. die Mannbare, bezeichnet ein Mädchen nach dem Merkmale geschlechtlicher Nähe an der Ehe, die aber noch virgo illibata corpore et mente ist. [24]) An den sieben Stellen, wo dieses Wort vorkommt,

---

[1]) Gen. 24, 14, 28, 57. — [2]) Lev. 22, 13. Num. 30, 4. — [3]) Richt. 21, 12; 3. Kön. 1, 3, 4 (Abisag) u. Esth. 2, 4, 7, 9, 12. — [4]) Richt. 19, 6. Num. 30, 17. — [5]) Ex. 2, 5; 1. Sam. 25, 42; 3. Kön. 5, 2, 4. Esth. 4, 4, 16. Prov. 27, 27; 31, 15. — [6]) Ruth 2, 5. — [7]) Ruth 4, 12. — [8]) Gen. 34, 3, 12. — [9]) Dt. 22, 15 fl. — [10]) Gen. 24, 16. Ex. 22, 15; 2. Sam. 13, 2. Dt. 32, 25. Js. 62, 5. Jer. 51, 22; 2, 32. — [11]) Delitzsch Com. z. Genesis 4. Aufl. S. 319. — [12]) Jebam. 61 b. — [13]) ad. Gen. 24, 16; u. quaest. in Hept, l. 1 q. 107. — [14]) Dt. 22, 14, 15, 17, 20. — [15]) Chagiga 14 b. — [16]) Ketub. 6 b. Gloße. Vgl. Rohling, das Salom. Spruchbuch. Mainz, 1879, S. 356. — [17]) Gen. 24, 16. — [18]) Lev. 21, 2, 3. — [19]) Richt. 21, 12. — [20]) Lev. 21, 13, 14. Ez. 44, 22. — [21]) Richt. 11, 37. — [22]) 2. Sam. 13, 2, 18; 3. Kön. 1, 2. Die physische Unverletzlichkeit der Bethulim wird vorausgesetzt in Dt. 22, 19, 23, 28; Ex. 22, 15, 16. Richt. 19, 24. Esth. 2, 2, 3, 19. Job. 31, 1. Ez. 23, 3, 8. Ps. 45, 15. — [23]) Js. 23, 12; 37, 22; 47, 1. Jer. 14, 17; 18, 13; 31, 4, 21; 46, 11; Thr. 1, 15; 2, 2, 13. Vgl. meine Theologie d. Propheten S. 319. — [24]) Hieron. adv. Jovian. l. 1. 32: Alma absconditam virginem (Die Ableitung von עָלַם = abscondere ist nicht ganz zutreffend) i. e. non solum virginem, sed cum ἐπιτάσει virginem: quia non omnis virgo abscondita est, nec ab hominum fortuito separata conspectu.

hat es nur diese Bedeutung. Als solche erscheint Rebecca[1]), die schon früher als Bethula, von keinem Manne noch erkannt[2]), bezeichnet wird; ebenso wird genannt Maria, die Schwester Mosis[3]), welche auch die rabbinische Tradition als beständige Jungfrau bezeichnet, ein Umstand, welcher Muhammed irreführte, sie mit der seligsten Jungfrau Maria zu verwechseln. Im Hohenliede erscheint der König so liebenswürdig, daß alle Jungfrauen ihn als den ihrigen besitzen möchten[4]), und werden diese den Königinnen und Nebenfrauen gegenübergestellt.[5]) In Ps. 68, 26 erscheinen Chöre von jungfräulichen Mädchen, welche unter Paukenschall bei religiösen Umzügen heilige Gesänge ausführten, für welche nach der Anschauung des Alterthumes die Virginität unerläßliche Bedingung war.[6]) Bekannt ist die Stelle des Propheten Isaias (7, 14–16) von der jungfräulichen Mutter des Immanuel.[7])

Wenn Salomon in seinem Spruchbuche sagt, daß unter die vier Dinge, welche er nicht erkenne, auch gehöre: „Der Weg des Mannes in (mit) einer Jungfrau", so ist darunter entweder die jungfräuliche Gottesgebärerin (nach Is. 7, 14 und Jer. 31, 22) zu verstehen[8]), oder aber will er damit ausdrücken, daß die copula mit einer bisherigen Jungfrau (Alma) an dem sündigen Manne ebensowenig zu constatiren und also bestrafbar sei, als wenn das Eheweib treulos war, da nicht der Verführer, sondern die gefallene Jungfrau das Zeichen der Sünde an sich trägt.[9])

Die Jungfrauschaft wird in der heil. Schrift als eine der größten Zierden des Mädchens bezeichnet und hervorgehoben, so bei Rebecca[10]), bei Thamar[11]), der Tochter Davids, bei Sara[12]), der Braut des Tobias, und die körperliche Schönheit ihr an die Seite gestellt.[13])

Auf die (physische) Virginität wurde daher bei der Verheirathung großes Gewicht gelegt.[14]) Der Hohepriester durfte nur eine Jungfrau heirathen[15]), und im neuen Heiligthume soll dieses Gesetz überdies auf die Priester ausgedehnt werden.[16]) Auch die Könige liebten Jungfrauen zu nehmen[17]), und in das Harem der orientalischen Herrscher wurden nur Jungfrauen genommen.[18]) Darum bietet auch Lot seine beiden jungfräulichen Töchter, die noch keinen Mann erkannt haben, den Sodomiten an, um ihre schändliche Absicht auf seine Gäste abzulenken[19]), und ein Gleiches thut der Gabaonit seinen Landsleuten gegenüber, um ein ähnliches Verbrechen zu verhüten.[20]) In der Patriachalzeit gingen die Jungfrauen, besonders bei häuslichen Verrichtungen unverschleiert[21]), doch hüllte sich die Verlobte vor dem Bräutigam in den Schleier.[22]) Sie liebten den Schmuck[23]), namentlich den Gürtel[24]) und waren auch mit einer besonderen Tunika bekleidet.[25])

[1]) Gen. 24, 43. — [2]) Gen. 24, 16. Vgl. Hieronym. l. c. — [3]) Vgl. Biblische Frauen, S. 156. — [4]) Cant. 1, 3. — [5]) L. c. 6, 8. — [6]) Vgl. Rohling, Spruchbuch, S. 359. — [7]) Die Biblischen Frauen, S. 383 u. Reinke, Weissag. von d. Jungfrau und Immanuel, Münster 1848, S. 229. — [8]) Bibl. Frauen, S. 388. — [9]) Rohling, Spruchb. S. 355. — [10]) Gen. 24, 16. — [11]) 2. Sam. 13, 2. — [12]) Tob. 6, 22; 8, 4. — [13]) Gen. 24, 16. Esth. 2, 7. — [14]) Dt. 22, 14 fl. — [15]) Lev. 21, 13. — [16]) Ez. 44, 22. — [17]) Ps. 44, 15; 3. Kön. 1, 2 fl. Cant. 2, 2; 4, 1, 7, 12. — [18]) Esth. 2, 2 fl. — [19]) Gen. 19, 8. — [20]) Richt. 19, 24. — [21]) Gen. 24, 15. — [22]) Gen. 24, 65. — [23]) Bar. 6, 8. — [24]) Jer. 2, 32. — [25]) 2. Sam. 13, 18.

So sehr auch im Alterthume auf die Jungfrauschaft bei den Mädchen gesehen wurde, so galt doch der eheliche Stand als höchstes Ziel und begehrenswerthes Gut des Mädchens. Die Sehnsucht nach reichem Kindersegen war bei den Hebräern so groß, daß unverheirathet und kinderlos zu bleiben als Schande galt. Nichts desto weniger gab es bei den Israeliten Mädchen, welche im ehelosen Stande sich dem Dienste des Herrn weihten. Hieher gehört das ganze Institut des Naziräats, welches den Menschen zu einer höheren Vollkommenheit führen soll und dahin strebt, daß der Naziräer sich als der Welt abgestorben und Gott allein angehörend betrachten soll. Nach Num. 6, 2 konnten ausdrücklich auch Weiber dieses Gelübde auf sich nehmen. In der Mosaischen Zeit mochte dieses Gelübde allerdings nur im beschränkten Umfange vorkommen und nur auf eine gewisse Zeit ausgedehnt worden sein; allein, war dieser Weg einmal als heilig und verdienstlich bezeichnet, so mußte der fromme Eifer bis zu seinem Ende fortschreiten. Beachtenswerth ist Ex. 38, 8: „Moses machte das eherne Waschbecken mit seinem Fußgestell aus den Spiegeln der Weiber, welche vor der Thür der Stiftshütte dienten." Daß dieses Institut, welches nirgends durch ein Gesetz vorgeschrieben, sondern dem freien Entschlusse der Einzelnen überlassen war, nicht blos zur Zeit des Moses bestand, sondern auch fortdauerte, erhellt aus 1 Sam. 2, 22, wo unter den Freveln der Söhne Helis angeführt wird, daß sie die Weiber beschliefen, welche an der Thür der Stiftshütte dienten, wo derselbe Ausdruck, wie Ex. 38, 8 gebraucht ist. Vielleicht hat auch Lev. 27, 4 fl. hieher Bezug, wonach Jeder, der dem Herrn ein Gelübde gemacht und sich Gott verlobt hat, von seinem Gelübde durch Entrichtung eines Lösegeldes oder durch Handarbeit sich loslösen konnte. Die Weiber, welche nicht losgekauft wurden, traten daher unter die Zahl derer, welche dem Herrn dienten.

Als Beruf dieser Weiber, welcher den Gelübden beizuzählen ist, wird das „Dienen an der Thüre der Stiftshütte" bezeichnet. Das Dienen צָבָא, welches von der militia Jehovae der Israeliten gebraucht wird, bestand darin, daß sie ihr ganzes Leben dem Dienste Jehovas weihten, indem sie entweder mit dem Schwerte für die Sache Jehovas kämpften, oder dem Herrn in seinem Heiligthume dienten. Im letzteren Sinne wird es immer von den Priestern und Leviten gebraucht.[1]) Dieser männlichen heiligen Miliz trat aber auch eine weibliche zur Seite. Dieser Dienst der Weiber war aber nicht blos auf äußerliche Verrichtungen beschränkt, wie wir aus Ex. 35, 25 entnehmen, wonach Frauen in der Wüste Zeltteppiche und Vorhänge stickten, nähten und zum Opfer brachten, sondern bezieht sich besonders auf gottesdienstliche Uebungen, die namentlich in Gebet und Fasten bestanden, wie es die jüdische Tradition von jeher verstanden hat[2]), und wie es auch von der frommen Anna heißt: „Sie entfernte sich nicht vom Heiligthume, mit Fasten und Gebet, dienend Tag und Nacht."[3]) Dieses Institut hatte wohl

---

[1]) Num. 4, 23, 35, 39, 43; 8, 25. — [2]) Die LXX substituiren dem Dienen das Fasten. Die Vulg.: mulierum, quae excubabant in ostio tabernaculi. Onkelos: quae veniebant, ut orarent in ostio tabernaculi. So der Syrer und Abenesra z. d. St.: Veniebant per singulos dies ad ostium tabernaculi, ut orarent et audirent praecepta. [3]) Luc. 2, 37.

auch der heil. Paulus im Auge, wenn er schreibt: „Welche wahrhaft Witwe ist und einsam, die hofft auf Gott und beharrt in Beten und Flehen Tag und Nacht".[1]) Daß solcher aus freiem Antriebe des Herzens übernommene Dienst einen ascetischen Charakter hatte und in die Kategorie der Entsagungsgelübde gehörte[2]), ergibt sich schon aus dem Umstande, daß die Weiber auf die Aufforderung Mosis hin, jeder möge freiwillig seine Gabe opfern[3]), ihre Spiegel darbrachten, also die Mittel, sich für die Welt zu schmücken, um Menschen zu gefallen, dem Herrn zum Opfer brachten[4]), wie dies mit Recht schon Abenesra[5] betont hat. Zwar werden bei den dienenden Weibern Jungfrauen nicht speciell erwähnt. Dies hat aber nach der Bemerkung Hengstenbergs[6]) seinen Grund darin, weil nach Luc. 2, 37 und 1 Tim. 5, 5 nicht blos Jungfrauen, sondern auch Witwen, welche an der Welt keinen Gefallen mehr hatten, sich dem heil. Dienste widmeten. Es mußte daher ein allgemeiner Ausdruck gewählt werden. Ein solcher Dienst eignete sich eben nur für Unverheirathete; hatte sich demnach eine Jungfrau dem Dienste des Heiligthumes gewidmet, so mußte sie nothwendiger Weise Jungfrau bleiben. Die Unterordnung des Weibes unter den Mann hatte nach dem Gesetze selbst auf Religionshandlungen Bezug, wie die Bestimmungen über die Gelübde zeigen; denn ein Mann konnte die Gelübde seiner Frau annulliren. Ein solcher Dienst war aber mit der Erfüllung der ehelichen Pflichten unverträglich. Vielleicht hatte Paulus auch dieses Institut im Auge, als er schrieb: „Das unverehelichte Weib und die Jungfrau ist bedacht auf das, was des Herrn ist, daß sie heilig sei dem Leibe und Geiste nach. Die Verehelichte aber ist bedacht, was der Welt ist, wie sie dem Manne gefallen möge."[7]) Es gab im Alterthume auch Männer, welche ehelos blieben, wie dies Christus selbst bezeuget: „Es gibt Verschnittene, die sich um des Himmelreiches willen selbst verschnitten haben[8]), d. h. aus freiem Antriebe um des Himmelreiches willen der Ehe entsagt haben. Elias lebte ehelos[9]), und auch Jeremias nahm auf Gottes Befehl kein Weib.[10]) Was bei den Männern freie Entschliessung war, das lag bei den Weibern in der Natur der Sache, daß es ausnahmslos war.[11]) Waren die Weiber bei der Stiftshütte ewiger Jungfrauschaft geweiht, so erscheint der Frevel der Söhne Helis erst im rechten Lichte. Da Maria, die Schwester Mosis, beständig

[1]) 1. Tim. 5, 5. — [2]) Num. 30, 14. — [3]) Ex. 25. 2 ff. — [4]) Vgl. 1 Pet. 3, 3, 4. — [5]) Abenesra z. St.: Mos erat omnium mulierum, ut decorarent faciem suam singulo mane in speculis aeneis aut vitreis atque ita adaptarent tiaras, quas in capitibus suis habebant, quarum et in libro Isaiae (cp. 3) fit mentio. Et ecce in Israel mulieres erant Deum colentes, quae spreta mundi vanitate sua specula Domino sponte offerebant. Non enim illis amplius opus habebant, ut adornarent se, sed veniebant ... ut orarent etc.

[6]) Authentie des Pentat. Berlin, 1839. S. 142. — [7]) 1. Cor. 7, 34. — [8]) Matth. 19, 12. — [9]) Ambrosius l. 1. de Virg.

[10]) Jer. 16, 2 ff. Hieron. ad. Jovin. l. 1. n. 33: Jeremias, qui in utero sanctificatus est et cognitus in vulva matris, ideo hoc privilegio fruitur, quia virginitatis erat beatitudini destinatus.

[11]) Abenesra zu Richt. 11: Femina, donec viro adhaeret, non potest divino cultui dicari, quoniam mariti ministerio et usui adstricta est, pro lege mulierum marito legitime adjunctarum.

Jungfrau blieb, so scheint es nicht unwahrscheinlich, daß sie an der Spitze dieses Institutes stand.

Die schönste Beleuchtung dieser militia sacra mulierum giebt die Erfüllung des Gelübdes Jephte's an seiner Tochter, wie ich dies ausführlich an einer anderen Stelle gezeigt habe.[1]) Der König Joas wurde als Kind während der tyrannischen Herrschaft seiner Großmutter Athalia durch seine Tante Josaba, die Gemalin des Hohenpriesters Jojada, 6 Jahre lang im Tempel verborgen gehalten und erzogen.[2]) Dies war aber dann nur leicht möglich, wenn die Retterin unter den am Tempel dienenden Frauen sich verborgen hielt. Daß dieses Institut bis in die christliche Zeit herab fortbestand, erhellt nicht blos aus dem Beispiele der greisen Prophetin Anna, sondern auch aus der Tradition[3]) der christlichen Kirche, welche das Fest Praesentatio B. Mariae seit den ältesten Zeiten feiert. Die Gewährsmänner, sagt Hamberg[4]), denen Muhammed[5]) seine neutestamentlichen Notizen verdankte, hatten am Anfange des 7. Jahrhundertes die christliche Tradition bereits in eine Sage ausgebildet, von welcher wir die Anfänge in den apokryphen Evangelien finden.[6]) In diesem israelitischen Fraueninstitute haben wir die Wiege der christlichen Frauengenossenschaften oder Frauenklöster zu suchen.

Während in den letzteren Zeiten des jüdischen Staates die Pharisäer unter dem Deckmantel der Frömmigkeit und Heuchelei Lastern aller Art fröhnten und die Sadducäer, welche das menschliche Dasein auf diese Erde beschränkten, dem Materialismus und dem üppigen Lebensgenusse huldigten, wandten sich die Essener mehr der praktischen Ascese zu, die in der Zurückgezogenheit von der Welt, in einem beschaulichen, aber zugleich auch arbeitsam thätigen Leben den Frieden zu finden sucht, der in einer verderbten Welt nicht gefunden werden kann, während die Therapeuten in Egypten ganz dem beschaulichen Leben sich hingaben. Enthaltsamkeit und Arbeitsamkeit waren die Grundpfeiler der essenischen Lebensweise. Vergnügen und Luxus waren verbannt, und der größere Theil lebte ehelos. Da ihre Richtung für unseren Zweck von Interesse ist, lasse ich die diesbezüglichen Zeugnisse folgen. Obenan steht Josephus, der unter Anderem schreibt[7]): „Sie fliehen die Sinnesgenüsse und Laster und halten dagegen Mäßigung und den Leidenschaften nicht zu unterliegen für Tugend. Sie verachten die Ehe und indem sie fremde Kinder, die für den Unterricht noch zart genug sind, aufnehmen, betrachten sie dieselben wie ihre Verwandten. Die Ehe und die Fortpflanzung verwerfen sie zwar nicht an sich, aber sie scheuen sich vor der Ueppigkeit

---

[1]) Biblische Frauen S. 186 ff — [2]) 4 Kön. 11, 3.

[3]) Johannes Dam. de fid. orth. l. 4. cp. 15: In lucem autem editur in domo probaticae Joachim atque ad templum adducitur; ac deinde in domo Dei plantata atque per Spiritum saginata instar olivae frugiferae, virtutum omnium domicilium efficitur, ut quae videlicet ab omni hujusce vitae et carnis concupiscentia mentem abstraxisset, atque ita virginem una cum corpore animam conservasset, ut eam decebat, quae Deum sinu suo exceptura erat. Vgl. Gregor Nyss. or. in diem nat. Christi.

[4]) Relig. Alterth. 1869. 255. — [5]) Sur. 3, 37 f. 19, 16.

[6]) Protoev. Jacobi bei Fabric. Cod. pseudep. I. 83 ff.

[7]) Bell jud. II. 8, 2 vgl. Ant. XVIII. 1, 5.

der Weiber und halten sich überzeugt, daß Keine die Treue für Einen Mann bewahre." Ein anderer Theil denkt anders über die Ehe; diese hatten mithin Frauen und Familie, beobachten aber die Frauen drei Jahre lang, und nachdem sie, zum Beweise, das sie gebären können, dreimal gereinigt sind, heiraten sie sodann. Den Schwangern wohnen sie nicht bei, wodurch sie anzeigen, daß sie nicht des Sinnengenusses wegen, sondern aus Bedürfniß nach Kindern heiraten." [1]) Nach Philo[2]) lieben sie eine durch das ganze Leben beständige und immerwährende Heiligkeit, Enthaltsamkeit und verachten die Wollust. Bei den Therapeuten sind Männer und Frauen gesondert. „Die Frauen, meist bejahrte, schreibt Philo[3]) sind von jungfräulicher Reinheit, diese nicht aus Zwang, wie einige der griechischen Priesterinnen, bewahrend, als vielmehr aus freiem Antriebe, aus Eifer und Streben nach Weisheit, mit der sie zusammen zu leben begierig, die Freuden des Körpers gering achteten, nicht nach sterblichen, sondern unsterblichen Früchten verlangend, welche allein die gottgeliebte Seele aus sich zu entwickeln im Stande ist, befruchtet von den geistigen Strahlen des Vaters, durch welche sie die Lehren der Weisheit zu schauen vermag." Während des Nachts obliegen Männer und Frauen im Chore dem Gebete und der Betrachtung. „Ihre Anstalt, fährt Philo[4]) fort, gründet sich nicht auf leibliche Abstammung, sondern auf Tugendeifer und innige Menschenliebe. Unter den Essener ist daher, genau genommen, kein Neugeborener, kein Kind, kein Knabe, sondern nur vollkommene Männer, die nicht mehr von den Stürmen des Lebens fortgerissen, noch von den Leidenschaften getrieben werden, sondern die wahrhafte und einzig wirkliche Freiheit besitzen." Und Plinius[5]) schreibt: Gens sola sine femina, omni venere abdicata, ita per saeculorum millia incredibile dictu, gens aeterna, in qua nemo nascitur tam fecunda illis aliorum vitae poenitentia est. Nach dem Zeugnisse des Geschichtsschreibers (im dritten Jahrhundert) Solinus[6]) „ist dort keine Frau. Den Ehefreuden haben sie gänzlich entsagt. Niemand wird dort geboren, und doch fehlt es nicht an Menschenzahl. Der Ort selbst ist der Sittsamkeit geweiht. Obgleich sehr viele Personen von allen Seiten dahin eilen, so wird doch keine zugelassen, welche nicht der Reinheit, Treue und Unschuld Würdigkeit begleitet ... So ist seit einer unermeßlichen Reihe von Jahrhunderten (?) dieser Verein, es ist unglaublich zu sagen, ewig, obgleich kein Kindergebären bei ihnen stattfindet." Solinus hat hier jenen Zweig der Essener im Auge, die im Westen des Todten Meeres ehelos lebten. Der platonische Philosoph Porphyrius[7]) im dritten Jahrhunderte kennzeichnet die Essener also: „Die sinnlichen Vergnügungen fliehen sie als Laster, und die Enthaltsamkeit und die Kraft, den Leidenschaften nicht zu unterliegen, halten sie für die erste Tugend. Die Ehe steht bei ihnen in Verachtung. Sie nehmen fremde Kinder auf, die noch zart und zum Unterrichte passend sind und halten sie für eigene und bilden sie zu ihren Sitten. Den Ehestand und die Kinderzeugung halten sie zwar nicht

[1]) L. c. § 13. — [2]) Quod omnis probus liber. Ed. Mangey. 2. Bd. pg. 457 ff. — [3]) De vita contempl. l. c. pg. 473 ff. Vgl. Eusebius, Hist. eccl. l. 2, cp. 17. — [4]) L. c. S. 632 u. Eusebius, Praep. evang. VIII. 11. — [5]) Hist. Nat. V. 17. — [6]) Polyhist. cap. 35. §. 7. ff. — [7]) Buch: Enthaltsamkeit von Fleischspeisen lib. 4.

verwerflich an sich, aber sie verwahren sich vor der Sinnlichkeit der Frauen."

In dieser Beziehung stimmen die Essener mit den Pythagoräern überein, die bei der griechischen Zügellosigkeit bessere Ansichten über die Keuschheit hegten. Selbst Pythagoras gebot in der Ehe Maß und Züchtigkeit, um starke und gesunde Kinder zu zeugen.

Um den hohen Werth der Jungfräulichkeit zu zeigen, ließ Gott durch seine Propheten die Mutter des Messias als eine jungfräuliche verkünden.[1]) Wenn der Gesetzgeber an die Spitze seiner sittlichen Vorschriften den Grundsatz stellt: „Seid heilig, denn heilig bin ich, der Ewige, euer Gott" [2]), so ist es sein Wille, daß die sittliche Reinheit alle Verhältnisse des Lebens durchdringe und jeder Mensch der standesmäßigen Keuschheit sich befleißige. Das größte Lob wird der Keuschheit gespendet, wenn der Weise schreibt: „O wie schön ist ein keusches Geschlecht in seinem Tugendglanze; denn unsterblich ist dessen Gedächtniß, bei Gott und bei den Menschen ist es anerkannt. Ist es da, ahmet man es nach, und man sehnt sich darnach, wenn es dahinging, und ewig triumphirt es mit der Siegeskrone, nachdem es den Kampfpreis unbefleckten Streites sich errungen." [3]) Mag immerhin der jetzige griechische Text lesen: „Besser ist Kinderlosigkeit mit Tugend" [4]) so ist darunter doch nicht so sehr die kinderlose Ehegattin zu verstehen, sondern die, welche mit Tugend d. h. aus Liebe zur Tugend (der Keuschheit) die Kinderlosigkeit (das ehelose Leben) vorzieht; denn im Leben dient ein solches Geschlecht zur Nachahmung, und nach dem Tode vermißt man es, seines erhabenen Beispiels wegen, es feiert aber nach glücklich vollendetem Kampfe (mit dem Fleische) ewigen Triumph.[5]) „Das wahre Greisenalter ist ein unbeflecktes Leben. Da er (der Gerechte, besonders aber der Keusche, wie aus dem Zusammenhange erhellt) Gott wohlgefällig geworden, ist er zum Liebling geworden und, weil er in Mitte von Sündern lebte, ward er hinweggenommen. Er ward entrückt, damit das Böse nicht seinen Sinn umwandele, noch Trug seine Seele täusche; denn der Zauber des Lasters verdunkelt das Edle, und der Taumel der Begierde verkehrt ein unverdorbenes Gemüth. Früh vollendet, hat er viele Jahre erreicht, denn seine Seele war Gott wohlgefällig; deshalb nahm er ihn frühe hinweg aus der Mitte der Verderbtheit. Die Völker sehen es, nehmen es aber nicht zu Herzen, daß es Gnade und Huld (Gottes) ist gegen seine Auserwählten und eine Heimsuchung an seinen Heiligen. Und der Gerechte, welcher ausgelitten, verdammet die noch lebenden Gottlosen und eine früh vollendete Jugend das lange Leben eines Ungerechten."[6]) Und an einer anderen Stelle preist der Weise „glücklich die Unfruchtbare, Unbefleckte, welche um ein Beilager in Sünde nichts weiß, Frucht (oder ihren Lohn) wird sie haben bei der Heimsuchung heiliger Seelen; ebenso der Eunuche, welcher nichts Boshaftes sinnet wider Gott; denn für seine Treue wird er

[1]) Vgl. Biblische Frauen S. 383. — [2]) Lev. 19, 2. — [3]) Sap. 4, 1, 2.

[4]) Vgl. Ambr. l. 1. de Virg.: Melior est sterilitas cum virtute. Hieron. Os. 9: Melius est filios non habere cum virtute. Cyprian. l. de sing. Cler.: Melius est esse sine filiis cum claritate; so auch der Syrer und Araber.

[5]) Vgl. 2 Tim. 4, 7; 1 Pet. 5, 4. Ps. 20, 4. — [6]) Sap. 4, 8—16.

einen erlesenen Lohn und ein vorzügliches Loos im Tempel Gottes erhalten.“ [1]) Mag diese Stelle zunächst von der Ehefrau gelten, welche, obgleich sie sich des Kindersegens nicht erfreut, dennoch vom sündigen, treulosen Umgange sich frei weiß [2]), so enthält sie im weiteren Sinne ein Lob auf die Ehelosen, die Jungfrauen, welche um das Beilager nicht wissen, da durch dasselbe nur die Sünde fortgepflanzt wird. [3]) Ja, im neuen Sion wird der Ehelosigkeit, der Jungfräulichkeit, ein höherer Ruhm und eine größere Ehre in Aussicht gestellt, als dem Ehestande: „Nicht spreche der Eunuch, ich bin ein dürrer Baum; denn so spricht der Herr zu dem Eunuchen: Die meine Sabbate beobachten und erwählen, was mir wohlgefällt, und an meinem Bunde festhalten, denen gebe ich in meinem Hause und in meinen Mauern (im Himmel) einen Platz und einen Namen, besser als den von Söhnen und Töchtern; einen ewigen Namen (Glorie) gebe ich ihnen, der nicht entschwinden wird.“ [4]) Daß unter den Eunuchen jene zu verstehen sind, welche um des Himmelreiches willen ehelos und jungfräulich leben, bestätigt der Neue Bund [5]) und die Tradition. [6]) Einen ähnlichen Lohn verspricht den reinen Seelen der Psalmist: „Wer reine Hände hat und lauteren Herzens ist, wer nicht an Eitles seine Seele hängt und nicht zum Truge seinem Nächsten schwört (also Hand, Herz und Zunge in Unschuld bewahrt), nur der wird Segen von dem Herrn empfangen und Huld von seinem Gott und Heiland.“ [7]) Nach dieser Schönheit, deren ganze Herrlichkeit im Innern ist, trägt Gott sein Verlangen [8]); den Reinen hält der Herr um seiner Unschuld willen und festigt ihn vor seinem Angesichte auf ewig [9]); kein Gut versagt er denen, die in Unschuld wandeln. [10]) „Gott kennt der Makellosen Tage, ihr Erbe bleibt in Ewigkeit. Sie werden nicht zu Schanden in der Unglückszeit und in den Hungertagen werden sie gesättigt.“ [11]) Glückselig daher, welche in Unschuld dahingehen. [12])

Die Jungfräulichkeit und Keuschheit ist ein großer Schatz, den nur Gott verleiht, nach den Worten des Psalmisten: „Gott ist's, der mich gürtet mit Kraft und meinen Weg (meinen Wandel) unbefleckt (ohne Fehl) macht.“ [13]) „Er ist der Führer (Beschützer) der Jungfrauschaft.“ [14]) Sie ist aber auch ein gebrechlicher Schatz, der wohl bewahrt und gehütet werden muß, da er eine Zielscheibe der Gottlosen ist; denn diese „spannen den Bogen, um zu schießen im Verborgenen den Reinen.“ [15]) „Bewahre die Unschuld und siehe, was recht ist“ [16]), ruft der Psalmist.

Zur Bewahrung derselben ist das Wandeln in den Geboten Gottes und die Furcht vor dem Herrn erforderlich: „Sei nicht weise in deinen Augen, fürchte Gott und meide das Böse; denn das wird deinem Leibe gesund sein und deine Gebeine erquicken.“ [17]) Also nicht die eigentliche Weisheit, sondern die Furcht des Herrn, soll die Richtschnur deiner Handlungen sein,

[1]) Sap. 3, 13, 14. — [2]) So Hugo und Thomas. — [3]) Hieron. Os. 9. Ambr. l. 1. de Virg. — [4]) Is. 56, 2–5. — [5]) Matth. 19, 11, 12. Apoc. 14, 1–5. — [6]) Hieron. u. Cyrill zu d. St. August l. de Virg. cp. 24 und l. 14 c. Faust. letzt. Capitel. Basilius l. de Vera virg. Ambr. exh. ad Virg. Gregor. 3. p. Past. cp. 29. Rupertus, Sanctius, Corn. a Lap., Tirinus u. a. — [7]) Ps. 23, 4, 5. — [8]) Ps. 44, 12, 14. — [9]) Ps. 40, 13. — [10]) Ps. 83, 13. — [11]) Ps. 36, 18, 19. — [12]) Ps. 118, 1. — [13]) Ps. 17, 33. — [14]) Jer. 3, 4. — [15]) Ps. 63, 5. — [16]) Ps. 36, 37. — [17]) Prov. 3, 7, 8.

denn diese bezähmt die sinnlichen Begierden, und dadurch wächst die Kraft der Seele, und der Leib, welchen die Leidenschaften immer mehr zerstören, bleibt dabei gesund. Darum betet der Psalmist [1]): „Durchbohre mein Fleisch mit der Furcht vor dir, denn von deinen Gerichten fürchte ich mich.“ Die Frommen haben ihr Fleisch mit ihren Gelüsten und Begierlichkeiten gekreuzigt.[2]) „Mein Herz werde makellos durch deine Satzungen, auf daß ich nicht zu Schanden werde.“[3]) So that es die fromme Sara, die also zu Gott betet: „Du weißt Herr, daß ich nie einen Mann begehrt und meine Seele rein gehalten von jeder Begierlichkeit. Niemals habe ich mich unter die Muthwilligen gemischt, noch zu jenen mich gesellt, die in Leichtfertigkeit wandeln.“[4]) Und auch David faßt den frommen Entschluß: „Ich will Acht haben auf den unbefleckten Weg, wann du zu mir kommen wirst (mich heimsuchend). Ich wandle in der Unschuld meines Herzens, inmitten meines Hauses.“[5]) Diese Furcht vor dem Herrn stärkte Susanna, den lüsternen Anträgen der zwei Richter zu widerstehen und ihr Herz rein von Sünde zu bewahren: „Thue ich das, so bin ich des Todes, thue ich es aber nicht, so entkomme ich nicht euren Händen. Aber ich will lieber ohne die That in eure Hände fallen, als sündigen vor dem Angesichte des Herrn.“[6])

Außer der Furcht des Herrn ist es nothwendig, seine Augen zu bewahren; denn diese sind die Pforten, durch welche die Sinnlichkeit in unser Herz hinabsteigt, und jede Gelegenheit zur Sünde zu meiden.[7]) Job hat „einen Bund mit seinen Augen geschlossen, seinen Blick nicht auf eine Jungfrau zu heften“[8]), um nicht durch unachtsame Blicke unreine Gedanken in sich zu erregen. Darum ermahnt der Siracide so eindringlich: „Schaue nicht auf eine lüsterne Frau, daß du nicht etwa in ihre Schlingen fallest. Hefte deine Augen[9]) auf keine Jungfrau, daß ihre Schönheit[10]) dir nicht zum Falle werde... Schaue nicht umher in den Straßen der Stadt und schweife nicht herum in ihren Gassen. Wende dein Angesicht von einem geputzten Weibe und blicke nicht nach der Schönheit einer Fremden. Um der Schönheit einer Frau willen gingen schon Viele zu Grunde, und dadurch entbrennt die Lust wie ein Feuer. Jedes Weib, welches unverschämt ist, wird wie Gassen-

[1]) Ps. 118, 120. — [2]) Gal. 5, 24. — [3]) Ps. 118, 80. — [4]) Tob. 3, 16, 17. — [5]) Ps. 100, 2, 3. — [6]) Dan. 13, 22, 23.

[7]) Oculos cor sequitur Job. 31, 7. Vgl. Alphab. II. Ben Sira. Vau: Vae ei, qui vadit post oculos suos, quos novit esse filios scortationum. Basilius lib. de Virg.: Dux praevius et pronubus oculorum jactus est ejus, cujus manus ministrae sunt tactus. Nach dem heil. Bernard sind die Augen occasio peccati, indicium commissae culpae, causa committendae.

[8]) Job. 31, 1. Chrysost. serm. de Joseph. Pat.: Job diabolum quidem videns accedentem, non fugit, sed mansit, sicut leo, viribus fidens; virgine autem visa non stetit, neque moratus in contuenda pulchritudine, sed statim secessit. August. in 1. Reg. cp. 21: Oculi vestri, etsi jaciuntur, in aliquam feminarum, defigantur in nulla. . . . Quia sicut scriptum est, abominatio est Domino defigens oculos.

[9]) Beda in Prov.: Oculi petulantes cordis luxuriosi sunt proditores. Basilius l. de Virg.

[10]) Tertull. de cult. fem.: Decorem naturaliter invitatorem libidinis scimus. Aehnlich Alphabetum II Ben Sira lit. Beth: Pulchrae mulieris specie multi pessumdati fuerunt, et robusti omnes interfecti ab ea. Lit. Daleth: Abstrahe carnem tuam a muliere gratiosa, tanquam a carne prunarum (col. Prov. 6, 29). Lit. He: Absconde oculos tuos a muliere gratiosa, ne capiaris reti ejus.

todt zertreten. Viele haben die Schönheit einer fremden Frau bewundert und gingen zu Grunde[1]), denn Unterhaltung mit ihr entzündet wie Feuer.[2]) Mit einer fremden Frau setze dich gar nicht nieder und lege dich nicht mit ihr (bei Tische) auf den Arm, und schwätze nicht mit ihr beim Weine[3]), damit sich nicht etwa dein Herz ihr zuwende und du mit deinem Blute in's Verderben stürzest" [4]) (d. i. den Tod des Ehebrechers sterbest).

Aehnliches schreibt derselbe Weise später: „Schaue nicht auf die Schönheit [5]) einer Frau und begehre kein Weib um ihrer Schönheit willen. Vom Weibe hat die Sünde ihren Anfang genommen [6]) und um ihretwillen sterben wir Alle"[7]), und: „Schaue auf keines Menschen Schönheit und weile nicht in Gesellschaft der Frauen[8]); denn aus den Kleidern kommt die

[1]) Vgl. Seneca in Prov.: Amor arbitrio animi sumitur, non ponitur. Amans, quid cupiat, scit, quid sapiat, non videt. Amor extorqueri non potest, elabi potest. *Amare et sapere vix diis conceditur.*

[2]) Nazianz. in dist.: Si procul a femina abfueris, manet scintilla; si autem vitae commercium cum ea habeas, ex parvo vento magnum incendium incitabis. Maximus, hom. 39: Pythagoras in ignem et in mulierem incidere aequale esse dicebat. Basilius, adm. ad. fil. spir.: Vide, ne te seducat corporis pulchritudo et decorem animae tuae amittas. Ne improbo oculo tuo intuearis speciem mulieris, ne intret mors per fenestras tuas. Ne aperias aures tuas ad perficienda verba earum; nec concupiscas nequitiam in anima tua. Mulieris carnem non velis tangere, ne per tactum ejus inflammetur cor tuum et spiritu tuo labaris in perditionem. Sicut enim foenum proximans igni comburitur, ita, qui tangit mulieris carnem, non evadit sine damno animae suae, et licet corpore castus evaserit, mente tamen et corde corruptus abscedit. In l. de Virg. vergleicht er das Weib mit einem Magnet und Is. 3 mit einem Basilisk, der mit seinem Blicke diejenigen tödtet, die ihn anschauen.

[3]) Cyprian. de sing. Cleric.: Omnis inconveniens sodalitas mulierum, gluten est delictorum et viscum toxicatum, quo diabolus aucupatur. Incongrua est sodalitas feminarum, quarum sodalitatem ita nos Salomon docet in omnibus praecavere.

[4]) Eccli, 9, 3 12.

[5]) Vgl. Gregor Naz. or. 29 adversus mulieres se nimis ornantes. Die Schönheit ist nach Socrates: modici temporis tyrannis, nach Teophrastes: tacita deceptio; nach Euripides in Hel.: res infelix; Hieronymus adv. Jovin. l. 1 n. 49: Amor formae rationis oblivio est et insaniae proximus, foedum minimeque conveniens animo sospiti vitium. Turbat consilia, altos et generosos spiritus frangit, a magnis cogitationes ad humillimas detrahit; querulos, iracundos, temerarios, dure imperiosos, serviliter blandos, omnibus inutiles, ipsi novissime amori facit; nach Chrysost. ad Theod. lapsum: Est gypsum sepulcro inductum, est phlegma sanguine mistum, pulchre per pellem perlucens. Proclus lib. de anima: Animae deceptae propter verae pulchritudinis ignorantiam, corporeas formas admirantur et depereunt.

[6]) Gen. 3, 6. August. l. 1. de pecc. mer. cp. 16: In Eccli. scriptum est: A muliere initium factum est peccati et per illam omnes morimur. Sive autem a muliere, sive ab Adam dicatur, utrumque ad primum hominem pertinet: quoniam mulier ex viro est et utriusque caro una est. Cyprianus de sing. Cler.: Separamini a contagione pestifera. Aculeus peccati facta est forma feminea et mortis conditio non aliunde surrexit, nisi de muliebri substantia. Quod Salomon ad nostram sollicitudinem memorat dicens: A muliere factum est etc. Vgl. Hieron. l. 1. adv. Jov. n. 48.

[7]) Eccli. 25, 28, 33.

[8]) Hieron. ep. 62 ad Nep. n. 5.: Omnes puellas et virgines Christi aut aequaliter ignora, aut aequaliter dilige. Nec sub eodem tecto mansites, nec in praeterita castitate confidas. Nec David sanctior, nec Salomone potes esse sapien-

Motte [1]) und von der Frau die Sünde des Mannes".[2]) Die Lüsternheit im Blicke auf eine Frau vernichtet so sicher die Reinheit des Herzens, als Motten ein Kleid; nach dem Ausspruche des heil. Augustin[3]) ist es nicht möglich, schamlose Augen und ein züchtiges Herz zugleich zu haben. Schon die Schamhaftigkeit erfordert dieses: „Schäme dich, nach einer Hure zu blicken... Sieh nicht auf das Weib eines anderen Mannes (denn wer ein Weib ansieht, mit Begierde nach ihr, sagt Christus bei Matth. 5, 28, hat die Ehe mit ihr gebrochen in seinem Herzen) und stelle der Magd derselben nicht nach und tritt nicht an deren Bett."[4])

Die Lüsternheit der Augen brachte schon Viele zum Falle. Durch die Schönheit der Töchter der Menschen (Cainitinnen) geblendet, nahmen die frommen Sethiten sie zu Weibern und wurden in deren Laster verwickelt und fielen der Sündfluth anheim.[5]) Dina wurde bei ihrem Ausgehen, um die Töchter der Stadt Sichem zu sehen, von dem Sohne des Landesfürsten Hemor verführt und geschändet.[6]) Von der Schönheit der Bethsabee befangen, begeht David mit ihr den Ehebruch.[7]) Die Schönheit der Thamar verleitet den Ammon zur Blutschande.[8]) Samson ließ sich durch ein schönes Weib berücken, die Lösung des Räthsels zu verrathen[9]), macht einer Dalila zu Lieb sein Geheimniß kund, entweiht sein Nasiräat und verliert sein Augenlicht.[10]) Eine Judith blendet durch ihre Schönheit die Assyrer[11]) und deren Feldherrn Holofernes, der seiner Augenlust zum Opfer fällt.[12]) „Ihre Sandalien rissen hin seine Augen, ihre Schönheit nahm gefangen seine Seele."[13]) Der Anblick der schönen Susanna entzündete in den Herzen der beiden Richter die böse Lust.[14]) Durch schnelle Flucht vor der Sünde und ihren Gelegenheiten kann man die Tugend bewahren, wie aus dem Beispiele des egyptischen Joseph[15]) erhellt.[16])

---

tior. Memento semper, quod paradisi colonum de possessione sua mulier ejecerit. Periculose tibi ministrat, cujus vultum frequenter attendis. Cyprian. de sing. Cleric.: In medio mulierum noli assiduus esse. Ubique gustanda, non continuanda cum mulieribus praesentia, sed quasi transeunter feminis exhibenda est accessio quodammodo fugitiva.

[1]) Cyprian. de sing. Clerc.: De carbonibus scintillae dissiliunt, de ferro rubigo, nutritur morbus, aspides sibilant et mulier fundit concupiscentiae pestilentiam, quam Salomon sic comparat, dicens: de vestimentis... Qui despexit vinculum nuptiarum, et aliter vinculis femineis obligatur, quamvis nullo concubitu misceatur, desiderio tamen, visu, colloquio, conjunctione semper oblectatur.

[2]) Eccli 42, 12. 13.

[3]) Reg. ad serv. Dei n. 6: Oculi vestri, etsi jaciuntur in aliquam feminarum, figantur in nulla. Neque enim, quando proceditis, feminas videre prohibemini, sed appetere aut ab ipsis appeti velle criminosum est. Nec solo tactu et affectu, sed aspectu quoque appetitur et appetit concupiscentia feminarum. Nec dicatis, vos habere animos pudicos, si habeatis oculos impudicos. Et cum se invicem sibimet, etiam tacente lingua, conspectu mutuo, corda nuntiant impudica et secundum concupiscentiam carnis alterutro delectantur ardore; etiam intactis ab immunda violatione corporibus, fugit castitas ipsa de moribus.

[4]) Eccli, 41, 25, 27.

[5]) Gen. 6, 2. — [6]) Gen. 34, 2. — [7]) 2. Sam 11, 2 ff. — [8]) 2. Sam. 13, 1 ff. — [9]) Richt. 14, 7. — [10]) Richt. 16, 13. — [11]) Jud. 10, 14; 11, 18, 19. — [12]) Jud. 12; 13. — [13]) Jud. 16, 10. vergl. 9, 13. — [14]) Dan. 13, 2, 8. — [15]) Gen. 39, 12.

[16]) Ambr. de Joseph patr.: Dereliquit tanquam non sua, quae adultera suis manibus detinebat, et aliena judicavit, quae tactu impudicae potuerunt depre-

Endlich sind Gebet und Abtödtung Mittel zur Erlangung und Bewahrung der standesmäßigen Keuschheit. Darum fleht David: „Ein reines Herz erschaffe in mir, o Gott, und den rechten (standhaften) Geist erneuere in meinem Innern!“ [1]) „Die Trübsale meines Herzens sind vielfältig geworden, aus meinen Nöthen rette mich.“ [2]) Unter diesen Nöthen des Fleisches versteht Tertullian [3]) besonders den Stachel des Fleisches, der nach dem Genusse der Sünde zurückbleibt. Und: „den falschen Weg entferne von mir.“ [4]) „So rufe von nun mich an, spricht Gott: Du bist mein Vater, der Führer (Beschützer) meiner Jungfrauschaft!“ [5]) Und „Ueberhebung meiner Augen gestatte mir nicht, und jegliches Gelüste (Lüsternheit) wende ab von mir. Nimm von mir des Bauches Lust (Völlerei) und der Unzucht Begierlichkeit erfasse mich nicht, und einer unverschämten und zügellosen Seele gieb mich nicht preis“ [6]), welche Stellen zugleich darthun, daß der Mensch nicht an sich und mit eigener Kraft im Stande sei, sich von der Gewalt der Sünde freizumachen; darum ließ auch Gott nach den Worten des Apostels [7]) zu, daß die gottlosen Heiden in die unnatürlichen Sünden der Wollust fielen.

„Wer Gott fürchtet, wird Gutes thun, sagt der Weise, und die Weisheit wird ihm entgegenkommen mit der zärtlichen Sorge einer Mutter und der Anmuth und Liebenswürdigkeit einer Jungfrau.“ [8]) Weil Judith die Keuschheit geliebt und nach ihrem Mann keinen andern erkannt hat; darum hat die Hand des Herrn sie gestärkt und sie bleibt gesegnet in Ewigkeit. [9]) Sie, die gottesfürchtige und keusche Wittwe, hatte bei Jedermann einen sehr guten Namen und niemand war, der Böses von ihr redete. [10]) Durch Fasten, Gebet und Bußgewand suchte sie ihre Keuschheit zu bewahren. [11]) Solchen Seelen pflegt Gott gewöhnlich auch einen übernatürlichen Reiz zu verleihen. „Dazu verlieh der Herr ihr (Judith) einen Glanz, weil dieser ganze Putz (mit welchem sie sich kleidete) nicht Grund hatte in Wollust, sondern in Tugend, und darum vermehrte der Herr an ihr diese Anmuth so, daß sie in den Augen Aller von unvergleichlicher Schönheit erschien.“ [12]) Die reine Jungfrau ist wie eine feste Mauer mit einem Bollwerke, welche jeder unrechtmäßigen Bewerbung standhaft widersteht [13]); bedarf aber einer höhern Speise, durch welche sie mit geistiger Jugendkraft gestärkt und für die Krone der Reinheit begeistert wird, nämlich der eucharistischen Speise, die schon der Prophet Zacharias

hendi. Contagium enim judicavit, si diutius moraretur, ne per manus adulterae libidinis incentiva transirent. Itaque vestem exuit, crimen excussit et relictis quibus tenebatur exuviis, spoliatus quidem, sed non nudus aufugit, qui erat tectior indumento pudoris. Rupert in Gen. l. 8 cp. 33: Tutius judicavit vestimentum suum cum temporali dispendio exutere et ignem procul a se abjicere, quam silentio diu premendo flammam femineam in sinu suo alligare cum periculo animae. August. serm. 293 (al. 250 de temp.): Beatus Joseph, ut impudicam posset evadere dominam, pallium, pro apprehensus fuerat, reliquit et fugit. Ergo contra libidinis impetum apprehende fugam, si vis obtinere victoriam. Nec sit tibi verecundum fugere, si castitatis palmam desideras obtinere.

[1]) Ps. 50, 12. — [2]) Ps. 24, 17. — [3]) De exh. cast. — [4]) Ps. 118, 29. — [5]) Jer. 3, 4. — [6]) Eccli 23, 5, 6. — [7]) Röm. 1, 24 fl. — [8]) Eccli. 15, 1, 2. — [9]) Jud. 15, 11. — [10]) Jud. 8, 8. — [11]) Jud. 8, 6. — [12]) Jud. 10, 4. vgl. Biblische Frauen S. 329. — [13]) Cant. 8, 9.

in Aussicht gestellt hat[1]): „Welches ist seine Güte und welches seine Schönheit? Ja Getreide ist's der Auserwählten, und Wein, welcher Jungfrauen sprosset."

§ 3. Die Buhldirne.

Durch die von Gott schon im Paradiese gegründete Ehe oder Gemeinschaft eines Mannes mit einer Frau behufs der Fortpflanzung des Menschengeschlechtes[2]) war sowohl die Vielweiberei als Hurerei verdammt, und Beides von den wahren Gottesverehrern auch gemieden. Je mehr jedoch die Menschen vom wahren Gott sich lossagten und dem Götzendienste anheimfielen, um so tiefer mußten sie in den Sumpf der Sünde sinken. Zur Zeit Abrahams waren bereits in der Pentapolis widernatürliche Laster herrschend[3]), und Hurerei, sowie Päderastie wurden als so gleichgiltige Dinge betrachtet, daß man zu jener Zeit diese Greuel als Cult der Götter trieb. Ein solcher obscöner Cult war besonders mit dem Ascheradienste verbunden. Die Aschera, die Liebesgöttin, welche ein cylinderförmiges Idol der Cananiter war, wurde auf Bergen oder Hügeln, besonders aber unter dichtbelaubten Bäumen[4]), wie den schattenreichen Eichen, Terebinthen, Pappeln[5]), namentlich unter der immergrünen Cypresse[6]) verehrt und an oder neben den Baalsaltären aufgestellt.[7]) Auf göttlichen Befehl sollten die Israeliten bei ihrem Einzuge in Canaan dieses Idol vernichten[8]) und keine Aschera neben dem Altare Jehovas errichten.[9]) In ihrem Dienste standen männliche (Kedeschim) und weibliche (Kedeschoth) Hierodulen[10]), welche an öffentlichen Wegen oder in besonderen Zelten zu Ehren der Göttin sich preisgaben.[11]) Der Preis für die Hingabe gehörte der Göttin und wurde in ihr Heiligthum gebracht. Die alten Uebersetzer charakterisiren die Kadeschen richtig, indem sie bei ihrer Uebersetzung entweder auf die Unzucht[12]), wie die LXX, oder auf die Einweihung in Mysterien[13]), wie der Syrer, oder auf die Unzucht derselben überhaupt, wie die Vulgata (meretrix, scortum, prostibulum, scortator, effeminati) hinweisen. Hieronymus[14]) vergleicht sie richtig mit den römischen Gallen. Nach dem Berichte Herodots[15]) mußte in Babylonien jedes einheimische Weib in das Heiligthum der Mylitta sich setzen und sich einmal im Leben einem Fremden preisgeben. Reiche, stolze Frauen fuhren in schönen Wagen und mit einem großen Gefolge von Dienerschaft zum Heiligthume. Gewöhnlich saßen die Frauen im schattigen Haine der Göttin mit einem Kranz von Stricken um das Haupt, zum Zeichen, daß sie der Göttin gegenüber noch verbunden waren. Keine durfte sich früher entfernen, als

[1]) 9, 17. vgl. Js. 55, 1 u. Cant. 5, 1. — [2]) Gen. 1, 27, 28; 2, 23, 24. — [3]) Gen. 19. — [4]) Dt. 12, 2 ff.; 3 Kön. 14, 23; 4. Kön. 17, 10; Jer. 17, 2. col. Js. 57, 5; Jer. 2, 30; 3, 6; 2. Par. 28, 4. — [5]) Hos. 4, 13; Ez. 6, 13. Js. 1, 29. — [6]) Vgl. das Buhlen unter jedem grünen Baume col. Jer. 2, 30; 36. — [7]) Richt. 6, 25, 28, 30. — [8]) Ex. 34, 13. Dt. 7, 5; 12, 3. — [9]) Dt. 16, 21 ff. — [10]) 4. Kön. 23, 7. — [11]) Gen. 38, 21 ff. 4. Kön. 23, 7. Bar. 6, 42 ff. Ez. 16, 24, 31, 39. — [12]) Gen. 38, 21; Dt. 23, 18. — [13]) 3. Kön. 14, 24; 15, 12. Hos. 4, 14. — [14]) Com. ad Hos. 4. — [15]) I. 199. So Strabo 16. 1. Vgl. P. Scholz, Götzendienst und Zauberwesen bei den alten Hebräern, Regensburg 1877. S. 253.

bis ein Fremder ihr ein Geldstück in den Schoß geworfen und sie außerhalb des Heiligthumes sich ihm preisgegeben. War das unter den Worten: Wohlan, im Namen der Göttin Mylitta! ihr zugeworfene Geldstück noch so klein, so durfte sie es nicht zurückweisen, weil es heiliges Geld geworden. Hatte sie der Göttin genuggethan, so konnte sie durch keinerlei Geschenke mehr dazu bewogen werden. Schöne Frauen kehrten schnell nach Hause zurück, während häßliche oft Jahre lang warten mußten, ehe sie das Gebot erfüllen konnten. Aehnliches berichtet uns Baruch.[1]) In Phönizien gaben sich die Frauen zu Ehren der Aphrodite preis.[2]) In Byblus boten Frauen am Adonisfeste zu Ehren der Aphrodite auf öffentlichem Markte ihre Schönheit einen Tag feil. Gleiches oder noch Schändlicheres wird uns von der Aphroditenfeier am Libanon, namentlich zu Baalbek berichtet, wobei die Weiber gemeinsam waren. Die Prostitution als religiöser Act herrschte bei den Frauen in Afrika, Armenien, Kleinasien, Griechenland und besonders in Korinth.

Der Aschera-Cult war bei den Israeliten im Gesetze streng verboten. „Kein Israelit soll ein Kadesch und keine Israelitin eine Kadeschah werden. Du sollst keinen Lohn einer Kadeschah (Hurenlohn) opfern, noch das Geld eines Hundes (eines Kadeschen) in das Haus des Herrn, deines Gottes, bringen, denn Beides ist ein Greuel bei Jehova.“[3]) Trotz dieses Verbotes hatte sich der Ascheradienst bei den Hebräern eingebürgert, und zwar schon in der Richterzeit.[4]) Dem Reiche Israel drohte Gott unter Jeroboam mit dem Exile wegen Aufstellung von Ascheren.[5]) Achab errichtete auf Anstiften seiner Frau Jezabel in Samaria ein Ascherabild[6]), welches zur Zeit des Königs Joachaz noch vorhanden war.[7]) „Den Hurenlohn (Götzenbilder) Samarias will Gott mit Feuer verbrennen und ihre Götzen vernichten, denn aus Hurenlohn wurden sie zusammengebracht und zu Buhlerlohn werden sie wieder.“[8]) Die Israeliten des Zehnstämmereiches räucherten nach dem Berichte des Hoseas[9]) unter Eichen, Pappeln und Terebinthen, die Frauen gaben sich preis und die Männer gingen mit den Buhlerinnen bei Seite und opferten mit den Kadeschen. Kurz Israel hurte auf jedem hohen Berge und unter jedem belaubten Baume.[10])

Im Reiche Juda gab es solche Hurer unter Roboam, die auf allen Hügeln Ascheren errichteten und alle Greuel der Völker thaten[11]), welche Asa nebst den Kadeschen aus dem Lande schaffte und selbst seine Mutter der Königswürde entsetzte, weil sie ein Schreckbild der Aschera hatte setzen lassen, welches er umhauen und im Kidronthale verbrennen ließ.[12]) Sein Sohn Josaphat beseitigte dann den Rest der Kadeschen und der Ascheren, die unter seinem Vater noch übrig geblieben waren.[13]) Unter Joram[14]) und Achasja[15]) scheint derselbe wieder zum Vorschein gekommen zu sein und

[1]) 6, 12 ff. [2]) Athanasius or. c. gent. 26. August. Civ. Dei 4, 10. — [3]) Dt. 23, 17, 18. — [4]) Richt. 3, 7; 6, 25 ff. — [5]) 3. Kön. 14, 15. — [6]) 3. Kön. 16, 33. — [7]) 4. Kön. 13, 6. — [8]) Mich. 1, 7. — [9]) 4, 13 ff. — [10]) Jer. 3, 6; vgl. 4. Kön. 17, 10, 16; 3. Kön. 14, 15. — [11]) 3. Kön. 14, 23, 24. — [12]) 3. Kön. 15, 12 ff. 2 Chron. 15, 16. — [13]) 3. Kön. 22, 47; 2. Chron. 17, 6; 19, 3. — [14]) 4. Kön. 8, 18. 2. Chron. 21, 6, 11, 13. — [15]) 2. Chron. 22, 3 ff.

blieb auch während der Regierung des Joas[1]) und Achaz[2]), bis endlich Ezechias die Ascheren ausrottete.[3]) Der gottlose Manasse ließ sogar in den inneren Vorhof des Tempels ein Aschera-Idol setzen[4]), so daß Jehova, der im Allerheiligsten thronte, von den Götzen nur durch eine Wand getrennt war.[5]) Zwar ließ der König nach seiner Bekehrung das Ascherabild aus dem Tempel entfernen[6]), allein sein Sohn Amon betete dieselben Götter, wie sein Vater an[7]), bis Josia den ganzen Aschera-Cult aus dem Heiligthume entfernen, das Idol im Kidronthale verbrennen und den Staub davon auf die Gräber der Verehrer desselben werfen ließ.[8]) Auch riß derselbe fromme König die Häuser (Wohnungen) der Kadeschen, die sie im Tempelvorhofe errichtet hatten, und in welchen zugleich die Weiber sich aufhielten, welche Zelttempelchen für die Aschera webten, nieder[9]), beseitigte die Ascheren und ließ die Stätten derselben mit Menschengebeinen füllen.[10]) Auch das Bild der Eifersucht, welches die Eifersucht Jehovas erregte und welches Ezechiel[11]) am Eingange des inneren Vorhofes sah, war wohl ein Bild der Aschera. Mit Recht schildert daher derselbe Prophet Jerusalem unter dem Bilde eines unzüchtigen Weibes[12]) und beide Reiche unter dem Bilde zweier berüchtigter Hurenweiber Oolla und Oholiba.[13]) Der Cult der Aschera (und der übrigen Götzen) und Hurerei waren zwei derart sich deckende Begriffe, daß der letztere in der heil. Schrift gewöhnlich zur Bezeichnung des ersteren gewählt ist.[14])

Ein anderer Götze, dem zu Ehren man Opferfeste und Opfermahlzeiten veranstaltete, und moabitische[15]), wie midiantische[16]) Frauen und Jungfrauen sich preisgaben, war Baal-Peor oder Priapus[17]), weshalb er von Hosea[18]) eine Schande und ein Buhle genannt wird und in der moabitischen Stadt Beth-Peor[19]) oder Baal-Peor[20]) verehrt wurde.

Während des Aufenthaltes in den Steppen Moabs betheiligten sich die Israeliten auf Einladung der Töchter der Moabiter an einem Opferfeste und trieben mit ihnen zu Ehren des Baal-Peor Unzucht.[21]) Diesen teuflischen Rath hatte Bileam gegeben zu dem Zwecke, die Israeliten durch den Abfall von Jehova zu schwächen.[22]) An diesem unzüchtigen Culte betheiligten sich auch Madianitinnen; denn Simri, der Fürst aus dem Stamme Simeon, eilte mit der madianitischen Fürstentochter Cozbi ins Lager der

---

[1]) 2. Chron. 23, 18. — [2]) 4. Kön. 16, 4. 2. Chron. 28, 4. — [3]) 4. Kön. 18, 4; 2. Chron. 31, 1. — [4]) 4. Kön. 21, 3, 7. 2. Chron. 33, 3, 7. — [5]) Ez. 43, 8. — [6]) 2. Chron. 33, 19. — [7]) 4. Kön. 21, 2; 2. Chron. 33, 22. — [8]) 4. Kön. 23, 4, 6; 2. Chron. 34, 4. — [9]) 4. Kön. 23, 7. — [10]) 4. Kön. 23, 14. — [11]) 8, 8. — [12]) Ez. 16. — [13]) Ez. 23. — [14]) Ex. 34, 15, 16. Lev. 7, 7; 20, 5, 6. Num. 15, 39. Dt. 31, 16. Richt. 2, 17. 1. Chron. 5, 25; 21, 11, 13. Ps. 105, 39. Jer. 3, 1; 6, 8. Ez. 6, 9; 16, 15 ff.; 20, 30; 23, 3 ff. Os. 4, 12; 5, 3; 6, 10; 9, 1; 4. Kön. 9, 22; 2. Chron. 21, 13. Ez. 43, 7, 9. — [15]) Num. 25, 1—5; 31, 16. Jos. 22, 17. Ps. 106, 28. — [16]) Num. 25, 6 ff. 17 ff.; 31, 16 ff.

[17]) Hieron. ad Jovian. l. 1: Phegor interpretatur ignominia, proprie quippe Phegor lingua hebraea Priapus appellatur; und Com. ad Hos. 4: Colentibus maxime feminis Beelphegor ob obscoeni magnitudinem, quem nos Priapum possumus appellare. Origenes, hom. 20 in Num. n. 1: idolum turpitudinis.

[18]) 9, 10. — [19]) Dt. 3, 29; 4, 46; 34, 6. Jos. 13, 20. — [20]) Hos. 9, 10. — [21]) Num. 25, 1 ff. — [22]) Dt. 31, 16.

Israeliten, um in seinem Zelte mit ihr dem unzüchtigen Culte zu fröhnen, wurde aber von Phinees zugleich mit der Madianitin an den Zeugungsgliedern durchbohrt.[1]) Diese Versündigung brachte eine Plage über das Volk, welcher 24.000 Menschen erlagen. In dem Rachekriege Israels gegen Madian wurden alle Männer und Frauen getödtet und nur der Jungfrauen geschont, welche den unzüchtigen Phegordienst noch nicht getrieben hatten.[2])

Sowohl der Psalmist[3]), als der Prophet Hoseas[4]) erinnert an diesen unsittlichen Cult. Letzterer sagt: „Sie kamen nach Baal-Peor und weihten sich der Schande und wurden ein Greuel wie ihr Buhle.“ Diesem Culte scheinen die Israeliten auch später noch ergeben gewesen zu sein, denn nach dem Tode des Richters Jair dienten sie den Göttern der Moabiter[5]), und auch Phinees machte der Gemeinde den Vorwurf, daß sie bis heute noch von der Missethat Peors sich nicht gereinigt habe.[6])

Mit Recht sagt daher der Weise[7]): „Die Erfindung der Götzen ist der Unzüchtigkeit Anfang und ihre Einführung die Entartung des Lebens.“ Unter den unsittlichen Folgen des Götzendienstes erscheinen alle Arten der Unzucht. „Sie (die Götzendiener) wahren weder den Lebenswandel, noch auch die Ehen mehr rein, sondern Einer mordet den Andern aus Arglist, oder kränkt ihn durch Ehebruch. Alles herrscht durcheinander . . . Befleckung der Seelen, Geschlechtsverwechslung (d. i. unnatürliche Geschlechtsvermischung, Päderastie), Zerrüttung der Ehen, Ehebruch und Unzucht.“

Doch nicht blos der religiöse unzüchtige Cult zu Ehren einer Gottheit war bei den Israeliten verbreitet, sondern sie waren auch anderen unsittlichen Lastern ergeben, denn seit der Zeit, da Gottes Geist vom Menschen gewichen, ist er „Fleisch“, d. h. fleischlich gesinnt.[8]) Die Töchter Lots machen sich einer blutschänderischen Verbindung mit ihrem trunkenen Vater schuldig.[9]) Juda ließ sich mit einer Hure (seiner Schwiegertochter Thamar) ein.[10]) Onan, der zweite Mann der Thamar, vereitelte durch Samenverschüttung bei der ehelichen Beiwohnung die Empfängniß, und darum tödtete ihn der Herr, weil er einen Greuel trieb.[11]) Ruben verging sich fleischlich mit Bala, dem Kebsweibe seines Vaters, und entweihte dadurch das Ehebett desselben.[12]) Jephte wird als Sohn einer Hure dargestellt.[13]) Samson geht in Gaza zu einer Hure und fällt in die Fallstricke einer Dalila.[14]) Die Benjaminiten verlangen zu Gabaa den Leviten heraus, um nach Art der Sodomiten ihn zu mißbrauchen und schändeten die ganze Nacht hindurch dessen Weib, die infolge der erlittenen Mißhandlungen starb.[15]) Ammon schändet seine Halb-

[1]) Num. 25, 6 ff. — [2]) Num. 31, 1—18. — [3]) Ps. 106, 28. — [4]) 9, 10. — [5]) Richt. 10, 6. — [6]) Jos. 22, 17.

[7]) Weish. 14, 12, 24, 26. Athanasius, or. cont gent. n. 25. 26: Nulla fere est civitas, quae ob morum similitudinem, quam cum suis diis habere gestit, omni luxuriae generi non redundet? nec apud idololatras ullus probus est, nisi cujus libidines testatae et manifestae sunt. Viri quoque propriam ementiti naturam, nec amplius mares se esse patientes in feminas se converterunt, pergratam et honorificam matri deorum se ita facturos arbitrati. Omnes denique una cum perditissimis vivunt et secum ipsi pugnant, ut pejores quotidie evadant, atque ut dixit Paulus: feminae eorum immutaverunt naturalem usum etc. (Rom. 1, 26, 27.)

[8]) Gen. 6,2. — [9]) Gen. 19, 30 ff. Bibl. Frauen S. 86. — [10]) Gen. 38, 15. — [11]) Gen. 38, 9, 10. — [12]) Gen. 35, 22; 49, 4. — [13]) Richt. 11, 11. — [14]) Richt. 16. — [15]) Richt. 19, 22 ff.

schwester Thamar.[1]) Die zwei Aeltesten entbrennen in Lüsternheit, und da Susanna ihnen nicht zu Willen steht, klagen sie dieselbe fälschlich des Ehebruches an und verurtheilen sie zum Tode.[2]) Ihnen wirft Daniel vor, daß sie die Töchter Israels verleiteten, die aus Furcht mit ihnen sich einließen.[3]) Zur Strafe der Auflehnung gegen den Propheten Amos verheißt dieser dem gottlosen Amasias die Schändung seines Weibes in Bethel.[4]) Nach demselben Propheten gehen Vater und Sohn zu einer Dirne und entweihen (durch Hurerei und Blutschande) Gottes heiligen Namen.[5]) Hoseas wirft seinen Zeitgenossen vor, daß sie ohne Aufhören hurten, desgleichen ihre Töchter, und die Bräute die Ehe brechen.[6]) Jeremias[7]) beschuldigt die Einwohner Jerusalems des Undankes gegen Gott, indem sie Ehebrüche begehen und im Hause der Buhlerin Unzucht treiben. Jerusalem war ganz zur Hure geworden.[8]) Die Gottlosen seiner Zeit führt der Weise also sprechend ein: „Mit kostbaren Weinen und Salben wollen wir uns anfüllen, und nicht entgehen soll uns eine Blüthe des Frühlings (die Gelüste der Jugend). Kränzen wir uns mit Rosenknospen, ehe sie verwelken (Bild der bacchantischen Lust); es gebe keinen Anger, den unser Wohlleben nicht durchstreife.“[9]) Selbst in den Zeiten der Machabäer war der Tempel mit Lustgelagen der Heiden erfüllt, die mit Huren Unzucht trieben.[10])

Um den Lastern der Unzucht zu steuern, hatte Moses außer dem 6. Gebote des Dekalogs[11]), welches den Ehebruch und die Unzucht im Allgemeinen verbietet, noch andere Verordnungen erlassen:

1. „Du sollst deine Tochter nicht preisgeben, damit das Land nicht befleckt und mit Schandthaten erfüllt werde.[12]) Von den Töchtern Israels soll keine Hure sein und kein Buhle von den Söhnen Israel.[13]) Wird die Tochter eines Priesters in Unzucht getroffen, hat sie also den Namen des Vaters entweiht (denn die Familie des Priesters soll einen unbescholtenen Wandel führen), so soll sie mit Feuer verbrannt werden.“[14])

2. Um das Uebel an der Wurzel anzugreifen und die Verführung unschuldiger Mädchen zu verhindern, gebot Moses, daß derjenige, welcher eine Jungfrau verführt, die noch unverlobt ist und bei ihr schläft, mit Verluste des Rechtes der Ehescheidung, sie durch eine Morgengabe sich zum Weibe erwerben und, wenn ihr Vater sich weigert, sie ihm zu geben, ihm für die in der Verführung seiner Tochter ihm zugefügte Schmach so viel zahlen solle, als die Jungfrauen bei ihrer Verehelichung zur Morgengabe erhielten (nämlich 50 Sekel).[15]) Schwerer wurde die Verführung einer verlobten Jungfrau gestraft.[16])

3. Um die stärkste Stütze der weiblichen Tugend, die Schamhaftigkeit, zu unterhalten und zu stärken, erließ er das Gesetz, daß eine Braut, die sich für eine Jungfrau ausgiebt und hernach vom Bräutigam bei Vollziehung der Ehe nicht als Jungfrau befunden wird, gesteinigt werde, weil sie eine Schandthat in Israel begangen und im Hause ihres Vaters gehurt hat.[17])

---

[1]) 3. Kön. 13. — [2]) Dan. 13, 1 ff. Jer. 29, 22. — [3]) Dan. 13, 56, 57. — [4]) Amos 7, 17. — [5]) Am. 2, 7. col. Lev. 18, 8. — [6]) Hos. 4, 10, 13,14. — [7]) 5, 7 — [8]) Ez. 16 und 23. — [9]) Sap. 2, 7, 8. — [10]) 2. Mach. 6, 4. — [11]) Ex. 20, 14 Dt. 5, 18. — [12]) Lev. 19, 29. — [13]) Dt. 23, 17. — [14]) Lev. 21, 9. — [15]) Ex. 22, 16, 17 Dt. 22, 28, 29. — [16]) Dt. 22, 23 ff. — [17]) Dt. 22, 20, 21.

4. Im Interesse der Sittlichkeit wird noch das Gesetz gegeben: „Keine Frau ziehe Männerkleider (eigentlich Mannesgeräth, also auch der anderweitige männliche Schmuck, Waffen, Rüstung u. dergl.) an, und kein Mann gebrauche Frauenkleider; denn der ist ein Greuel vor Gott, welcher das thut.“[1]) Es soll dadurch nicht blos heidnischen Gebräuchen[2]) und unnatürlichen Lastern[3]) vorgebeugt, sondern auch die Heilighaltung des durch die Schöpfung von Mann und Weib begründeten Unterschiedes der Geschlechter betont werden.

5. Zur Beschränkung der Unzucht dient das folgende Gesetz, daß ein Mamzer weder selbst, noch seine Nachkommenschaft, in die Gemeinde des Herrn kommen soll.[4]) Unter Mamzer (entartet, Bastard) verstehen die LXX und Vulgata ein Hurenkind, der Syrer einen im Ehebruche Erzeugten, die Rabbiner einen in Blutschande oder Ehebruche Erzeugten, die Mischna[5]) einen aus einer Verbindung Entsprossenen, auf welche die Strafe der Ausrottung steht. Jedenfalls waren es solche Kinder, auf deren Geburt Schande oder Ungewißheit ruht, so daß sie nicht in der Lage waren, ihren Vater anzugeben, und daher als Entfremdete betrachtet wurden, also die in Blutschande Erzeugten, von öffentlichen Dirnen oder aus verbotenen Ehen Stammende.[6]) Solche wurden auch einfach „Same der Buhlerin“ genannt.[7])

6. Endlich sollen Kastrirte nicht in die Gemeinde aufgenommen werden. „Nicht soll eintreten ein Verschnittener, dem die Hoden zerquetscht oder ausgeschnitten oder dem die Geschlechtstheile abgeschnitten sind, in die Gemeinde des Herrn.“[8]) Das Gesetz will offenbar den Gedanken zum Ausdruck bringen, daß die Verstümmelung der von Gott geschaffenen Natur des Menschen ein sittliches Attentat auf die menschliche Würde sei. Auch selbst Thiere dieser Art werden als unwürdig zum Opfer bezeichnet und zugleich die Kastrirung von Thieren verboten.[9]) Daß Eunuchen von sinnlichen Lüsten nicht frei sind, sondern im Gegentheile um so heftiger davon heimgesucht werden, weil eine Befriedigung derselben unmöglich, bestätigt der Siracide.[10])

Die Mischna enthält überdies Vorschriften gegen ein den Sitten gefährliches Beisammensein der beiden Geschlechter. Ein Mann soll nicht bei zwei Weibspersonen allein sich aufhalten, wohl aber darf eine Weibsperson bei zwei Männern allein sein (entgegen der Halachach). Ein lediger Mensch soll nicht Kinder unterrichten. Nach R. Jehuda soll ein lediger Mensch kein Vieh weiden, auch sollen zwei Ledige nicht unter einer Decke schlafen. Alle die, deren Hantirung mit Weibern zu schaffen hat, sollen nicht mit Weibern allein sein.[11])

Doch hören wir noch die übrigen Aussprüche der heil. Schrift, durch welche die Unzucht und die Verleiterinnen zu derselben verurtheilt werden: „Hurerei, Wein und Trunkenheit reißen hin das Herz oder rauben den Verstand“[12]), erniedrigen nämlich den Menschen zum Thiere und zerstören

[1]) Dt 22, 5. — [2]) Maimonides More Neb. III cp. 37. Spencer de legib. l. II cp. 29. Saalschütz, Mos. Recht S. 377. — [3]) Lev. 20, 13. — [4]) Dt. 23, 3. — [5]) Jebamoth 4, 13; Kidduſ. 3, 12. Maimonides Tract. Issure Bia cp. 15 § 1. — [6]) Vgl. Saalschütz, Mosaisches Recht cp. 100, § 6. — [7]) Js. 57, 3. — [8]) Dt. 23, 1. — [9]) Lev. 22, 24. Die entsprechenden Bestimmungen der Mischna siehe Jebamoth. cp. 8, 2. — [10]) Eccli 20, 2; 30, 21. — [11]) Kidduschin cp. 4, 12—14. — [12]) Hos. 4, 11.

seine geistige Thätigkeit[1]), worauf der Siracide anspielt, indem er schreibt[2]): „Der Wein und die Frauen bringen Weise zum Falle und Kluge zur Strafe. Denn wer sich zu Buhlerinnen gesellt, wird ein Bösewicht; Fäulniß und Würmer werden sein Erbe, und er wird zu großer Warnung dienen und seine Seele aus der Zahl der Lebendigen genommen werden." Er verbindet Beide: Trunkenheit und Hurerei, weil zunächst verwandt[3]); wenn eines derselben schon verhängnißvoll ist, was bewirken nicht erst Beide vereint.[4]) „Schwätze nicht mit einem Weibe beim Weine, damit sich nicht dein Herz ihr zuwende und du mit deinem Blute ins Verderben stürzest."[5]) „Der Geist der Buhlerei verführt den Menschen, seine Gedanken darauf zu richten, sich zu Gott zu bekehren; weil der Geist der Buhlerei in ihrer Mitte ist, kennen sie Gott nicht."[6]) Ein Weib verführt so leicht das Herz.[7]) „Mein Auge hat mir das Leben genommen um aller Töchter meiner Stadt"[8]), welche Stelle der heil. Gregor[9]) auf jene anwendet, die durch unzüchtige Blicke das Leben der Seele verloren haben. Beispiele der Wahrheit dieser Sätze sind Lot, der im Rausche Opfer einer blutschänderischen Verbindung wird[10]), Salomon, dessen „Weiber sein Herz abwandten und es verdarben, daß er fremden Göttern nachging"[11]) und die zwei Aeltesten, welche „in Lüsternheit gegen Susanna entbrannten und ihren Sinn verkehrten und ihre Augen abwandten, damit sie nicht den Himmel sähen und an die gerechten Gerichte nicht erinnert würden".[12]) Die Lüsternheit reizt zum Zorne, wie aus diesen beiden Aeltesten[13]) und dem Weibe des Putiphar[14]) erhellt, und ist ungerecht.[15]) „Der Zauber des Lasters, sagt der Weise[16]), verdunkelt das Gute und der Taumel der Lust verkehrt den unschuldigen Sinn."[17])

Darum ermahnt der Siracide[18]): „Schämet euch der Unzucht vor Vater und Mutter, und nach einer Hure zu blicken, und das Weib eines anderen anzusehen." „Deinen Gelüsten gehe nicht nach und wende dich weg von deinem Willen. Wenn du deiner Seele ihre Lüste gewährest, macht sie dich zum Spotte deiner Feinde."[19]) Es wird hier als die Grundlage aller Selbstbeherrschung die Zügelung der Lüste und Neigungen bezeichnet und gefordert, die Macht des Eigenwillens zu brechen, wie der Apostel

---

1) Hier. z. d. St.: Fornicatio et voluptas pervertit sensum animumque debilitat, et de rationali homine brutum efficit animal. ut ganeas et lupanaria et libidinum lustra sectetur.

2) Eccli 19, 2. 3.

3) Hier. cont. Jov.: Ventri vicina sunt genitalia et venter mero aestuans despumat in libidines; vgl. cp. 79, n. 8.

4) Ambr. de Elia et jej. cp. 18: Si vinum et mulieres discedere a Deo faciunt, quod vel ebrietas, vel libido praevaricationis illecebrae sint; si singula ac separata haec faciunt, quid facient unita.

5) Eccli 9, 13. — 6) Hos. 4, 12; 5, 4. — 7) Job. 31, 9. — 8) Thren. 3, 51. — 9) Lib. 21 Mor. cp. 2. — 10) Gen. 19. 32. — 11) 3. Kön. 11, 3, 4, vgl. Neh. 13, 26. — 12) Dan. 13, 8, 9. — 13) Dan. 13, 28. — 14) Gen. 39, 13. — 15) Sap. 2, 10. — 16) Sap. 4, 14.

17) Cornelius a Lap.: Sicut fossores fodiendo e terrae visceribus eruunt aurum, argentum ceteraque metalla: sic concupiscentia e visceribus mentis effodit, eruit et exhaurit omnem sensum, omnem prudentiam, omnem innocentiam et virtutem, eamque per vitium invertit et pervertit.

18) Eccli 41, 21, 25, 27. — 19) Eccli .8, 30, 31.

Paulus[1]) weiter ausführt, denn wer seinen Lüsten folgt, geht seinem Untergange entgegen.[2]) Dieser Kampf ist um so nothwendiger, weil schon der Psalmist[3]) klagt: „Meine Lenden sind voll der Täuschung und von betrügerischer Begierlichkeit", oder wie der Apostel[4]) sagt: „Fleischlich, verkauft der Sündlichkeit bin ich." Tobias warnt seinen Sohn: „Hüte dich vor aller Unkeuschheit, begnüge dich mit deinem Weibe und laß übrigens nie etwas Lasterhaftes von dir hören"[5]); denn „die Gottlosen haben keinen Frieden."[6]) Ein geiles Weib ist wie die Hölle, welche nie genug hat.[7]) Vom Weibe hat die Sünde den Anfang genommen[8]), und deshalb ist das Weib Symbol der Gottlosigkeit."[9]) „Besser ist des Mannes Bosheit, als ein liebkosendes Weib, ein Weib, welches Schande und Schmach bereitet".[10])

Eltern sollen daher besonders auf ihre Töchter Acht haben: „Ueber eine lüsterne Tochter halte strenge Wache, damit sie nicht veranlasse, daß du in das Gespötte der Feinde kommest, zum übeln Rufe in der Stadt und zur Verachtung des Volkes, und sie dir nicht Schande bereite vor der Menge des Volkes"[11]) und ähnlich: „Auf eine unvorsichtige Tochter habe strenge Acht, damit sie nicht Gelegenheit finde und sich deren bediene. Jeder Ungebühr ihrer Augen beuge vor, sonst wundere dich nicht, wenn sie deiner nicht achtet. Wie der dürstende Wanderer den Mund nach der Quelle öffnet und von jedem Wasser, was zunächst ist, trinket, so läßt auch sie sich bei jedem Zeltpfahle nieder und öffnet jeglichem Pfeile den Köcher, bis sie müde wird".[12]) Ferner: „Hast du Töchter, so bewahre ihren Leib (ihre Jungfräulichkeit) und zeige dein Angesicht nicht heiter denselben"[13]), tritt ihnen also stets ernst entgegen.[14])

Die heil. Schrift stellt daher eindringlich goldene Regeln fest, welche sich auf den geschlechtlichen Umgang, besonders mit Personen des anderen

[1]) Röm. 6, 12 ff.

[2]) Basilius ad Chilonem: Voluptates fuge, prosequere continentiam: ac corpus quidem laboribus exerce, animam vero assuefacito tentationibus. Bernard. de grad. hum.: Cavendum est, ideo malum desiderium, quia mors secum introitum delectationis posita est. Unde scriptura praecipit, dicens: Post concupiscentias etc. August. l. 5. cont. Julian. cp. 3: Aliud est, habere mala desideria cordis, aliud tradi eis: utique ut consentiendo eis possideatur ab eis, quod fit cum divino judicio traditur eis. Alioquin frustra dictum est: Post concupiscentias ... si jam quisque reus est, quod tumultuantes et ad mala trahere nitentes sentit eas, nec eas sequitur, si non eis traditur, exercens adversus eas gloriosa certamina, si vivit in gratia. Numquid jam iste reus est, habendo tales animae concupiscentias, quas ei praestare non debet, ne in gaudium veniat diabolo et angelis ejus, qui sunt inimici atque invidi nostri: serm. 151 (al. 45 de temp.) cp. 3: Melius est eas (concupiscentias) non habere: sed quia sunt, noli post eas ire. Nolunt post te ire: noli post eas ire. Sed velint post ire, non erunt, quia contra mentem tuam non rebellabunt. Rebellant, rebella; pugnant, pugna: expugnant, expugna, hoc solum vide, ne vincant. Leo, serm. 8 de temp. 7. mensis.

[3]) Ps. 37, 8. [4]) Röm. 7, 14. — [5]) Tob. 4, 13. — [6]) Js. 48, 22; 57, 21. — [7]) Prov. 30, 16. — [8]) Eccli 25, 33. — [9]) Zach. 5, 7, 9. — [10]) Eccli. 42, 14. — [11]) Eccli. 42, 11. — [12]) Eccli. 26, 13 15. vgl. dazu Ez. 16, 25 ff. — [13]) Eccli. 7, 26. Vgl. Bernard. l. 4 de consid. cp. 6. Clemens Alex. l. 1. Paed. cp. 9.

[14]) Vgl. Ps. 5, 11: Ein offenes Grab ist ihr Rachen: und Ps. 54, 22: die Worte sind gelinder denn Honig, aber gleichwohl Pfeile. Cyprian de sing. Cler. n nut ein solches Weib einen zischenden Basilisken.

Geschlechtes beziehen, schildert das ganze Wesen, Auftreten und die Verführungskünste einer Buhldirne, um namentlich die Jugend zu warnen und vor Verstrickung in dieses Laster zu bewahren. „Mein Sohn, die Weisheit rettet dich vor der Frau des andern (Ehebruch) und vor der Fremden (zu welcher der Mann nicht im rechtlichen Verhältnisse steht), die ihre Worte glättet (verführerisch redet) und den Führer ihrer Jugend (ihren Gatten) verläßt und des Bundes ihres Gottes (Ehebandes) vergißt, denn zum Tode neigt sich ihr Haus und zur Hölle ihre Pfade.[1]) Alle, die zu ihr eingehen, kehren nicht zurück und erreichen nicht des Lebens Pfade"[2]) (gehen ewig zu Grunde); und: „Eine tiefe Grube ist Dirnenmund[3]) (ihre Schmeicheleien, Verführungskünste); wem Gott zürnt, der fällt hinein."[4]) Oft ist eine Sünde eine Strafe für eine andere; der Zorn Gottes bewahrt daher den Sünder nicht vor den Fallstricken einer Buhlerin. Besonders ist es der Stolz, welcher den Zorn Gottes durch die Ueberantwortung an die Gelüste des Fleisches erfährt.[5]) Wiederholt warnt der Weise vor den Fallstricken der Hure: „Achte nicht auf Frauentäuschung, denn träufelnder Honigseim sind die Lippen der Hure (anlockend durch süße Worte), und glatter als Oel ist ihr Gaumen[6]) (ihre einschmeichelnden Reden), aber ihr Ende ist bitter wie Wermuth und scharf wie ein zweischneidiges Schwert. Ihre Füße gehen hinab zum Tode und zum Todtenreich führen ihre Schritte.[7]) Auf dem Pfade des Lebens gehen sie nicht, ihre Schritte wanken und sind unstät. Und nun, mein Sohn, höre mich und weiche nicht von meines Mundes Worten. Fern halte von ihr deinen Weg und nahe nicht den Schwellen ihres Hauses, damit du nicht Fremden (Buhlerinnen) hingibst deine Ehre (oder deine Jugendblüthe) und deine Jahre (die Kraft deiner Jahre) den Grausamen, damit nicht etwa Fremde sich sättigen an deinem Vermögen, und dein Erwerb in ein fremdes Haus komme, und du am Ende seufzest,

---

[1]) Chrys. hom. 21 in Matth.: Quid est aliud mulier, nisi amicitiae inimica et ineffugabilis poena, necessarium malum, naturalis tentatio, desiderabilis calamitas, domesticum periculum, delectabile detrimentum, mali natura boni decore depicta?

[2]) Prov. 2, 16—19.

[3]) Beda in Parab. Sal. cp. 22: Qui verba meretricis libenter amplectitur, quasi januam jam gehennalis pulsat abyssi citoque mergetur, si pedem cautus non retrahit, si non membra cetera a vitiis cohibet foveae poenalis, quam nullus omnino nisi filius irae illabitur.

[4]) Prov. 22, 14. — [5]) Gregor. 26 l. Mor. cp. 13.

[6]) Cyprian. de sing. Cler.: Nunc blanditias exhibet meretrix, nunc verba mollia, et quod venenosius est super cuncta, psallere delectatur, cujus cantu tolerabilius est audire basiliscum sibilantem. Hier. ad Gaud.: Vocis dulcedines per aures animam vulnerantes fugiat. Ambros. l. 2. de Abrah. cp. 11: In ipso auditu crimen est, si seducat meretrix, et multo blandimento sermonis et laqueis labiorum suorum te alliget. Ephraem. tract. de abst. a cupidit. cp. 3: Resiste urenti concupiscentiae, ut flammam, quae nunquam extinguetur, effugere queas. Nam si nos perturbationes superarint, non recedent a nobis, quin et magis adversum nos insolescent. Audi eum, qui ait: Mel destillat a labiis mulieris fornicariae, quae ad tempus impinguat fauces suas, postea viro felle amariorem invenies et acutum magis gladio ancipiti.

[7]) Cyprian. de sing. Cler.: Per infinita dedecora multiplices mortes invehit in perniciem perditorum.

wenn du dein Fleisch und deinen Leib infolge der Ausschweifung abzehren gemacht hast[1]), und sagst: Warum habe ich die Zucht gehasset und verschmähte mein Herz Zurechtweisung? und warum habe ich nicht gehört auf die Stimme meiner Meister, und zu den Lehrern mein Ohr nicht hingeneigt. Beinahe kam ich in alles Unglück inmitten der Gemeinde und der Versammlung." [2]) „Durch Herzensreinheit[3]) erfreut ein Sohn seinen Vater, wer aber Huren unterhält, vergeudet sein Vermögen."[4]) Eine Illustration dazu liefert der verlorene Sohn.[5]) Auch die Mutter warnt den königlichen Sohn Lemuel: „Gib nicht an Frauen deine Kraft (Gesundheit und Reichthum), noch deine Wege an Königsverderberinnen" [6]) (Concubinen). Weil die Sünden gegen die Keuschheit die zahlreichsten sind, deshalb wiederholt der Weise seine nachdrücklichen Warnungen: „Das Gesetz ist, sagt er, ein Licht und ein Weg zum Leben, dich zu behüten vor einem Weibe der Bosheit (welche auf Verführung ausgeht) und vor der glatten Zunge einer Fremden. Begehre nicht nach ihrer Schönheit in deinem Herzen und lasse dich nicht fangen durch ihre Wimpern[7]) (Winke); denn der Werth einer Hure ist kaum der eines Brotes; die Frau eines Mannes aber raubt die kostbare Seele" [8]) (d. h. eine Hure ist nichts werth oder Umgang mit ledigen Buhlerinnen führt zur Bettelarmuth, Ehebruch aber zum Tode).

So nothwendig Jemand seine Kleider verbrennt, wenn er darin Feuer holt und seine Füße, wenn er über Kohlen geht[9]), „so ist, welcher geht zu

---

[1]) Gregor. Magn. reg. past. l. 3. adm. 13: Quisquis per acceptam valetudinem corporis, per tributam sibi sapientiam mentis, non exercendis virtutibus, sed perpetrandis vitiis elaborat, nequaquam suis viribus suam domum, sed extraneorum habitacula multiplicat nimirum luxuriando. Bene autem subditur: Et gemas in novissimis. Plerumque enim accepta salus carnis per vitia expenditur, sed cum repente subtrahitur, cum molestiis caro atteritur, cum jam egredi anima urgetur, diu male habita, quasi ad bene vivendum salus amissa requiritur. Et tunc gemunt homines, quod Deo servire noluerunt, quando damna negligentiae suae recuperare serviendo nequaquam possunt.

[2]) Prov. 5, 2–14. — [3]) Vgl. Prov. 10, 1; 15, 20; 27, 11.

[4]) Prov. 29, 3. Corn. a Lap. z. d. St.: Juvenis sapiens, qui studet continentiae et castitati, sua probitate magno gaudio afficit patrem, quia cum casto corpore et mente castum quoque integrumque servat patrimonium; e contrario juvenis vecors, qui indulget ventri et veneri, hic suas et patris opes cum meretricibus prodigit et dilapidat ideoque se penuria, patrem moerore afficit: meretrices enim exhauriunt opes, licet amplissimas, sciuntque mille artes, quibus ab amasiis eas emungant, imo extorqueant.

[5]) Luc. 15, 13. — [6]) Prov. 31, 3.

[7]) Ambros. l. 1. de poen. cp. 14. Neque capiaris oculis tuis. Ipsi nobis oculi retia sunt et ideo scriptum est: Neque capiaris oculis tuis. Ipsi ergo nobis tendimus retia, quibus involvimur et implicamur; ipsi nobis vincula nectimus.

[8]) Beda z. d. St.: Recordare, quia brevis voluptas est fornicationis et perpetua poena fornicatoris. Sicut enim unus panis diurnam solum effugat esuriem, et nihilominus postmodum esurit, qui comesto pane satur abscesserat: sic qui intrat ad scortum, ad horam quidem evaporat libidinem, sed post paululum ardentior redit. August. serm. 250 de temp. Cyprian. l. de sing. Cler. Ambr. in Ap. Dav. cp. 3: Vilis tibi videtur mulier ad pretium, sed fortis est ad vitium, quia virorum pretiosos animos capit.

[9]) Ambr. en. in Ps. 1; l. 1 de poen. cp. 23. Aug. serm. 293 (al. 250 de temp.): Quomodo si aliquis carbones ignis apprehendat, si eos cito projecerit, nihil ei

seines Nächsten Weib, er bleibt nicht rein, wenn er sie berührt." Bleibt das kleinere Verbrechen, nämlich der Diebstahl aus Noth zur Stillung des Hungers, nicht ungestraft vor Menschen, um so weniger entgeht die schwere Sünde des Ehebruches der Züchtigung von Gott[1]): „Wer ein Ehebrecher ist, der bringt durch die Thorheit (Leerheit) seines Herzens sein Leben in's Verderben. Er sammelt sich Schande und Schmach, und sein Schimpf erlischt nicht mehr. Denn des Mannes Eifersucht und Grimm schonet nicht am Tage der Rache, und gibt nicht nach auf Jemandens Bitten[2]), und nimmt nicht an zur Sühne (als Lösegeld) die größten Gaben."[3]) „Die Buhlerei einer Frau wird an der Frechheit der Augen und an ihren Wimpern erkannt."[4])

An einem Beispiele seiner Erfahrung zeigt Salomon die Arglist einer Buhle und die unbegreifliche Thorheit eines Weichlings. „Nenne die Klugheit (Weisheit) deine Freundin, damit sie dich bewahre vor einem fremden Weibe und vor einer Ausländerin, die süße Worte spricht. Denn ich schaute aus dem Fenster meines Hauses durch die Gitter, und ich erblickte Einfältige, und gewahrte einen thörichten Jüngling (die Mahnungen der Weisheit nicht befolgend), der durchschritt die Straße nach ihrer Ecke, und nahe am Wege ihres Hauses schritt er hin in Dämmerung, als der Tag sich geneigt hatte, im Dunkel der Nacht und in Finsterniß (für das Laster besonders geeignet); und sieh, ein Weib kommt ihm entgegen im Anzuge einer Buhlerin[5]) (im schamlosen Anzuge), versteckten Herzens (d. h. ihre Lüsternheit verbergend, Vulg. geschickt Seelen zu fangen), geschwätzig und unstät, der Ruhe ungewohnt (oder unbändig, weil mannstoll), da ihre Füße in ihrem Hause keine Ruhe haben, bald vor der Thür, bald auf den Gassen, und an jeder Ecke stellt sie sich auf die Lauer. Da erfaßte sie den Jüngling und küßte ihn, und lüsternen Angesichts schmeichelte sie ihm und sprach (zuerst Religiosität

---

nocebunt; si vero diutius tenere voluerit, sine vulnere eos jactare non potuerit: ita et ille qui ad concupiscendum oculorum defixerit aspectum et libidinis malum in corde suscipiens moras in cogitationibus suis habere permiserit, excutere eas a se sine animae plaga non poterit. Cyprian. de sing. Cler.: Incerta victoria est, inter hostilia arma pugnare. Et impossibilis liberatio est, flammis circumdari nec ardere, quod Salomon.... Chrys. ep. 7 ad Olympiam. Basilius. M. l. de virg. n. 45. Stupra si ignem odoretur, cito accenditur, nec opus est multo labore, sed tantum admota est ac statim flammas, habet relucentes: sic femineum corpus, dum masculum tangit, non multo indiget labore nec insufflante ad concubitum amore, sed cum naturalem habeant inter se habitudinem, statim ac se contingunt, accensam habent arcano modo voluptatis scintillam; quae propter, inquit, alligabit quis ignem in sinu etc.

[1]) Chrys. hom. 10 ad pop.: Gravis quidem res etiam fur, sed non tam gravis, quam adulter. Ille enim, etsi frigidam causam habet, tamen ex pauperie necessitatem praetendere potest: hic vero nulla cum cogente necessitate, prae dementia sola in peccati voraginem corruit. Thomas summa 2. 2. q. 66. art. 6. ad 1: Dicitur furtum non esse grandis culpa per comparationem ad reatum adulterii, quod punitur morte.

[2]) Hieron. in Am. ep. 6: Libentius audit maritus, uxorem interfici, quam pollui. — [3]) Prov. 6, 23—35. — [4]) Eccli 26, 12.

[5]) Cyprian. l. de hab. virg.: Ornamentorum ac vestium insignia, lenocinia formarum nonnisi prostitutis et impudicis feminis congruunt et nullarum fere pretiosior cultus est, quam quarum pudor vilis est.

heuchelnd): Friedopfer hatte ich zu entrichten; heute erfüllte ich mein Gelübde, darum bin ich ausgegangen dir entgegen, zu suchen dein Antlitz und ich habe dich gefunden. Ich habe mein Bett mit Bändern geziert, mit Decken von egyptischer Spinnerei, besprengt habe ich mein Lager mit Myrrhe, Aloe und Zimmet (mit wohlriechenden Essenzen); komm, laß uns trunken werden in Liebe und die ersehnten Umarmungen genießen, bis der Morgen anbricht; denn der Mann ist nicht in seinem Hause, er ist sehr weit verreist, die Geldbörse hat er mit sich genommen, und wird erst am Tage des Vollmondes wieder in sein Haus kommen. Sie (nachdem sie dem Jünglinge alle Furcht benommen) umgarnt ihn mit vielen Reden, und mit Schmeicheleien der Lippen riß sie ihn hin. Alsbald folgt er ihr, wie ein Ochs, der zum Schlachthaus eingeht, und wie ein muthwilliges Lamm und merket nicht, daß an Fesseln er, der Thor, gezogen wird (oder: wie springt in ein Fangnetz der Hirsch), bis der Pfeil seine Leber spaltet, und wie ein Vogel, welcher der Schlinge zueilt und nicht weiß, daß es um sein Leben geht. Nun also, mein Sohn, höre mich: Laß dein Herz nicht hingezogen werden auf ihre Wege, und irre nicht auf ihren Pfaden, denn Viele hat sie verwundet und gestürzt, und auch die Stärksten[1]) getödtet. Ihr Haus bildet Wege zur Hölle, welche führen zu den Gemächern des Todes."[2]) Daß in jener Zeit Buhldirnen (Bajaderen) mit Gesang und Saitenspiel die Straßen durchzogen, um sich bemerklich zu machen, bestätigt ein von Isaias erwähnter Theil eines Volksliedes. Es wird nämlich Tyrus ergehen nach dem Liede von der Lustdirne: „Nimm die Cither, durchschweife die Stadt, vergessene Hure! Spiele wacker, singe eifrig, daß man sich dein erinnere."[3])

Treffend schildert Salomon die Sinnlichkeit als „ein thörichtes, lärmendes (leidenschaftlich erregtes) Weib voll Reize, aber unwissend (kein Gesetz kennend); sie sitzt unter der Thüre ihres Hauses, auf erhöhtem Platze der Stadt, zu rufen denen, die des Weges vorüberkommen, die gerade hier ihre Pfade wandeln: Wer klein (unerfahren) ist, kehre bei mir ein[4]), und dem Einfältigen sagt sie: Gestohlenes Wasser ist süßer und heimliches Brot ist lieblicher, und er (der Unerfahrene, der ihrer Einladung folgt) weiß nicht, daß es Riesen (Schatten) sind, und ihre Gäste in den Tiefen der Hölle."[5]) Unter gestohlenem Wasser und heimlichem Brote versteht der Weise die außereheliche Sinnenlust[6]), die, weil verboten, die meiste Zugkraft ausübt.[7]) In dieser officina diaboli, wie Chrysostomus[8]) das Hurenhaus nennt, sind

---

[1]) Mit Rücksicht wohl auf Samson, den Dalila ins Verderben stürzte. Richt. 16. — [2]) Prov. 7, 4—27. — [3]) Is. 23, 15, 16; Ez. 16, 24.

[4]) Ambros. l. 1. de Cain. cp. 4 umschreibt also diese Worte: Ipsa in medio stans: Bibite, inquit, et inebriamini, ut cadat unusquisque et non resurgat. Ille apud me primus, qui omnium perditissimus. Ille meus est, qui suus non est; ille mihi gratior, qui sibi nequior.... Qui est ergo insipientior, divertat ad me et indigentibus sapientia praecipio dicens: Panibus absconditis suaviter utimini et aquam furti dulciorem bibite. Manducemus et bibamus, cras enim moriemur.

[5]) Prov. 9, 13—18. — [6]) Clemens. Alex. l. 3 paed. cp. 12: Dulcem furti aquam furtivam dicit venerem. — [7]) Hier. Os. cp. 13: Quidquid enim non licet, magis desideratur.

[8]) Hom. 2 in Matth. 11 u. Ps. 41: Sicut ubi est coenum, eo porci concurrunt, ita, ubi sunt meretrices et meretricia cantica, illic congregantur daemones.

Giganten, d. h. durch Tapferkeit, Weisheit und Heiligkeit hervorragende Männer zu Grunde gegangen.[1])

„Ein schönes, aber thörichtes (sittenloses) Weib ist ein goldener Ring in Schweines Nase"[2]); denn wie ein Schwein einen goldenen Nasenring im Kothe wühlend beschmutzt, so mißbraucht ein sittenloses Weib ihre Schönheit nur zum Bösen.[3]) „Eine tiefe Grube ist die Buhlerin und ein (oben) enger Brunnen das fremde Weib (dem schwer zu entkommen ist). Sie lauert auf dem Wege wie ein Räuber[4]) und bringt die um, welche sie als Unvorsichtige erkennt"[5]) (d. h. raubt das sittliche Leben, oder nach dem Hebräischen: „mehrt die Treulosen", d. h. bewirkt durch die Verführung, daß die Treulosigkeit unter den Menschen zunimmt).

Auch der Autor des Buches Jesus Sirach kommt auf dieses Thema zu sprechen. Außer den oben bereits citirten Stellen führe ich nur folgende an: „Sieh nicht nach einem buhlerischen Weibe, daß du nicht etwa in ihre Schlingen fallest. Mit einer Tänzerin pflege keinen Umgang und gib ihr kein Gehör, damit du nicht etwa durch ihre Kunstfertigkeit zu Grunde gehest.[6])... Gib auf keine Weise dich unzüchtigen Weibern hin, damit du nicht dich und dein Erbe zu Grunde richtest. Schaue nicht umher in den Gassen der Stadt und schweife nicht herum in den Straßen derselben (zu dem Zwecke, um mit Buhlerinnen zusammenzutreffen). Jede Frau, welche Buhlerin ist, wird wie Koth am Wege zertreten"[7]), entgeht also der gerechten Strafe nicht. Derselbe Siracide unterscheidet außer den Ehebrechern zwei Gattungen von Leuten, welche Sünde häufen: „Eine hitzige Seele, welche lodernd wie Feuer nicht erlischt, bis sie etwas verzehrt hat (d. i. solche,

---

Ephraem. cont. improb. mulieres: Quid est meretrix? Causa diaboli, diaboli consolatio, arma diaboli, triumphus tenebrarum, dux delictorum.

[1]) Basilius l. de Virg.: Fortissimos viros libido domuit et violentos unius feminae congressus impulit in ruinam. Etenim via, quae ad domum ejus ducit, recta ad infernum mortisque barathrum tendit; at ille interim luxu obcaecatus carnique et gulae deditus, haud considerat non modo pygmaeos, sed gigantes quoque apud illam perire. Siquidem qui illius moribus atque consiliis obsequuntur, prorsus terreni atque carnales efficiuntur totique in carnem versi ad sempiternum tandem interitum abducuntur.

[2]) Prov. 11, 22.

[3]) Clemens Alex. l. 3 paed. cp. 11: Quemadmodum polluitur aurum suis immunditia coenum rostro suo conturbantis; ita quae sunt luxui deditae mulieres, si a nimiis copiis incitentur ab libidinem et impudicitiam, veram pulchritudinem iniquinamentis Veneris polluunt. Chrys. op. imp. hom. 45 in Matth.

[4]) Chrys. hom. 11 in 1. cp. Cor.: Quemadmodum latrones et murorum effossores, cum quid pretiosum auferre volunt, extincta lucerna hoc perpetrant: sic in peccatis facit corrupta ratio (libido). Si spiritus fornicationis cum impetu magno irruens flammam illam extinxerit, statim animam obtenebrat, expugnat et omnia diripit.

[5]) Prov. 23, 27, 28.

[6]) Cyprian. de sing. Cler.: Mulier nunc detigit membra, nunc fatigata jactatur, aut in risum aliquando dissolvitur, nunc blanditias exhibet, et quod est venenosius super cuncta, psallere delectatur aut canere. Cujus cantu tolerabilius est audire basiliscum sibilantem. Contra quam Salomon sic nos cautos efficit: Cum saltatrice noli assiduus esse, nec audias eam, ne forte pereas in efficacia ejus.

[7]) Eccli. 9, 3, 4, 6, 7, 10.

welche das Feuer sinnlicher Lust in sich nähren, ohne sie zu vollziehen); ein Unzüchtiger, welcher nicht abläßt vom Fleische seines Leibes, bis er entfacht hat das Feuer; denn dem Hurer ist jeder Bissen süß, er wird des Sündigens nicht müde"[1]) (der Wollüstling, dem jede Lustdirne oder jeder Genuß der Wollust[2]) willkommen ist, bis er sich zu Grunde gerichtet hat).

Auf welch' hoher Stufe dieses Sittengesetz der Hebräer steht, erhellt ganz besonders aus dem Vergleiche mit dem sittlichen Zustande der Griechen und Römer. Es ist bekannt, welch' verderblichen Einfluß die Hetären bei den Griechen ausübten. Die zu diesem Schandgewerbe bestimmten Mädchen erhielten eine sorgfältigere Erziehung, als die Töchter der besten Bürgerfamilien und traten mit der Kunst, Literatur und Religion des Landes in Verbindung; so z. B. errichteten die Hetären von Athen der Göttin zu Samos von ihrem Ertrage eine Statue, und die Buhldirnen zu Korinth mußten von Staatswegen bei öffentlichen Unglücksfällen den der Aphrodite dargebrachten Opfern beiwohnen. Niemanden fiel es bei, den Umgang verheiratheter Männer mit Hetären zu tadeln; selbst Socrates besuchte mit seinen Jüngern die Hetäre Theodota und ertheilte ihr Rathschläge, wie sie am besten Männer gewinnen und festhalten könne. Die größten Künstler, Dichter, Philosophen und Staatsmänner, wie Perikles, Lysias, Demosthenes, Aristoteles, Epikur, waren Gönner der Hetären, ja vielen der Buhlerinnen wurden sogar öffentliche Standbilder errichtet.

Die große nationale Krankheit, welche der Grieche sozusagen mit der Luft einsog, war die Neigung des reifen Mannes zu einem eben erst dem Knabenalter erwachsenen Jüngling, die Päderastie. Die Poesie in allen Formen verherrlichte dieses unnatürliche Laster, die erotischen Reden der Philosophen nährten das Uebel und die tragische Bühne machte es zum Hauptgegenstande vieler ihrer Schöpfungen. Feldherren und Staatsmänner fröhnten dem Dienste des Eros; es darf uns dies nicht wundern bei einem Religionssysteme, in welchem die Götter selbst (Apollo und Herakles) als Päderasten figurirten. In Kreta und Sparta war die Männerliebe als Erziehungsmittel begünstigt und selbst gesetzlich angeordnet.

Mag dieses Verhältniß nach Xenophons Behauptung ein reines gewesen sein, so gesteht doch Platon, der ebenso, wie Socrates, dieser Neigung sich nicht ganz entschlagen konnte, im Phädrus und Symposion, daß bei diesen edlen (!) erotischen Verbindungen von Männern und Jünglingen zuweilen etwas vorfallen könne, was „der gemeine Haufe für das Höchste hält". In Böotien und Elis wurde das Laster ohne alle Scheu und als etwas öffentlich Gebilligtes geübt. Solon verbot die Männerliebe nur den Sclaven, so daß sie sogar als ein den Freien gestattetes Vorrecht erschien. Es gab daselbst eigene Häuser männlicher Unzucht, in welchen Jünglinge theils um Geld, theils gegen Geschenke ihren Leib preisgaben. Junge Sclaven wurden von ihren Herren nicht selten zur öffentlichen Prostitution gezwungen; ja, der Staat erhob sogar von den zahlreichen Kinädos, welche diese Prostitution

[1]) Eccli. 23, 22—24.

[2]) Vgl. Prov. 5, 3; 7, 14 ff. 9, 17. Chrys. hom. 3 de verbis Isaiae: Ignis concupiscentiae, qui est in nobis, simul atque per oculorum intuitum elegantem atque venustam attigerit formam, protinus exurit animam. Basilius, tract. de Virg.

als Gewerbe betrieben, eine eigene Unzuchtssteuer, welche jährlich vom Staate verpachtet wurde. Im Allgemeinen standen die Philosophen, wie Parmenides, Xenocrates, Aristoteles, in so schlimmem Rufe, daß viele Väter, wie Plutarch [1]), den Umgang ihrer Söhne mit denselben nicht dulden wollten. Selbst die Häupter der Stoischen Secte, obenan ihr Gründer Zenon, der nicht mit Frauen, sondern immer nur mit schönen Jünglingen Verkehr gehabt hat, betrachteten die Knabenliebe als etwas Indifferentes. In vielen Gymnasien und Palästren, in denen durch die nackten Leibesübungen das Laster nur befördert wurde, stand ein Altar des Eros. Diese Verrückung der natürlichen Stellung zwischen beiden Geschlechtern hatte eine Erniedrigung des Weibes zur Folge und mußte die Abneigung und den Widerwillen gegen den ohnehin allgemein für drückend gehaltenen Ehestand vermehren, so daß diese nationale Verirrung an der Entvölkerung des Landes einen hervorragenden Antheil hat.

Nicht viel besser war es im römischen Reiche bestellt, wo die Leichtigkeit des Umganges mit Buhldirnen die Ehelosigkeit begünstigte; denn ganze Schaaren freigelassener Sclavinnen und deren Töchter gestatteten reichliche Auswahl. Selbst das Gesetz des Augustus gegen den Ehebruch erwies sich bald als ohnmächtig; denn bereits unter Tiberius ließen sich Ehefrauen aus vornehmen Häusern mit Verzichtleistung auf Stand und Rang ehrbarer Frauen als öffentliche Dirnen in den Listen der Aedilen einschreiben. Rom allein hatte über zwanzig Tempel und Kapellen der Venus, darunter der Venus Volupia oder Lubentina. Nach Ciceros Aeußerung [2]) wurde der Verkehr mit Buhldirnen in Rom als etwas Erlaubtes und Untadelhaftes betrachtet, und selbst der strenge Sittenrichter Cato äußerte einem Jünglinge, den er aus einem solchen Hause kommen sah, sein Wohlgefallen darüber. Die trotz aller Edicte sich Bahn brechende Unsitte des gemeinschaftlichen Badens von Männern und Frauen und der schamlose Gebrauch von feinen durchsichtigen Stoffen zu Gewändern, mit denen die Frauen kaum die Scham bedeckten, entfesselten die ohnedies regen Leidenschaften noch mehr.

Was die Päderastie betrifft, hatte sie bei den Römern zwar keine so große Verbreitung gewonnen, wie in Griechenland, allein auch dort griff sie tief und vergiftend in alle socialen Verhältnisse ein. Zwar kamen in der früheren Zeit der Republik Knabenschändungen in Rom nur vereinzelt vor, allein schon seit dem fünften Jahrhunderte, und namentlich in den letzten Zeiten des Freistaates, hatte dieses Laster unter den Römern eine furchtbare Höhe erreicht und in einer noch ekelhafteren Gestalt, als bei den Griechen, sich gezeigt; während bei diesen die sündhafte Neigung in edler Form der Empfindung oder der opferfähigen Hingebung erschien, trat bei den Römern das nackte Laster selbst mit Verzichtleistung auf die Beschönigung desselben in grauenerregender Weise hervor. Das Scatinische Gesetz, welches das Vergehen an einem Freien mit Geldstrafe belegte, schlief bald ein, da selbst Antonin und Trajan das Beispiel der Uebertretung gaben. Die späteren römischen Dichter, mit Ausnahme Ovids, hinterließen in ihren Dichtungen Denkmale ihrer päderastischen Neigungen. Abwechselnd beide Gattungen

[1]) De educ. puer. 15.
[2]) Pro Coelio c. 15.

der Unzucht zu treiben, mit Weibern sowohl als mit Knaben und Jünglingen zu buhlen, gehörte zur Regel. Die in den männlichen Harems (Pädagogien) zur Wollust des Herrn bestimmten unglücklichen Geschöpfe, Exoleti genannt, wurden entmannt, um sie desto länger mißbrauchen zu können, und damit sie die erloschenen Begierden wirksamer erregten, suchte man künstlich die Entwicklung des Knaben und Jünglings zum Manne aufzuhalten. Trajan hielt ganze Heerden dieser Lustknaben; ja selbst förmliche Verheirathungen von Männern an Männer mit allen Förmlichkeiten einer Heirath kamen in Rom zu jener Zeit vor. Nero ließ bei einer solchen Festlichkeit dem von ihm erwählten Sporus alle Ehren einer Kaiserin erweisen.[1]) So tief erniedrigt sich die menschliche Natur, wenn sie an der Religion keinen Halt findet!

§ 4. Die Ehe.

Der Ursprung der Familie, sowie die Erhaltung des Menschengeschlechtes ist an die Ehe geknüpft. Die ursprüngliche Eheordnung ist mit der Erschaffung und Zusammenführung des ersten Menschen und des ersten Weibes gegeben, also eine göttliche Institution. Die Worte: „darum wird der Mensch seinen Vater und seine Mutter verlassen und seinem Weibe anhangen"[2]), kennzeichnen die Ehe als die innigste geistige und leibliche Einheit beider Geschlechter, als eine Liebesgemeinschaft der Herzen, welche in der leiblichen Vereinigung ihre concrete Gestalt erhält und vollendet, welche naturgemäß und nach Gottes Willen nur eine monogamische ist. Schon in der Art der Erschaffung des ersten Weibes aus der Rippe des Mannes[3]) tritt die Idee der Wesensgleichheit, Zusammengehörigkeit und des gegenseitigen Ergänzungsverhältnisses beider Geschlechter hervor und ist nicht blos die leibliche Geschlechtsgemeinschaft: „Seid fruchtbar, vermehret euch und erfüllet die Erde"[4]), sondern auch eine persönliche Lebensgemeinschaft für die Theilnahme am beiderseitigen, persönlichen Lebensberufe begründet. Adam erkennt in dem Weibe „Fleisch von seinem Fleische, Gebein von seinem Gebein" und die dem Bedürfnisse seines Herzens und seinem irdischen Berufe entsprechende Gehilfin, die ihm zur Seite stehen[5]), aber auch in entsprechender Weise ihm untergeordnet sein soll. Dieser gottgeweihte unauflösbare Bund Eines Mannes und Eines Weibes zu Einem Fleische wurde durch die Sünde getrübt und entweiht. Schon Lamech, der Kainit im fünften Gliede, nahm sich zwei Weiber[6]), dem jedenfalls viele Andere folgten.

In der Patriarchalzeit war die Vielweiberei in Canaan und Aegypten verbreitet, und selbst die Patriarchen folgten der Sitte, zu den eigentlichen Frauen noch Kebsfrauen zu nehmen, um mit ihnen bei der Unfruchtbarkeit der Ehefrau Kinder zu zeugen, wiewohl Isaak blos nur ein Weib hatte, Abraham nur auf den Wunsch der Sara die Hagar zum Kebsweibe nahm und Jacob erst durch Labans Betrug Gatte zweier Schwestern geworden

[1]) Vgl. Döllinger, Heidenthum und Judenthum. S. 679 fl. 721 fl.

[2]) Gen. 2. 24. — [3]) Vgl. Biblische Frauen S. 8. — [4]) Gen. 1, 27, 28. — [5]) Gen. 2, 18. — [6]) Gen. 4, 19.

war. Auch das mosaische Gesetz änderte an dieser Sitte nichts und erhob die Monogamie nicht zur allein rechtsgiltigen Form der Ehe, verbietet die Vielweiberei nicht, sucht aber diese durch weise Vorschriften einzuschränken. Es geschah dies, wie Christus bemerkt[1]), um der Herzenshärtung des Volkes willen, namentlich wegen seiner schwer zu bändigenden Sinnlichkeit, wie sie sich namentlich in der Leidenschaft für die mit dem Götzendienste verknüpften geschlechtlichen Ausschweifungen kundgab. Die Juden werden in der heil. Schrift[2]) als ein trotziges, halsstarriges, zur Fleischeslust geneigtes Volk geschildert. Hätte das mosaische Gesetz die Monogamie strenge vorgeschrieben, so wäre bei dem ohnehin großen Zuge für das volle Freiheit gewährende Heidenthum das Joch des Gesetzes abgeschüttelt worden und das Leben einer unfruchtbaren oder minder gefälligen Frau bedroht gewesen. Das kleinere Uebel, nämlich die Polygamie oder das Halten von Kebsfrauen, sollte dem größerem Uebel, nämlich dem Fröhnen der entfesselten Fleischeslust, vorbeugen. Und in dieser Beziehung war die Polygamie ein Damm gegen Unzucht. Derselbe Grund bewog wahrscheinlich auch den Julius Cäsar zur Einführung der Polygamie[3]), nämlich der ungebundenen Ausgelassenheit der jungen Römer, die im ehelosen Leben den ausschweifenden Freuden sich hingaben[4]), Einhalt zu thun. Nichtsdestoweniger geht aber durch das ganze alte Testament das Bestreben hindurch, das gottgewollte Verhältniß der monogamischen Ehe zur Anerkennung zu bringen, und selbst das mosaische Gesetz ist der Polygamie nicht günstig, indem manche seiner Verordnungen zur Beschränkung der Polygamie beitrugen. Dahin zielen die Gesetze, durch welche Unzucht, Hurerei und Blutschande verpönt werden, die verschiedenen Ehehindernisse, die Bestimmungen bezüglich der Ehescheidung, die Schilderung der traurigen Früchte, welche Bigamie und Polygamie schon bei den Patriarchen brachte, die religiöse Auffassung von der Ehe als eines heiligen, von Gott geschlossenen Bundes und sohin Abbildes der Verbindung Jehovas mit seinem Volke, welche namentlich durch die Propheten betont und entwickelt wurde.[5]) Beachtenswerth ist, daß die zwei ersten Häupter des jüdischen Staates, Moses[6]) und der Hohepriester Aaron, sowie sein in dieser Würde nachfolgender Sohn Eleasar[7]), die Propheten Isaias (8, 1) und Ezechiel (24, 15 ff.) in monogamischer Ehe lebten; die Schilderungen des Hohenliedes haben das Glück einer monogamischen Ehe zur Grundlage, weshalb einige Erklärer (wie Stähelin, Hitzig) darin nur das Lob der monogamischen Ehe, andere (Delitzsch, Zöckler) das Mysterium der Ehe im Gegensatze zur Polygamie finden. Zumeist herrschte die Polygamie nur bei Vornehmeren und Reichen, insbesondere bei Königen vor, denen übrigens das Königsgesetz[8]) das Nehmen vieler Frauen untersagt hatte, so daß die Monogamie wohl als vorherrschende Form der jüdischen Ehe, namentlich in der nachexilischen Zeit zu betrachten ist.[9]) Auffallend wird in den Sprüchwörtern und Psalmen bei Schilderungen häuslichen Glückes das Bild der allein waltenden Hausfrau hervorgehoben. So fordert der Prediger

---

[1]) Matth. 19, 8. — [2]) Dt. 9, 7, 24; 1. Sam. 12, 8. Js. 1, 3, 4. — [3]) Suetonius, Julius cp. 52. — [4]) Dio Cassius, 56, 7. — [5]) Hos. 2, 18 ff. Js. 50, 1. Jer. 2, 2. Ez. 16, 8. Mal. 2, 14. — [6]) Ex. 2, 21; 18, 2. — [7]) Ex. 6, 23, 25. — [8]) Dt. 17, 17. — [9]) Tob. 1, 11; 2, 19; 8, 4, 13. Dan. 13, 29, 63.

den Mann auf, alle Tage seines Lebens mit dem geliebten Weibe zu genießen [1]) und der Weise, aus dem eigenen Brunnen (Gattin) und nicht einem Fremden das Wasser zu trinken, sie allein zu besitzen und mit dem Weibe der Jugend allein sich zu erfreuen.[2]) Der Psalmist kennt nur das Glück eines Mannes, der ein mit fröhlicher Kinderschaar gesegnetes Weib besitzt.[3]) Das fleißige gute Weib ist die Krone des Mannes [4]), ein von Gott geschenktes Gut [5]), eine kostbare Gabe [6]), die Freude und das Glück des Gatten.[7])

Was die natürliche Seite der Ehe, die Fortpflanzung und den dazu drängenden sinnlichen Trieb betrifft, so wird dieser durch die Ehe in die Grenzen der Sittlichkeit eingedämmt. Die Fortpflanzung soll nicht in zügelloser Weise als Folge der rohen Befriedigung des Geschlechtstriebes, sondern auf sittlichem Wege geschehen und wird daher nur durch die Ehe eine gottgefällige. Fortpflanzung nicht schlechthin, sondern Erzielung einer gottgefälligen Nachkommenschaft, ist nach dem Willen Gottes der Endzweck der israelitischen Ehe, wie dies ausdrücklich der Prophet Malachias betont: „Der Herr ist Zeuge zwischen dir und dem Weibe deiner Jugend, die deine Genossin und das Weib deines Bundes ist. Hat nicht der Eine (Gott) sie geschaffen und ist sie nicht der Ausfluß seines Geistes? und was will der Eine anders, als Samen (Nachkommenschaft) Gottes? Darum bewahret die Neigung zu einander, und wolle das Weib deiner Jugend nicht verachten.“[8])

Also nicht sinnliche Lust und wechselnde Begierde, noch andere weltliche Interessen, sondern einzig der ursprüngliche und heilige Zweck der Ehe, der Fortbau des sichtbaren Gottesreiches durch Vermehrung der gottgefälligen Nachkommenschaft sollte in Israel die Wahl und den Fortbestand des Ehebundes bedingen. Das herrlichste Beispiel gab Abraham selbst, der nicht die alternde Mutter des Sohnes der Verheißung, sondern die junge Nebengemalin entließ, und zwar nicht aus Zwecken sinnlicher Lust, sondern aus Ursachen, welche, dem sinnlich weltlichen Interesse geradezu entgegengesetzt, einzig nur in den von Gott bestimmten Zielen ihren Grund hatten.[9]) Dieses sittliche, den natürlichen Zweck der Ehe heiligende Moment umschloß daher nicht blos das äußere, sondern auch das innere Leben zweier Menschen. Der Hauptgrund dieser Erscheinung liegt in dem klaren Bewußtsein der Menschenwürde, daß jeder Mensch durch seinen Geist ein Ebenbild Gottes und mithin ein Geschlecht dem andern ebenbürtig ist. Diese volle, sowohl äußere, als innere Harmonie der Gatten erhebt den Ehebund zu einem Institute der Sittlichkeit.

Das Bild einer wohlgefälligen und von Gott gesegneten Ehe entwirft der Psalmist [10]) mit den Worten: „Deine Gattin, wie fruchtreicher Weinstock ist sie an den Geländern deines Hauses. Deine Kinder sind wie die Sprossen des Oelbaumes um deinen Tisch.“ Die Ehe soll ein unantastbares Heiligthum sein, das vor jeder Entweihung zu schützen ist. „Freue dich mit der Frau deiner Jugend. Sie ist lieblich wie eine Hirschkuh und holdselig wie ein Reh; ihre Zärtlichkeit soll dich allzeit sättigen, und an ihrer Liebe sollst

[1]) Eccl. 9, 9. [2]) Prov. 5, 15 ff. [3]) Ps. 127. [4]) Prov. 12, 4. — [5]) l. c. 18, 22; 19, 14. [6]) l. c. 31, 10. [7]) Eccli 26, 1 ff. — [8]) Mal. 2, 14, 15. — [9]) Gen. 15, 1 ff. vgl. Heb. 11, 11. [10]) Ps. 127.

du dich immerdar ergötzen. Warum willst du dich verführen lassen von einer Fremden und solltest ruhen an dem Busen einer anderen? Gott schaut auf die Wege des Menschen und alle seine Schritte wägt er ab."[1]) Das Weib wird daher mit Recht als „die Lust der Augen des Mannes" bezeichnet.[2]) Die hohe Bedeutung der Ehe spricht sich auch in dem Namen des der Ehe vorausgehenden Verlöbnisses aus, indem dasselbe Kidduschin, d. h. Anheiligung genannt wird. Daher wird der Ehebruch an beiden Verbrechern mit dem Tode bestraft.[3])

Diese höhere, geistig sittliche Auffassung der Ehe, welche nothwendiger Weise auf die Stellung der Frau in der Familie einen hervorragenden Einfluß ausübte, vermissen wir im Heidenthume, wo entweder das rohe Geschlechtsleben oder die bloße Kindererzeugung als eigentlicher Zweck der Verbindung hervortritt, wie z. B. bei den Hindus und Persern, die kinderlos zu sterben als größtes Unglück betrachteten; denn durch Kinder komme man in den Himmel. Griechen und Römer hielten zwar an der Monogamie fest, allein diese war auf keinem sittlichen Fundamente aufgebaut. Die Griechen betrachteten die Ehe als ein hemmendes Band, und da in Folge der Ehelosigkeit und der damit verbundenen Unsittlichkeit der Staat in seinem Bestande bedroht war, wurde man, wie Platon und Plutarch[4]) berichten, zum Heirathen und Kindererzeugen durch das Gesetz gezwungen. Die Ehe galt als Pflicht, weil die Götter einen Nachwuchs von Verehrern, der Staat Bürger und Krieger, das Geschlecht Nachkommen bedurfte. Kindererzeugung war die Hauptsache der Ehe. Der Begriff ehelicher Treue und der Familie überhaupt konnte da nicht zum Bewußtsein gelangen. „Nicht freiwillig und von Natur, sondern durch das Gesetz gezwungen, bequemt man sich zum Heirathen und Kinderzeugen", sagt Platon.[5]) Selbst die Polyandrie war in Sparta nicht etwas Ungewöhnliches, indem man die Frau des Nachbars behufs Kindererzeugung entlehnte. Schon zu Socrates' Zeiten waren die spartanischen Frauen ihrer Ausschweifungen wegen berüchtigt und lebten nach der Aussage des Aristoteles[6]) in völliger Zügellosigkeit. In Athen war das Weib ganz der Willkür des Mannes überliefert, so daß er dasselbe verstoßen, oder völlig wie eine Waare an einen Andern verhandeln, verschenken oder testamentarisch vermachen konnte.

Auch bei den Römern war die Ehe gesetzlich Monogamie, allein diese hatte keine sittliche Basis, sondern wurzelte in staatlichen Rücksichten. Der in sich abgeschlossene Staat sollte durch Fortpflanzung erhalten, durch Uebervölkerung nicht aus seinen Grenzen gedrängt werden. Nach Aristoteles' Ansicht soll die Zahl der Geburten beschränkt sein und der Ueberschreitung derselben entgegengewirkt werden. Als Ersatz zur Befriedigung der sinnlichen Lust diente in Griechenland das Institut der Hetären, und auch in Rom fehlte es nicht an andern Mitteln.[7]) Um den Staat vor Uebervölkerung zu schützen, war die Abtreibung und Aussetzung der Leibesfrucht gesetzlich gestattet.

---

[1]) Prov. 5, 18—21. — [2]) Ez. 24, 15. — [3]) Lev. 20, 10. — [4]) Sophocles Oed. tyr. 1492 ff. Euripid. Helen. 291. — [5]) Sympos. 192. — [6]) Polit. 2. 5.

[7]) Tacitus, Ann. 2, 85. Vestilia praetoria familia geniti licentiam stupri apud aediles vulgaverant, more inter veteres recepto.

Kindererzeugung war auch bei den Römern der eigentliche Zweck der Ehe. Der Schwur, den jeder römische Bürger dem Censor leisten mußte: uxorem se liberorum quaerendorum gratia habiturum, kennzeichnet das innerste Wesen der Ehe nach den Begriffen des römischen Alterthumes. Nach der lex Aelia Sentia erlangt ein Lateiner das römische Bürgerrecht durch den Nachweis, daß er liberorum causa geheirathet habe. Uebrigens gab es bei den Römern zwei Formen der Ehe: Die strenge Ehe mit manus und die freiere ohne manus.[1]) Durch die Ehe mit manus gelangte die Frau unter die volle Botmäßigkeit des Mannes, stand unter seiner Hand, war also in gewisser Weise Eigenthum des Mannes. In der Ehe ohne manus war die Frau zwar der Gewalt des Mannes entzogen, stand aber unter der nicht minder strengeren Gewalt des Vaters oder der Agnaten.

Die rechte alterthümliche, volle patricische Ehe geschah durch Confarreation, eine Art religiöse Weise, weil sie Anspruch auf das Priesterthum gab. Sie geschah in Gegenwart des Pontifex, des Flamen Dialis und 10 Bürgern als Zeugen, wobei nach dargebrachtem Opfer der Opferkuchen von Bräutigam und Braut, welche auf dem Felle des geschlachteten Opferschafes saßen, getheilt und mit feierlichen Worten gegessen wurde. Dadurch wurden die Verlobten vor dem Angesichte der Götter vereinigt und ihre Ehe unter den Schutz derselben gestellt.[2]) Doch diese Eheform wurde mit der Zeit, besonders den Frauen sehr unbequem, und so ist es erklärlich, daß unter Tiberius nur noch drei aus confarreirten Ehen stammende Patricier sich vorfanden.

Im Anfange der Kaiserzeit hatte letztere Form (ohne manus) die erstere bereits verdrängt. War bei der strengen Eheform die Ehescheidung durch die Aufsicht der Censoren beschränkt, so war sie bei der freieren Ehe um so leichter. Da die Zerrüttung der Ehe und des Familienlebens besonders bei der sittlichen Verkommenheit riesenhaft überhand nahm und man sogar in besseren Zeiten die Ehe als eine Last und ein nothwendiges Uebel betrachtet hatte, sah Augustus sich veranlaßt, gesetzlich gegen Ehe- und Kinderlose einzuschreiten. Die Lex Julia verordnete: Jeder Mann unter 60 Jahren und jede Frau unter 50 Jahren soll verheirathet sein und, fügt die lex Poppaea hinzu: Kinder haben. Doch auch diese Gesetze waren nur vorübergehend; denn die Vortheile der Ehelosigkeit und Kinderlosigkeit überwogen die gesetzlichen Nachtheile. So sank die Ehe immer mehr im Bewußtsein des Volkes. Wie ein gewöhnlicher Vertrag wurde sie geschlossen und gelöst, so daß Seneca[3]) schreibt: „Keine Frau schämt sich mehr des Scheidebriefes, nachdem mehrere hohe und vornehme Frauen ihre Jahre nicht mehr nach der Zahl der Consuln, sondern der Ehemänner zählen, und aus der Ehe treten, um zu heirathen, und in die Ehe treten, um sich scheiden zu lassen."

Was den natürlichen Zweck der Ehe, die Fortpflanzung betrifft, macht das mosaisch-talmudische Recht jedem Manne zur Pflicht, eine Ehe einzu-

[1]) Cicero, Topica 2, 3: Uxorum duae formae sunt: una matrum familias, quae in manum convenerunt, altera earum, quae tantummodo uxores habentur.
[2]) Ovid, Fast. 1, 319. Tacitus, Ann. 1, 16. Caj. 1, 112. Serv. Aen. 4, 374.
[3]) De beneficiis 3, 16.

gehen [1]), denn der Segen, welchen Gott dem ersten Menschenpaare gegeben [2]), gilt als Wille Gottes und somit als Gebot der Gesetzgebung. „Wer das Gebot der Fortpflanzung nicht erfüllt, ist dem Mörder gleich zu achten; denn er vermindert das Ebenbild Gottes auf Erden.“ Diese Verpflichtung tritt eigentlich mit dem 18. Jahre ein [3]), doch gilt es als wünschenswerth, gleich nach Eintritt der körperlichen Reife, also nach vollendetem 13. Jahre eine Ehe einzugehen. Wer mit 20 Jahren noch unverheirathet ist, verdient scharfen Tadel. Doch blieb diese Pflicht zur Ehe nur Gewissenssache, und niemals erzwang das Gericht solche Ehen, wie in Sparta und Rom. Dem Gebote der Fortpflanzung ist nach der Ansicht Schammai's Genüge geleistet durch Erzeugung zweier Söhne, nach Hillel aber durch Erzeugung eines Sohnes und einer Tochter. Doch auch dann soll man nicht ehelos bleiben. [4]) Dieses Gebot hat aber nicht blos die Vermehrung des Volkes zum Zwecke, sondern soll auch die sittliche Würde des Menschengeschlechtes wahren, nämlich vor sittlicher Ausschreitung schützen. Nach R. Ben Asai ist nur derjenige Unverheirathete von dieser Sünde frei, welcher dem Studium so ergeben ist, daß er von allen Anfechtungen und Regungen der Begierde nichts zu fürchten hat.

Um die Heiligkeit der israelitischen Ehe als eines sittlich-religiösen Institutes zu wahren und zu schützen, war es nöthig, der Schließung derselben gewisse Schranken zu setzen. Dies geschah durch die Ehehindernisse. Wir theilen dieselben in A. absolute und in B. relative. Die absoluten zerfallen in solche, welche a) auf directem Verbote, b) auf Verwandtschaftsgraden und c) auf Keuschheitsgründen beruhen.

A. Absolute Ehehindernisse.

a) Directes Verbot.

Die Hauptbedingung einer legitimen Ehe nach mosaisch-talmudischem Eherechte ist der Consens, die freie Entschließung der Frau. [5]) Zwang oder Irrthum machen die Ehe ungiltig, denn die innige Harmonie, welche die Ehe nach obiger Auffassung zwischen den Gatten bewirken soll, fordert die Freiheit derselben als nothwendige Voraussetzung. Ist ja das Weib, weil nach Gottes Ebenbild erschaffen, dem Manne wesensgleich, eine Ischa, Männin, ebenbürtig, eine gleichberechtigte Gehilfin des Mannes. Dadurch unterscheidet sich die jüdische Ehe von der römischen mit manus, wodurch die Frau ihrer Persönlichkeit beraubt und zu einem Eigenthume des Mannes wird. Beständiger Wahnsinn ist ein trennendes Ehehinderniß [6]), nicht aber, wenn lichte Zwischenräume vorhanden sind. [7]) Ebenso ist in Uebereinstimmung mit dem römischen Rechte die Ehe der Minderjährigen ungiltig [8]), dieselbe erlangt aber nach erlangter Pubertät durch Fortsetzung des ehelichen Umganges ohne Erneuerung des Verlöbnisses Giltigkeit. Dahin gehört auch das Verbot: „Es komme nicht, wer zerriebene oder ausgeschnittene

---

[1]) Jebamoth 6, 6. — [2]) Gen. 1, 27, 28. — [3]) Abot. 5, 24. — [4]) Jebamoth 6, 6. — [5]) Kiddusch, 2, 3. Bab. bath. 48 b. Ketub. 76 b. Maimon. Ischut 1, 3. — [6]) Jebam. 14, 1 ff. — [7]) Schulch. Aruch Eben Haeser 44, 2; 67, 7. — [8]) Jebam. 13. cp.

Hoden hat, in die Gemeinde des Ewigen"[1]), welches sich aber nur auf Kastrirte bezieht, nicht aber auf solche, die von Natur oder durch Krankheit mit diesem Gebrechen behaftet sind, wiewohl auch da eine Meinungsverschiedenheit stattfindet; denn nach R. Ascher ist die Ehe zulässig, dagegen nach Maimonides[2]) nicht. Uebrigens ist nach der Mischna[3]) die Ehe eines Verschnittenen nur mit einer Israelitin verboten, mit einer Proselytin oder Freigelassenen dagegen gestattet. Dagegen soll die Ehe mit einer notorisch unfruchtbaren Frau nicht eingegangen werden.[4]) Ebenso soll „der im Incest Erzeugte (ein Mamser) nicht in die Gemeinde des Herrn kommen, auch das zehnte Geschlecht komme nicht in die Versammlung des Ewigen."[5]) Unter den verschiedenen Deutungen des Wortes Mamser (Bastard) hat nach der Mischna nur jene Geltung, welche Mamser als einen solchen bezeichnet, welcher aus einer blutschänderischen oder ehebrecherischen Verbindung entsprungen ist, auf welche die Strafe der Ausrottung gesetzt war.[6])

Mit solchen und allen ihren Descendenten konnte ein Israelit keine Ehe eingehen. Uebrigens konnten Bastarde durch eine Verbindung mit einer Sclavin ihr Geschlecht läutern, weil das Kind Sclave ist und der Kategorie der Mutter folgte, mithin durch seine Freisprechung in alle Rechte freier Bürger trat.[7]) Ebenso folgten die aus Huren erzeugten Kinder, wo keine Ehe stattfand, sowie die Kinder eines Götzendieners oder Sclaven mit einer Israelitin der Kategorie der Mutter.[8])

Um das Volk vor Götzendienst und der damit verbundenen Lasterhaftigkeit zu bewahren, waren den Israeliten Ehen mit den canaanitischen Völkern sowohl in Rücksicht ihrer Söhne als Töchter verboten[9]); denn diese Völker, welche sogar ihre Kinder dem Moloch opferten, standen auf der tiefsten Stufe der heidnisch-religiösen Anschauung, waren also Mörder aus Religion. Da ferner die männlichen Ammoniter und Moabiter für immer[10]), wohin auch die Amalekiter zu rechnen sind, gegen welche der Vernichtungskrieg angeordnet wird[11]) und die männlichen Edomiter und Aegypter in den beiden ersten Geschlechtern[12]) nicht in die Gemeinde des Ewigen kommen sollten, so wird damit nicht blos die Aufnahme in die Gemeinde (Naturalisation), sondern jede Ehe- und Familienverbindung verboten, weil dieser Ausdruck mit dem einer Eheschließung gleichbedeutend ist. Bei letzteren zwei Völkerschaften machte die Volksverwandtschaft einerseits, und die gewährte Gastfreundschaft anderseits eine Milderung nothwendig. Dagegen war die Ehe mit den Töchtern der Ammoniter, Moabiter, Edomiter und Aegypter[13]), sowie aller übrigen Völker zulässig und von dem Gesetzgeber ausdrücklich gestattet[14]); allerdings unter der Voraussetzung, daß die von den den Israeliten geehelichten Heidinnen vorher dem Götzendienste entsagten.[15]) Ebenso konnten Israeliten ihre Töchter an Fremdlinge ver-

[1]) Dt. 23, 2. — [2]) Isure Bia, 16, 8. Vgl. Eben Haëser 5, 10. — [3]) Jebam. 8, 2. — [4]) Maim. Isure Bia 21, 26. Philo de leg. spec. — [5]) Dt. 23, 4. — [6]) Jebam. 4, 13. Vgl. Kidduschin 3, 12. Maim. Isure Bia 15, 1. — [7]) Kidduschin 3, 13. — [8]) Kidduschin 3, 12, 13, 67 b. Maim. l. c. — [9]) Dt. 7, 2, 3; Dt. 20, 14—18. Ex. 34, 16. Vgl. Jos. 23, 12. — [10]) Dt. 23, 4, 5. — [11]) Ex. 17, 18; Dt. 25, 17—19. — [12]) Dt. 23, 8. 9. — [13]) Jebam. 8, 3. — [14]) Dt. 21, 10—14; 20, 14. — [15]) Maim., Isure Bia 13, 14.

heirathen, welche unter ihnen wohnten und den Götzendienst aufgegeben hatten, wenn sie auch nicht durch die Beschneidung dem Bundesvolke förmlich einverleibt waren. Da übrigens Proselyten im hebräischen Staate nicht volles Bürgerrecht genossen, so mögen wohl Ehen von Israelitinnen mit Nichtisraeliten nicht häufig vorgekommen sein[1]), wohl aber Verbindungen der Israeliten mit Ausländerinnen, wie aus dem Beispiele des Moses[2]), Booz[3]), Simsons[4]) erhellt. Dennoch nahmen Könige mehrfach Ausländerinnen zu Frauen[5]), welche Anhängerinnen des Götzendienstes blieben und selbst einen Salomon zum Falle brachten. Nach dem Exile nahmen solche Mischehen unter den Israeliten überhand, bis Esras und Nehemias diesem Uebel steuerten, um einer Vermischung des Judenthums und Heidenthums vorzubeugen.[6]) Aehnlich ist die Ehe mit Sclaven untersagt.[7])

b) Ehehindernisse aus Verwandtschaft.

War die geschlechtliche Vermischung mit Blutsverwandten überhaupt[8]), und namentlich in den angegebenen Graden der Verwandtschaft unter theilweiser Androhung strenger Strafen[9]), im Allgemeinen bei der Strafe der Ausrottung[10]) verboten, theilweise auch mit feierlichen Flüchen[11]) belegt, so war um so mehr eine Ehe in diesen Graden verpönt. Das Verbot der Blutschande: „Niemand soll sich irgend einem Fleische seines Fleisches (d. h. Blutsverwandten) sich nahen, um die Scham aufzudecken“[12]), d. h. geschlechtlich vermischen[13]), wird mit der allgemeinen Warnung vor den unkeuschen Sitten der Aegypter und Kananäer und der Mahnung, in den Satzungen Gottes zu wandeln, eingeleitet und mit drohender Hinweisung auf die folgenden Verunreinigungen geschlossen. Ob die Beiwohnung perfect war oder nicht, macht nach der Mischna[14]) keinen Unterschied, wenn nur die geschlechtliche Annäherung überhaupt geschehen ist. Durch den Schlußsatz: „Ich bin Jehova, euer Gott“, wird die Befolgung dieser Gebote dem Volke zur Bundespflicht gemacht und mit Hinweis auf ein glückliches (zeitliches und ewiges) Leben ans Herz gelegt. Obgleich die Verbote nur an die Männer gerichtet sind, soll im Falle der Uebertretung die Strafe beide Theile, also auch das Weib als Zulassende, treffen, wobei allerdings vorausgesetzt wird, daß der Gesetzgeber den weiblichen Theil bei dem Verbrechen für nicht weniger schuldig erachtet, als den männlichen.

Bei den Heiden waren dergleichen Gesetze und Sitten viel laxer. Den Aegyptern war gesetzlich die Ehe mit Schwester und Halbschwester erlaubt[15]), ja sogar durch das Beispiel des Osiris und der Isis geheiligt. Bei den Persern[16]) war, wie bei den Medern, Indern, Aethiopiern und Assyrern[17]) die fleischliche Vermischung mit der Mutter, Tochter und Schwester gestattet. Griechen und Römer verabscheuten diese Vermischungen, die Athener und

---

[1]) Solche Fälle sind Lev. 24, 10; 1. Chron. 2, 17, 34 fl. 3. Kön. 7, 14.

[2]) Ex. 2, 16, 21; Num. 12, 1. — [3]) Ruth. 3; 4. — [4]) Richt. 14, 12. — [5]) 3. Kön. 7, 14; 11, 1; 14 21. — [6]) Es. 9, 2 fl.; 10, 3. Neh. 13, 23 fl. — [7]) Kidduschs. Maim. Isure Bia 19, 22. — [8]) Lev. 18, 6. — [9]) Lev. 18, 6 fl.; 20, 11 fl. — [10]) Lev. 18, 29. — [11]) Dt. 27, 20, 22, 23. — [12]) Lev. 18, 6. — [13]) Vgl. Ez. 16, 36; 23, 18. — [14]) Jebam. 6, 1. — [15]) Diod Sic. 1, 27. — [16]) Clemens Alex. strom. III. Eusebius praep. ev. 6, 10. — [17]) Hieronym., adv. Jovin. 2, 7. Lucian. sacrif. 5.

Spartaner gestatteten nur die Heirath der Halbschwester.[1]) Die alten Araber mieden eine Verbindung mit der Mutter, Tochter und Tante väterlicher und mütterlicher Seits, welche Sitte Muhammed zum Gesetze erhoben und auch auf die Nichten, Ammen, Pflegeschwestern u. dergl. ausgedehnt hat.[2])

Die Verbote erstrecken sich nach dem mosaischen Rechte sowohl bei der natürlichen, als bei der durch Schwägerschaft hinzugekommenen Verwandtschaft nicht über zwei Grade. Die geschlechtliche Vermischung und Ehe ist daher verboten:

1. Mit der Mutter.[3]) Die geschlechtliche Vermischung des Vaters mit der leiblichen Tochter ist nicht erwähnt, ist aber in dem allgemeinen Verbote der Blutschande mit inbegriffen. Diese Verabscheuung konnte um so leichter vorausgesetzt werden, weil schon die Ehe mit der Stieftochter und Enkelin verboten war.

2. Mit des Vaters Weibe, d. i. Stiefmutter[4]), wohin auch die Kebsweiber gehören, welche einen Frevel gegen den Vater involvirt, wie aus der That Rubens[5]) und Absaloms[6]) ersichtlich ist.

3. Mit der Enkelin, der Tochter des Sohnes oder der Tochter.[7])

4. Mit einem Weibe und ihrer Tochter (d. h. resp. Schwiegermutter und Stieftochter) und mit Mutter und Enkelin.[8]) Das Verbot des Umganges mit einem Weibe und deren Tochter umfaßt nach talmudischem Rechte[9]) den Umgang mit der Tochter seiner noch lebenden Frau (es sei seine leibliche Tochter oder nicht) oder deren Enkelin, von Seiten des Sohnes oder der Tochter, mit der Mutter seiner Frau, deren Großmutter von mütterlicher oder väterlicher Seite, endlich mit seiner unehelichen Tochter oder deren oder desgleichen Sohnes Tochter.

5. Mit der Schwiegermutter.[10])

6. Mit der Schwiegertochter.[11])

7. Mit der Schwester des Vaters oder Mutterstochter, in oder außerhalb des Hauses geboren[12]), d. h. sowohl mit der vollblütigen Schwester, als mit der Stief- oder Halbschwester, sei es nun die Tochter des Vaters mit einer Stiefmutter, oder die Tochter einer Mutter von einem Stiefvater.

8. Mit der Tante von Vaters- und Mutterseite[13]), und zwar nicht blos mit der rechten Schwester, sondern auch mit der Halbschwester des Vaters und der Mutter.[14])

9. Die Ehe mit zwei Schwestern zugleich: „Eine Frau sollst du nicht nehmen neben ihrer Schwester, um Eifersucht zu erregen bei ihrem Leben.“[15]) Die Ehe mit der Schwester der verstorbenen Frau ist daher gestattet.

10. Mit dem Weibe des Vaters Bruder (Oheims).[16])

11. Mit des Bruders Frau (Schwägerin, Wittwe oder Geschiedene), wenn die Ehe mit Kindern gesegnet war[17]); starb jedoch der Bruder kinderlos, so sollte sogar der Bruder die Schwägerin ehelichen.[18])

[1]) Vgl. Selden de jure nat. et gent. 6, 11. — [2]) Sur. 4, 20 ff. — [3]) Lev. 18, 7. — [4]) Lev. 18, 8; 20, 11. Dt. 23, 1; 27, 20. — [5]) Gen. 35, 22; 49, 4. — [6]) 3. Kön. 16, 21, 22 gl. 3. Kön. 2, 13 ff. — [7]) Lev. 18, 10. — [8]) Lev. 18, 17; 20, 14. — [9]) Sanhed. 9, 1. Maim. Jsure Bia 1, 5. — [10]) Dt. 27, 23. — [11]) Lev. 18, 15; 20, 12. — [12]) Lev. 18, 9, 11; 20, 17. Dt. 27, 22. — [13]) Lev. 18, 12, 13; 20, 19. — [14]) Jebam. 54 b. — [15]) Lev. 18, 18. — [16]) Lev. 18, 14; 20, 20. — [17]) Lev. 18, 16. — [18]) Dt. 25, 5.

Die Gründe, welche den Gesetzgeber bei Aufstellung dieser Eheverbote leiteten, sind verschiedenartig. Ganz abgesehen von der übrigens zweifelhaften Wahrnehmung, daß aus solchen Ehen schwächliche Kinder entspringen oder andere Nachtheile physischer und bürgerlicher Art hervorgehen, spricht hier zunächst der sittliche Grund, daß in den Familien bei dem fortwährenden Beisammensein der Verwandten sittliche Verirrungen um so leichter möglich wären, wenn dieselben durch die folgende Ehe zugedeckt werden könnten.[1]) Sodann widerstreiten solche Ehen der in der Blutsverwandtschaft begründeten sittlichen Ordnung; es sind nämlich die verwandtschaftliche Liebe und Geschlechtsliebe wohl auseinander zu halten. Die Ehe besteht wesentlich auf Geschlechtsliebe, die aber nicht bloße fleischliche Befriedigung des Geschlechtstriebes auch behufs Kindererzeugung ist, sondern das ganze körperliche und geistige Leben umfaßt, kraft welcher die Gatten gleichsam in die Einheit einer Person zusammengehen und in dieser Liebe die Familie gründen, also nicht blos das Geschlecht als Gattung erhalten, sondern zugleich ein gottgeordnetes, sittliches, wechselseitiges Liebesverhältniß begründen. Die elterliche Würde und Autorität, sowie die Pflicht, die Kinder zu leiten einerseits, die von den Kindern den Eltern geschuldete Ehrfurcht und Pietät anderseits, sowie die unter Kindern herrschende reine geschwisterliche Liebe verträgt sich nicht mit der Vertraulichkeit und Gleichheit, welche zwischen Ehegatten herrscht. Die Kinder sind das äußerste Ziel der Thätigkeit der Geschlechtsliebe, es ist daher widernatürlich, daß die geschlechtliche Liebe da in Thätigkeit treten soll, wo sie eigentlich zur Ruhe gelangt ist und Frucht getragen hat.[2]) Die Ehe zwischen Geschwistern ist gleichfalls durch die Natur verboten; theils weil in ihnen das Bild der Eltern zu unmittelbar sich abspiegelt, theils weil sie die Bestimmung haben, den Zweck der Ehe zu realisiren, nicht aber Mittel für die Familie zu sein.

Wenn daher die Geschlechtsliebe den Gegenstand ihrer Liebe unter Blutsverwandten sucht, so zerstört sie die auf dem Bande der Blutsverwandtschaft beruhenden göttlichen Ordnungen und sittlichen Verhältnisse, wird unsittlich und sinkt zur bloßen Befriedigung des fleischlichen Geschlechtstriebes herab, weshalb sie auch im mosaischen Gesetze nach dieser fleischlichen Seite als „Blößen der Scham" bezeichnet wird. Darin liegt die Naturwidrigkeit und die natürliche Scheu, welche das sittliche Gefühl bei den meisten Völkern vor solchen blutschänderischen Verbindungen hatte; doch

[1]) **Thomas**, summa, supl. q. 54. ar. 3. concl: Finis matrimonii secundarius per se est concupiscentiae repressio, qui deperiret, si quaelibet consanguinea posset in matrionium duci, quia magnus concupiscentiae aditus praeberetur, nisi inter illas personas, quas oportet in eadem domo conversari, esset carnalis copula interdicta. Vgl. **Maimonides** More Nebochim 3, 49.

[2]) **Thomas**. l. c.: Finis matrimonii per se et primo est bonum prolis; quod quidem per aliquam consanguinitatem, si inter patrem et filiam, vel filium et matrem impeditur;.. ut non convenienti modo fiat. Inordinatum enim est, quod filia patri per matrimonium jungatur in sociam causa generandae prolis et educandae, quam oportet per omnia patri esse subjectam. Et ideo de lege naturae est, ut pater et mater a matrimonio repellantur; et magis etiam mater, quam pater, quia magis reverentiae, quae debetur parentibus, derogatur, si filius matrem, quam si pater filiam ducat in uxorem, cum uxor viro aliqualiter debeat esse subjecta.

sind nicht alle Ehen in der Verwandtschaft in gleichem Grade unnatürlich und unsittlich, wie dies schon aus den verschiedenen Strafbestimmungen erhellt. Während nämlich die Ehe zwischen Eltern und Kindern, Stiefeltern und Stiefkindern, Schwiegereltern und Schwiegerkindern und zwischen leiblichen und Stiefgeschwistern mit Todesstrafe belegt ist, wird hingegen die Ehe mit Tanten und Schwägerinnen nur als Schuld bezeichnet und mit Kinderlosigkeit bedroht und das Verbrechen mit verschiedenen Worten bezeichnet.

Endlich lag es in der göttlichen Absicht, daß sich die Einzelnen sowohl als Familien nicht isoliren, sondern das ganze Menschengeschlecht sollte durch das Band der Ehe, welche als das Band der Liebe auch entfernt Stehende mit einander vereint, umschlungen werden.[1]) Da durch das Heirathen unter Blutsverwandten diese durch das Hinzutreten eines neuen Bandes um so mehr von den übrigen sich abschließen, so würde dadurch der Egoismus unter den Menschen noch mehr befördert werden. Die Ehe zwischen Adam und Eva darf nicht hieher gezogen werden, da Eva nicht durch natürliche Zeugung von Adam entstammte, sondern durch göttliche Schöpferkraft aus seiner Rippe erbaut wurde[2]), ebenso wenig als die Ehen zwischen den Kindern des ersten Ehepaares, weil die Nothwendigkeit, die Erhaltung des Menschengeschlechtes eine solche Ehe erforderte.[3]) Wenn ferner einzelne Heidenvölker solche blutschänderische Verbindungen eingingen, so spricht dies nicht gegen das allgemeine Naturrecht, da die Fleischeslust in ihnen das Naturgesetz theilweise erstickt oder verdunkelt hat.[4])

Von Moses nicht erwähnt, mithin auch nicht verboten sind die in gleichen Verwandtschaftsgraden stehenden Ehen: 1. mit der Nichte des Bruders und der Schwester Tochter; diese Ehe wird sogar als verdienstlich betrachtet[5]), denn das mosaisch-talmudische Eherecht kennt nicht den respectus parentelae; 2. mit des Mutterbruders Wittwe; 3. mit des Schwestersohnes Wittwe; 4. mit der Schwester der verstorbenen Frau.[6])

Außer diesen biblischen Eheverboten haben die Gesetzeslehrer, „Soferim", noch andere entferntere Verwandtschaftsgrade hinzugefügt[7]), Schenijoth, d. h.

[1]) August. Civ. Dei. 16, 15: Habita est enim ratio rectissima caritatis, ut homines, quibus esset utilis atque honesta concordia, diversarum necessitudinum vinculis necterentur: nec unus in uno multas haberet, sed singulae spargerentur in singulos; ac sic ad socialem vitam diligentius colligandam plurimae plurimos obtinerent. Pater quippe et socer duarum sunt necessitudinum nomina. Ut ergo alium quisque habeat patrem, alium socerum, numerosius se paritas porrigit. Thomas. l. c.: Per accidens finis matrimonii est confoederatio hominum et amicitiae multiplicatio; dum homo ad consanguineos uxoris sicut ad suos se habet. Et ideo huic multiplicationi amicitiae praejudicium fieret, si aliquis sanguine conjunctam uxorem duceret, quia ex hoc nova amicitia per matrimonium nulli accresceret.

[2]) Thomas. l. c. ad 3: Non est tanta naturalis convenientia Evae et Adam sicut filiae ad patrem; nec Adam est naturale principium Evae, sicut pater filiae.

[3]) August. l. c.: Cum igitur genus humanum post primam copulam viri et conjugis ejus, marium feminarumque conjunctione opus haberet, ut gignendo multiplicaretur, nec essent ulli homines, nisi qui ex illis duobus nati fuissent: viri sorores suas conjuges acceperunt; quod profecto, quanto est antiquius compellente *necessitate*, tanto postea factum est damnabilius religione prohibente.

[4]) Thomas l. c. ad 2. — [5]) Jeb. 62. Maim. Jsure Bia 2, 14. — [6]) Vgl. Saalschütz, mosaisch. Recht. 2. Th. S. 780 ff. — [7]) Jebamoth 2, 4.

die Zweiten genannt. Diese erstrecken sich theils auf die ganze Linie ohne Unterschied des Grades, theils gehen sie nur einen Grad über die biblische verbotene Verwandtschaft hinaus. In die erste Kategorie gehört das Verbot des geschlechtlichen Umganges: 1. mit der Großmutter mütterlicher Seite und weiter aufwärts[1]); 2. mit der Mutter des Vaters u. a.; 3. mit der Großmutter väterlicher Seite u. a.; 4. mit der Frau des Enkels u. a.; 5. mit der Enkelin seines Sohnes oder seiner Tochter u. a.; 6. mit der Urgroßmutter seiner Frau u. a.; 7. mit der Urenkelin seiner Frau u. a. Einen Grad weiter, und zwar a) über diesen hinaus gehen die Verbote: 1. mit der Mutter von Vaters Vater; 2. mit der Mutter von Vaters Mutter; 3. mit der Stiefmutter von Vaters Mutter; 4. mit der Frau des Bruders seines Großvaters väterlicherseits; 5. mit der Schwester des Großvaters von väterlicher und mütterlicher Seite, und 6. mit der Schwester von der Mutter seiner Mutter. b) Einen neuen, dem biblischen Grade homogenen Grad fügten sie hinzu durch das Verbot einer Ehe mit der Frau vom Bruder seiner Mutter, und 2. mit der Frau vom Bruder seines Vaters mütterlicherseits. Die Ehe mit der Stiefmutter seiner Frau ist zwar gestattet, allein, weil gegen den sittlichen Anstand, untersagt.[2]) Gestattet ist ferner die Ehe zwischen Geschwisterkindern und zwischen völligen Stiefgeschwistern, wiewohl der jerusalemische Talmud letztere Ehe nicht zugeben will.

Alle diese Grade beziehen sich nur auf die natürliche Verwandtschaft, nicht auf die durch Adoption herbeigeführte, denn diese kennt das mosaisch-talmudische Eherecht nicht. Ebenso wenig kennt dieses die geistliche Verwandtschaft und die Dispensation, da ihr Cultuspersonal keinen geistlichen Stand bildet, mit der Vollmacht zu binden und zu lösen, sondern eben nur Lehrer und Interpreten des Gesetzes sind.

c) Aus Keuschheitsrücksichten.

Tritt das Princip der Sittlichkeit schon in den Eheverboten zwischen Blutsverwandten hervor, so kommt es in den Eheverboten, welche das mosaisch-talmudische Recht aus Rücksichten gegen die Kastität aufgestellt hat, zur vollen Geltung. Nach dem mosaischen Gesetze war auf den Ehebruch der Frau die Todesstrafe gesetzt[3]), die auch den Verführer traf, woraus von selbst hervorgeht, daß zwischen den Ehebrechern keine Ehe stattfinden darf, wiewohl von diesem Verbote in der heil. Schrift nirgends die Rede ist. Wer also mit einer Ehefrau Ehebruch getrieben, darf dieselbe, sei es, daß der Gatte sich von ihr geschieden hat oder gestorben ist, nicht ehelichen. Aber auch dann, wenn der Ehebruch nicht erwiesen ist, der Gatte aber seine Frau vor dem heimlichen Umgange mit einem von ihm namhaft gemachten Manne gewarnt und sie dennoch einen solchen mit ihm gepflogen hat, darf dieser sie nie heirathen.[4])

[1]) Wo man also in der Linie auf einen biblischen Grad stößt, ist nach den Soferim die ganze Linie verboten. Ueber die verschiedenen Ansichten vgl. Jebam. 21, 22; Maim. Ischut 1, 6. Isure Bia 1, 8.

[2]) Jerus. Talm. Jebam. 2, 4. Eben Haeser § 24.

[3]) Lev. 20, 10. — [4]) Sota 25. Maimon. Sota 2, 12. Eben Haeser 11, 1.

Auch wer sonst eines sträflichen Umganges mit einer Ehefrau dringend verdächtig ist, darf dieselbe nicht heirathen[1]), weil eine solche Handlung eine Verletzung der Sittlichkeit und ein Attentat auf die gottgeordnete Ehe ist; dabei bedarf es nicht der Anklage des Mannes, sondern Jedermann steht das Recht der Anklage zu.

Wer ein Zeugniß auf den Tod des Ehegatten abgelegt oder als Bote der Frau den Scheidebrief gebracht hat, soll dieselbe nicht heirathen, damit er nicht den Verdacht auf sich lenke, als habe er in verbrecherischer Absicht ein falsches Zeugniß abgelegt.[2]) War aber dieser Zeuge zur Zeit, als er das Zeugniß ablegte, verheirathet und seine Frau starb hierauf, so kann er jene heirathen.

Hieher gehört auch das biblische Verbot[3]), eine geschiedene Frau, wenn sie einen anderen Mann geheirathet und dieser sich von ihr geschieden hat oder gestorben ist, wieder zurückzunehmen, „denn sie ist verunreinigt worden, ein Gräuel ist es vor dem Ewigen“, welches nicht blos ein Riegel gegen leichtfertige Ehescheidungen war, sondern in der Sittlichkeit basirte; denn die zweite Ehe der Geschiedenen galt als eine sittliche Verunreinigung, d. h. Entweihung der durch die Ehe geheiligten Geschlechtsgemeinschaft. Die Wiederverehelichung, wodurch die Verunreinigung des Weibes wiederholt und noch gesteigert würde, wird daher dem Ehebruche gleichgestellt.[4])

B) Relative Ehehindernisse.

Diese Hindernisse, durch das talmudische Eherecht fixirt, sind folgende: Nach dem Tode naher Verwandter darf innerhalb 30 Tagen eine Ehe nicht eingegangen werden.[5]) Eine Wittwe darf nicht innerhalb 90 Tagen vom Sterbetage des Mannes an und eine Geschiedene nicht innerhalb 90 Tagen von dem Tage an, an welchem sie den Scheidebrief erhalten, eine neue Ehe eingehen, um der Ungewißheit über die Paternität (turbatio sanguinis) vorzubeugen.[6]) Ist die Wittwe oder Geschiedene schwanger, so darf sie sich erst nach der Niederkunft wieder verheirathen.[7]) Hat sie ein Kind, welches sie säugt, so muß sie 24 Monate von der Geburt des Kindes mit der Wiederverheirathung warten[8]), selbst wenn sie das Kind einer Amme übergeben hat. Wird in diesen Fällen, mit Ausnahme des ersten, innerhalb dieser Frist eine Ehe eingegangen, so dringt das Gericht auf Scheidung; doch kann nach Ablauf der Frist die Ehe wieder aufgenommen werden.[9])

Ein Wittwer soll erst nach Verlauf dreier Feste wieder heirathen, es sei denn, daß er kinderlos ist oder kleine Kinder hat, die der Pflege einer Mutter bedürfen, in welchem Falle er blos 7 Tage zu warten braucht[10]); denn der Mann ist seine Frau zu betrauern verpflichtet. Die Mahnung des Gesetzes: „Ihr sollt nicht buhlen nach eurem Herzen“ [11]), deuten die

---

[1]) Mischna, Jebam. 24 b. — [2]) Jebam. 2, 9, 10. — [3]) Dt. 24, 1 fl. — [4]) Lev. 18, 20; Num. 5, 13 fl. — [5]) Moed Katan 23. Jore Dea 392, 1. — [6]) Jebam. 41. Ketub. 60 b. — [7]) Jebam. 42. — [8]) Jebam. l. c. Ketub. 60. — [9]) Jebam. 42. Eben Haeser 13, 12. — [10]) Moed Katan 23. Jore Dea 392, 2. — [11]) Num. 15, 39.

Rabbiner[1]) dahin: „Du sollst nicht an der Seite einer Frau weilen, während du das Andenken der verstorbenen Frau im Herzen trägst."

An Sabbaten und Festtagen soll eine Ehe nicht eingegangen werden, damit die höhere Festfreude nicht durch eine andere verdrängt werde.[2]) Auch an den der nationalen Trauer geweihten Tagen soll man eine Ehe nicht eingehen[3]), wohl aber kann ein Verlöbniß geschlossen werden.

Als moralisches Ehehinderniß wird die bedeutende Ungleichheit des Alters betrachtet. Das biblische Verbot[4]), seine Tochter nicht zu entweihen und der Hurerei preiszugeben, wird bildlich auf den gedeutet, welcher seine junge Tochter an einen alten Mann verheirathet.[5]) So soll auch ein junger Mann nicht eine alte Frau heirathen.[6]) Beim Eingehen der Ehe soll man auch auf anständige Familie Rücksicht nehmen, in der niemals eine verbotene Ehe vorgekommen ist. Familien, in denen Zanksucht zu Hause ist, sind zu meiden, ebenso Familien, in denen durch drei Generationen oder von drei Schwestern aussätzige oder mit Epilepsie behaftete Kinder geboren sind, weil dann vorauszusetzen ist, daß diese Krankheiten in der Familie erblich sind.[7]) Die Ehe soll nicht des Geldes (der Mitgift) wegen eingegangen werden, sondern werde ihrem Wesen entsprechend geschlossen.[8]) Da das Judenthum nicht Stände und Kasten kennt, fallen Eheverbote durch Standesunterschied weg. Nur Erbtöchter sollten nicht außerhalb ihres Stammes heirathen, damit nicht der Erbtheil des Landes für den Stamm verloren gehe.[9])

Besondere Bestimmungen enthält das Gesetz in Bezug auf Priesterehen. Ein Priester soll keine Hure, keine Entweihte[10]) (die ihre Unschuld einer Gottheit geopfert) und keine von ihrem Manne entlassene oder geschiedene Frau heirathen[11]), mithin keine Person von notorisch unkeuschem oder doch anstößigem Lebenswandel, der mit der Heiligkeit des Priesterthumes nicht vereinbar wäre; also nur eine Jungfrau oder Wittwe von tadellosem Charakter, aber nicht nothwendiger Weise eine Israelitin, sondern auch eine Tochter der unter den Israeliten lebenden Fremdlinge. Nach Ezechiel[12]) soll ein Priester nur eine Priesterswittwe und keine andere, als eine Israelitin heirathen. Der Hohepriester aber soll keine Wittwe, Verstoßene, Geschwächte, Hure, sondern nur eine Jungfrau aus seinen Volksgenossen, also eine israelitische Jungfrau heirathen, damit er seine Nachkommenschaft nicht durch Schließung einer der Heiligkeit seines Standes nicht entsprechenden Ehe entweihe.[13]) Derselbe konnte natürlich auch keine Leviratsehe eingehen. Der Talmud[14]) bestimmt, daß, wenn ein Priester eine Priesterstochter heirathet, er nach vier Müttern von beiden Seiten untersuchen müsse, ob keine Entweihung bei Jenen stattgefunden; heirathet er jedoch eine Levitin oder Israelitin, so setzt man noch einen Grad weiter hinzu. Ein Priester kann

---

[1]) Nedarim 20. R. Ascher zu Moed Katan 23. — [2]) Mischna, Moed Katan 8. Orach Chajim 546, 1. — [3]) Jebam 43. — [4]) Lev. 19, 29. — [5]) Synhedrin 76. — [6]) Maim. Jsure Bia 21, 26. Eben Haeser 2, 9. — [7]) Jebam. 64 b. Eben Haeser 2, 7. — [8]) Eb. Haeser 2, 1 nach Kiddusch. 70. Vgl. hierüber Frankel, Grundlinien des mos. talmudischen Eherechtes. Leipzig 1860. — [9]) Num. 36, 6 ff. Vgl. Bibl. Frauen § 13.

[10]) Nach talm. Erklärung ist die Entweihte eine aus einer den Priestern verbotenen Verbindung Erzeugte, also von einem Priester mit einer Geschiedenen oder vom Hohenpriester mit einer Wittwe. Kiddus. 77 a. vgl. Lev. 21, 15.

[11]) Lev. 21, 7, 8. — [12]) 44, 22. — [13]) Lev. 21, 14, 15. — [14]) Kidduschin 4, 4. Sanh. 4, 2.

auch die Tochter von Proselyten und freigelassenen Knechten heirathen, wenn die Mutter eine Israelitin war. Wurde jedoch aus Versehen eine solche Ehe geschlossen, so darf sie nicht getrennt werden.[1])

Nach der Mischna darf der Hohepriester auch keine Verlobte, die durch Todesfall frei geworden, heirathen. Hat jedoch ein Priester mit einer Wittwe sich verlobt und er gelangt hierauf zum Hohenpriesterthum, so darf er sie heirathen. Auch soll die Jungfrau, welche der Hohepriester heirathen darf, in der ersten Blüthe stehen, also eine Naarah sein, wiewohl andere Rabbiner dieser strengen Bestimmung widersprechen.[2])

§ 5. Die Verlobte (Braut).

Das mosaische Gesetz enthält über die Abschliessung der Ehe keine Bestimmungen; man befolgte ohne Zweifel das alte Herkommen. Nach patriarchalischer Sitte war bei den Israeliten die Verheirathung der Kinder Sache der Eltern, namentlich des Vaters. Diese pflegten für ihre Söhne die Braut zu suchen[3]) oder um das von den Söhnen gewünschte Mädchen bei dessen Eltern zu werben[4]), wobei außer dem Consens der sich Verlobenden auch die Zustimmung des erstgebornen Bruders üblich war[5]), damit nicht etwa eine Stiefmutter auf die Wahl eines Bräutigams für eine ihr minder liebe Stieftochter einen nachtheiligen Einfluß ausübe.

Wenn Abraham für seinen Sohn Isaak durch seinen Diener Elieser eine Frau suchen läßt, so leitete ihn dabei die Absicht, daß sein Sohn nicht eine Frau von den heidnischen Völkern, sondern aus seiner Verwandtschaft nehme. Rebecca wird dabei um ihren ausdrücklichen Willen gefragt[6]), und daß Isaak mit dieser Wahl zufrieden war, fügt die heil. Schrift selbst bei: „Isaak liebte die Rebecca und fand in ihr Trost für den Verlust seiner Mutter.“[7]) Daß der Wille oder die Zustimmung des Kindes maßgebend war, bestätigt die Brautwahl Samsons; denn trotzdem, daß seine Eltern ihm den Vorwurf machen, ob es denn unter dem ganzen Volke Israel keine Frau gäbe, daß er zu den Philistern gehe, besteht er darauf: „Gib sie mir, denn sie gefällt mir.“[8])

War die Einwilligung erfolgt, so brachte der Bräutigam oder dessen Brautwerber der Braut eine Morgengabe[9]), ein Brautgeschenk (Mohar), ihren Eltern und Brüdern Geschenke dar. Ausnahmsweise erhielt die Braut auch von ihren Eltern eine Mitgift, eine Aussteuer; so erhielt die Tochter Kalebs einen bewässerten Landstrich[10]), die Tochter Pharaos bei ihrer Vermälung mit Salomon die Stadt Gazer[11]), Sara, die Tochter Raguels, die Hälfte des väterlichen Vermögens.[12])

Das Eheverlöbniß geschah in früherer Zeit mündlich und wurde durch Zeugen rechtskräftig gemacht, bisweilen auch beschworen[13]), oder erfolgte

[1]) Bikkur 1, 5. — [2]) Jebamoth 6, 4. — [3]) Gen. 24, 2 ff.; 38, 6. vgl. 21, 21; 28, 1. — [4]) Gen. 34, 4, 8. Richt. 14, 2. — [5]) Gen. 24, 50; 34, 11; 2. Sam. 13, 20 ff. vgl. Gen. 32, 11 ff. — [6]) Gen. 24, 57, 58. — [7]) Gen. 24, 67. — [8]) Richt. 14. — [9]) Ex. 22, 16 vgl. Gen. 34, 12; 1 Sam. 18, 25. — [10]) Jos. 15, 18. — [11]) 3. Kön. 9, 16. — [12]) Tob. 8, 24. — [13]) Prov. 2, 17; Ez. 16, 8. Mal. 2, 14.

thatsächlich durch Geben und Nehmen der Geschenke; woher auch der Name der Braut „Orasa“ [1]), d. h. die Beschenkte, zu leiten ist. In späterer Zeit wurde ein schriftlicher Ehecontract üblich. [2])

Nach dem Talmud hieß das Verlöbniß Kidduschin, Anheiligung; denn durch dasselbe ist die Verlobte für Jedermann außer ihrem Verlobten ein unantastbares Heiligthum; das Verlöbniß gilt als Anfang der Ehe selbst, die Verlobte gewissermaßen als Ehefrau. Die Untreue der Braut wird daher im Gesetze [3]) als Ehebruch betrachtet und mit dem Tode bestraft, welche Strafe auch den Verführer trifft, denn er hat „die Frau des Nächsten verführt“. Dies galt von dem Mädchen nur in dem Falle, wenn sie in der Stadt geschwächt wurde, wo sie durch Hilferufen ihre Unschuld retten konnte. Wurde sie jedoch auf freiem Felde von einem Manne ergriffen und geschwächt, wo keine Leute in der Nähe waren, die auf ihren Hilferuf herbeieilen können, so sollte blos der Mann als gewaltthätiger Verführer sterben, das Mädchen aber als unschuldig straflos ausgehen.

Die Auflösung des Verlöbnisses ist daher auch an dieselben Bedingungen, wie die der Ehe geknüpft. Der eheliche Umgang ist jedoch bis zur wirklichen Eingehung der Ehe untersagt und wird sogar bestraft, allein die Brautkinder sind, falls der Bräutigam die Vaterschaft nicht leugnet, legitim. Dieser innige Zusammenhang zwischen Verlöbniß und Ehe bewirkte, daß später das Verlöbniß mit der Eingehung der Ehe selbst vereinigt wurde und nur das einfache Versprechen (Schidduchin) mit der gesetzlichen Vereinbarung an die Stelle des früheren Verlöbnisses trat. Der zweite Ausdruck Erusin für das Verlöbniß bezeichnet mehr den Brautstand, während Kidduschin vorwiegend den Verlobungsact ausdrückt.

Ueber die Zeit der Heirathsfähigkeit verordnet das mosaische Gesetz nichts, wohl aber der Talmud. Das Verlöbniß darf erst nach erlangter Pubertät stattfinden, soll aber erst zu 18 Jahren eingegangen werden. Allerdings kann der Vater seine Tochter vor deren Pubertät verloben [4]), jedoch die Verlobte kann verlangen, daß die Ehe nicht vor ihrer Großjährigkeit geschlossen werde. Eine erzwungene Willenserklärung ist ungiltig. War beim Verlöbniß ein Irrthum vorhanden, so ist dies Grund zur Auflösung desselben.

Bei großjährigen Kindern hängt die Giltigkeit der Ehe von dem Consense der Eltern nicht ab; doch bleibt die Einholung desselben der pietätsvollen Rücksicht der Kinder überlassen. Das Verlöbniß muß in Gegenwart zweier unbescholtener Zeugen geschehen, von welcher die Brautleute Kenntniß haben müssen. [5]) Der Bräutigam und die Braut können sich dabei durch einen Bevollmächtigten vertreten lassen. Bei bedingten Verlöbnissen ist die Erfüllung der Bedingungen zur Giltigkeit erforderlich. Körperliche Gebrechen machen, wenn ihr Nichtvorhandensein nicht ausdrücklich bedingt wurde, das Verlöbniß zweifelhaft.

Das Eingehen eines Verlöbnisses ohne vorhergehendes Versprechen (Schidduchin = Sponsalien) wird als unsittlich betrachtet und gestraft, doch

---

[1]) Von ארש sich angeloben Dt. 20, 7. — [2]) Tob. 7, 16. — [3]) Dt. 22, 23 ff. — [4]) Kiddus. 41 a. Ket. 46 b. — [5]) Kid. 65. Maim. Ischut 4, 6. Gittin cp. 6.

bleibt das Verlöbniß giltig. Beim Verlöbniß wird vor zehn Anwesenden ein Segensspruch gesprochen, dessen Inhalt ein Lob Gottes enthält, der die unsittliche Ehe verboten, auch den näheren Umgang mit der Braut nicht gestattet, bis sie in aller Form angeehelicht ist.[1])

Damit man sich von dem beiderseitigen Consense überzeuge, muß zu der mündlichen Willenserklärung nach den talmudischen Satzungen auch noch eine Handlung hinzutreten. Diese kann dreierlei Art sein, muß vom Manne in Gegenwart zweier Zeugen ausgehen und von den Worten begleitet sein: „Du seist mir angeheiligt nach dem Gesetze Mosis und Israels".[2]) Auch andere Formeln, als: „Du seist meine Braut, die Meinige" u. a. machen das Verlöbniß giltig; doch muß die Braut die gesprochenen Worte verstehen; denn ihre Angabe, sie habe dieselben nicht verstanden, macht das Verlöbniß ungiltig.[3])

Die erste Art des Verlöbnißactes ist jene durch Ueberreichung von Geld oder Geldeswerth die fast allgemein verbreitete Weise. Nach der Ansicht Schammai's hat der Bräutigam der Braut einen Denar, nach der Schulmeinung Hillel's, die auch als Norm dient, eine Peruta, d. h. den achten Theil eines italienischen Asses ($^1/_2$ Gran Silber) oder dessen Werth in Sachen mit den Worten zu überreichen: „Du seiest mir angeheiligt" u. a.[4]) Dieses Geld muß als unbedingtes Geschenk gegeben werden.[5]) Daß dies kein Kaufpreis ist, erhellt nicht blos aus dem geringen Betrage, sondern auch daraus, daß selbst die Frau dem Manne dieses Kidduschingeld übergeben kann. Auch eine äquivalente Dienstleistung kann die Stelle des Geldes vertreten. Durch die Annahme dieses Geldes von Seiten der Braut gibt diese ihre Einwilligung kund. In späterer Zeit trat an die Stelle des Geldes ein Ring.[6])

Die zweite Art geschieht durch eine Urkunde, welche der Bräutigam der Braut überreicht, und welche die Worte: „Du seiest mir angeheiligt", nebst der Namensbeifügung Beider enthält, unter mündlicher Wiederholung dieser Worte.[7]) Die Urkunde muß auf diese Frau und mit ihrem Wissen abgefaßt sein.

Die dritte Art ist durch Beischlaf, indem der Mann vor Zeugen obige Worte spricht und mit der Braut sich zurückzieht.[8]) Doch diese Art des Verlöbnisses wird von den Rabbinern zwar für factisch giltig (Dt. 24, 1), aber für unsittlich erklärt und mit körperlicher Züchtigung geahndet.[9])

Die oft ventilirte Frage, ob die Israeliten nach einer im Oriente sehr verbreiteten Sitte die Frau von den Eltern kaufen mußten, läßt sich dahin beantworten, daß ein eigentlicher Kauf der Braut sich nicht erweisen läßt. Allerdings fand bei den meisten Völkern des Alterthums ein solcher Verkauf statt, wodurch das Weib gleich einer Sache wie ein vollständiges Eigenthum in den Besitz des Mannes überging; allein dieser Kauf hing mit der Anschauung zusammen, daß das Weib dem Manne nicht ebenbürtig sei, sondern sich in beständiger Abhängigkeit befinden müsse, so daß

[1]) Ketubot 7. — [2]) Kidduschin 3, 4. — [3]) Maim. Ischut 3, 8. — [4]) Kiddusch. 2. — [5]) Kid. 6, 7. — [6]) Eben Haeser 27, 1. — [7]) Kidduschin 4, 9. Maim. Ischut 3, 34. Eben Haeser 32, 4. — [8]) Maim. Ischut 3, 5. Eben Haeser 33, 1. — [9]) Kiddusch. 12. Maim. Isure Bia 21, 14. Eben Haeser 26, 4.

das Recht des Vaters über seine Tochter auf den Ehemann überging. In späterer Zeit verlor sich der Kauf und wurde blos zum Symbol herabgedrückt. Nach dem Zeugnisse des Aristoteles kauften die Griechen ihre Weiber, welche Gewohnheit später erlosch. Bei den Römern kam die Ehe mit manus durch die coëmtio zu Stande. Bei den Indiern war der Kauf nach früheren Gesetzen bei allen vier Ständen gebräuchlich. Selbst bei den Germanen war wirklicher Kauf die allgemeine Form, indem das Geld dem Vater oder Vormund entrichtet wurde. Bei den Muhammedanern kauft der Mann das Weib den Eltern desselben gegen eine nach dem Maße ihrer Schönheit, Jugend, Fähigkeit abgemessene Kaufsumme ab. Allein aus dieser Sitte läßt sich nicht von selbst der Schluß des Kaufes eines Weibes bei dem Offenbarungsvolke ziehen, denn nach den religiösen Rechtsverhältnissen Israels galt das Weib als eine selbständige gleichberechtigte Person, womit ein Kauf unvereinbar ist.

Es ist daher die coëmtio im römischen Rechte mit der Ueberreichung eines Geldbetrages oder Geschenkes bei den Juden nicht zu confundiren. Da sich bei den Römern die ganze Familie im Vater concentrirte, nahm die Frau eine ähnliche Stelle, wie die Tochter, ein und wird erworben. Bei den Juden absorbirte jedoch der Vater in der Familie, obgleich Haupt derselben, nicht das ganze Recht, da ja den einzelnen Gliedern Persönlichkeit vindicirt wird. Die Frau wird daher nicht als Sache erworben, sondern angeehelicht.

Das alte Testament kannte ein Mohar (מֹהַר), welches gleich dem syrischen und arabischen verwandten Worte nicht einen Kaufpreis, sondern eine Dos, eine Brautgabe bedeutet, welche der Bräutigam der Braut, nicht aber den Eltern verabreichte; denn an allen Stellen, wo dieses Wort vorkommt, hat es keine andere Bedeutung. So mußte der Verführer einer nicht verlobten Jungfrau dieselbe durch eine Brautgabe sich zum Weibe erwerben; falls jedoch der Vater ihm die Tochter verweigert, soll derselbe eine der Brautgabe der Jungfrauen entsprechende Geldsumme zahlen, und zwar dem Vater der Verführten [1]), nicht etwa als Kaufpreis für die Tochter, die er ja nicht zum Weibe erhielt, sondern als Sühngeld für die dem Vater zugefügte Schande. In einem ähnlichen Falle [2]) mußte der, welcher eine Jungfrau geschwächt hatte, dem Vater des Mädchens 50 Sekel Silber als Strafgeld zahlen und sie zum Weibe nehmen, ohne Möglichkeit einer Scheidung.

Als Sichem die Dina, welche er verführt hatte, zur Frau verlangte, macht er sich erbötig, eine noch so große Forderung von Brautgabe (Mohar, nämlich das übliche der Braut zu machende Geschenk, welches, nach Gen. 24, 13 zu schließen, meist in Geschmeide oder Kleidern bestand) und Geschenke für die Brüder und Mutter zu geben, wenn er nur das Mägdelein zum Weibe erhalte. [3]) Das Geschenk, welches also die Braut selbst erhielt, konnte wohl unmöglich ein Kaufpreis sein. Einen Beleg hiefür gibt die Geschichte Davids. Saul hatte dem Besieger Goliaths seine Tochter versprochen [4]), sie ihm aber widerrechtlich vorenthalten, wofür er

[1]) Ex. 22, 15. — [2]) Dt. 22, 28 ff. — [3]) Gen. 34, 12. — [4]) 1. Sam. 17, 25.

ihm seine jüngere Tochter anbietet. David trägt Bedenken, indem er auf seine Armuth hinweist. Daß er damit nichts Anderes meint, als daß er nicht im Stande sei, ein der königlichen Braut würdiges Brautgeschenk zu bringen, geht aus der Antwort Sauls hervor, der ihm den Mohar erläßt, wenn er ihm ein Zeichen seiner Tapferkeit durch Erlegung von 100 Philistern aufweist.[1])

Kaleb giebt seine Tochter dem Othoniel wegen Einnahme der Stadt Cariath-Sepher zum Weibe.[2]) Auch die Rede der Töchter Labans liefert keinen Beweis für die Sitte des Kaufes; denn wenn Lia und Rachel sich beklagen: „Hat nicht unser Vater uns wie Fremde angesehen und verkauft"[3]), indem Jacob 14 Jahre um sie dienen mußte, so folgt daraus vielmehr das Gegentheil, daß der Verkauf von Töchtern ein Verfahren war, das höchstens gegen Fremde und Mägde geübt wurde, im Hause Bathuels aber nicht Sitte war, indem Rebecca ohne Kaufpreis dem Isaak überlassen wurde. Was endlich den Propheten Hosea[4]) betrifft, der auf göttlichen Befehl eine Buhlerin kaufen soll, daß sie ihm formell eine Zeit lang angehöre und sich nicht einem anderen Manne ergebe, läßt sich daraus kein Schluß auf die Ehe ziehen. Der einzige Fall des Verkaufens fand statt, wenn ein Vater seine Tochter als Magd oder Kebsweib einem Manne abtrat.[5])

Nach talmudischem Recht wird das Verlöbniß gelöst durch Tod oder Scheidung. Geht die Braut vor Auflösung des ersten Verlöbnisses ein anderes ein, so ist es ungiltig.[6]) Wird das nach der ersten Art eingegangene Verlöbniß gelöst, so behält die Braut, selbst wenn sie die Auflösung veranlaßt, das Kidduschingeld[7]), Geschenke aber, die der Bräutigam der Braut geschenkt hat, kann er zurückfordern, selbst wenn er der zurücktretende Theil ist.

Ob die Braut bei eventueller Auflösung des Verlöbnisses Anspruch auf die sogenannte Ketuba habe, ist unentschieden. In keinem Falle beerbt der Bräutigam die Braut, falls sie früher stürbe.[8]) Sind Conventionalstrafen (arrha) auf den Rücktritt gesetzt, so muß sie der zurücktretende Theil erlegen, wenn nicht eine gerechte Ursache zum Rücktritte vorliegt. Solche Ursachen sind: Schlechte Aufführung, Glaubenswechsel oder Unzucht, ein unehrliches Gewerbe, welches der Bräutigam ergreift, erfolgter Wahnsinn.

Das Eingehen der Ehe erfolgt, ist die Braut eine Jungfrau, ein Jahr nach dem Verlöbnisse[9]), um so der Braut Zeit zur Bereitung der Ausstattung zu gewähren. Die Ehe mit einer Wittwe kann 30 Tage nach der Verlobung stattfinden.[10]) Während dieser Zeit blieb die Braut im Hause ihres Vaters.

Die Eheschließung wurde von Alters her mit einer Hochzeitsfeier begangen. Der Bräutigam, mit hochzeitlichem Schmucke angethan, holte, von seinen Freunden begleitet[11]), die geschmückte und verschleierte Braut[12]) aus dem Hause ihres Vaters ab und führte sie in Begleitung ihrer Freundinnen

[1]) 1. Sam. 18, 25. — [2]) Richt. 1, 12 ff. — [3]) Gen. 31, 15. — [4]) 3, 2. — [5]) Ex. 21, 7. — [6]) Jebam. 92. — [7]) Bab. Batra 145 a. Maim. Sechia 6, 18. — [8]) Ket. 53. — [9]) Gen. 24, 55. — [10]) Ketub. 5, 2. — [11]) Richt. 14, 11; Matth. 9, 15. — [12]) Js. 49, 18; 61, 10. Jer. 2, 32.

unter Freudengesängen und Musik[1]), wahrscheinlich gegen Abend bei Fackel- oder Lampenschein[2]), wie es jetzt noch bei den Arabern Sitte ist, in sein oder der Eltern Haus, wo das Hochzeitsmahl bereitet war.[3]) Die Hochzeit dauerte mehrere Tage, oft sieben[4]), ja vierzehn Tage lang[5]) und wurde in Beisein von geladenen Gästen unter großer Fröhlichkeit gefeiert.[6]) Eine eigentliche Trauung oder priesterliche Einsegnung scheint mit der Eheschließung nicht verbunden gewesen zu sein; wohl aber sprachen die nächsten Verwandten einen Segensspruch aus; wie z. B. bei Rebecca, die mit dem Wunsche aus dem väterlichen Hause entlassen wird: „Werde zu Tausenden der Myriaden und dein Same besitze die Thore deiner Feinde."[7]) In ähnlicher Weise sprechen die Aeltesten den Segen aus über die Verbindung zwischen Booz und Ruth.[8]) Raguel nahm die rechte Hand seiner Tochter Sara und legte sie in die Rechte des Tobias unter den Worten: „Der Gott Abrahams, Isaaks und Jacobs sei mit euch und verbinde euch und erfülle seinen Segen über euch."[9]) Sodann führte der Bräutigam die Braut ins Brautgemach.[10]) Die Ehe sollte sich auf Treue und Keuschheit gründen. Um nun diese zu pflegen und gegen Ausbrüche der Bosheit und bösen Lust sicher zu stellen, erließ Moses folgendes Gebot[11]): Wenn ein Mann seiner Frau beiwohnt und nach Befriedigung seiner fleischlichen Lust ihr abgeneigt wird, wie z. B. bei Ammon[12]), und sie in bösen Ruf bringt, sprechend, daß er bei der Begattung nicht Jungfräulichkeit an ihr gefunden, um nämlich die Verhaßte auf einen Scheingrund hin loszuwerden: sollen Vater und Mutter die Unschuld ihrer Tochter vor den Aeltesten constatiren durch die Bethulim, die Zeichen der Jungfrauschaft, oder die Blutstropfen von der ersten Beiwohnung auf dem Betttuche oder Kleide. Bei der Wichtigkeit der Sache setzen sich wahrscheinlich die Verwandten nach der Brautnacht in den Besitz jenes Tuches, wie es theilweise jetzt noch die Araber thun, für den Fall, daß ein solcher Beweis nöthig werden sollte. Die Aeltesten sollen dann den Mann holen und züchtigen, außerdem aber ihm eine Geldbuße von 100 Sekel Silber auferlegen (also doppelt so viel als der Verführer einer Jungfrau), die er dem Vater der jungen Frau zahlen muß für die böswillige Verleumdung einer israelitischen Jungfrau, und endlich dem Manne das Recht der Scheidung entziehen. Im entgegengesetzten Falle, daß sie nicht als Jungfrau erfunden worden, sollen die Aeltesten sie vor der Thür des Hauses ihres Vaters hinausführen, um so dasselbe, als durch Fahrlässigkeit oder gar Betrug mitverschuldet, durch die Schmach mit zu bestrafen, und die Männer der Stadt sie zu Tode steinigen, weil sie eine Thorheit in Israel begangen, nämlich im Hause ihres Vaters gehurt hat und trotzdem sich als unbefleckte Jungfrau ausgegeben hat. Uebrigens wird nach rabbinischem Rechte den Aussagen der Frauen in Processen, wobei es sich um ihre Unschuld handelte, ein größerer Glaube, als dem Kläger geschenkt.[13])

---

[1]) Jer. 7, 34; 16, 9; 25, 10; 33, 11; Bar. 2, 23; 1. Mach. 9, 37, 39. — [2]) Matth. 25, 1 ff. — [3]) Richt. 14, 10. — [4]) Richt. 14, 12. Tob. 11, 9. — [5]) Tob. 8. 19. — [6]) Gen. 29, 22; Luc. 14, 8. — [7]) Gen. 24, 60. — [8]) Ruth. 4, 11, 12. — [9]) Tob. 7, 15. — [10]) Joel. 2, 16. Gen. 29, 23. Tob. 7, 16; 18, 1. — [11]) Dt. 22, 13—21. — [12]) 2. Sam.13, 15. — [13]) Ket. 1, 7; 8, 9.

Nach dem talmudischen Eherechte geschieht die **Eingehung der Ehe** durch **Chuppa**, d. h. die „Decke“. Welche Ceremonie darunter zu verstehen ist, darüber sind die Rabbiner verschiedener Meinung. Einige beziehen Chuppa auf das von Segenssprüchen[1]) begleitete Bedecken der Frau mit einer Myrtenkrone, andere auf den Einzug der Braut in das Haus des Bräutigams, andere auf das festlich geschmückte Brautgemach oder das Zurückziehen des Brautpaares. Den Act der Einsegnung kennt das Judenthum nicht[2]), sondern die Trauung geht in Gegenwart von wenigstens zehn Männern in folgender Weise vor sich: Das Brautpaar tritt in Begleitung der Brautführer unter den sogenannten Brauthimmel. Hier geht zuerst die Verlobung vor sich, indem der Segensspruch der Verlobung über einen mit Wein gefüllten Kelch gesprochen wird. Hierauf steckt der Bräutigam einen goldenen Ring (als Ersatz für das Kidduschingeld) an den Finger der Braut und spricht: „Du seiest mir durch diesen Ring geheiligt nach dem Rechte Mosis und Israels.“ Alsdann werden über einen andern Kelch die Segenssprüche der Trauung gesprochen.[3]) Fehlen letztere, so ist die Ehe zwar giltig, jedoch die eheliche Beiwohnung verboten, bis sie gesprochen worden sind. Die Chuppa gibt der Ehe sowohl in religiöser als rechtlicher Beziehung vollständige Giltigkeit, auch wenn der Beischlaf nicht erfolgt. War dieser jedoch zur Zeit der Trauung nicht möglich, wie z. B. bei Trauung einer lebensgefährlich Erkrankten, so ist die Trauung ungiltig. Läßt der Mann durch Bevollmächtigte die Braut abholen, so ist die Ehe von dem Augenblicke an, wo sie diesem übergeben wurde, giltig.[4])

Bei Eingehung der Ehe muß der Bräutigam der Braut die **Ketuba** d. i. das Verschriebene verschreiben, welche sie im Falle der Scheidung oder nach dem Tode ihres Mannes zu fordern hat. Diese beträgt[5]) bei der Ehelichung einer Jungfrau 200, bei einer Wittwe 100 Sus (Gulden). Vor der Feststellung wird die eheliche Annäherung als schamlos bezeichnet[6]), ebenso wenn er ihr, auch mit ihrer Einwilligung, eine kleinere Summe verschrieben hat; wohl aber konnte er den Betrag erhöhen (Tosefot Ketuba). Die Ketuba sollte dem Manne die Scheidung erschweren. Für die Ketuba haftet das ganze unbewegliche Vermögen des Mannes und steht der Geschiedenen oder Wittwe die Eviction zu. Während im römischen Rechte die Töchter eine dos erhielten als Beitrag zur Bestreitung der Kosten des Haushaltes, konnte der Vater nach talmudischem Rechte nicht gezwungen werden, seiner Tochter eine **Mitgift** zu geben, jedoch war er verpflichtet, eine **Aussteuer** (Nedunja) von wenigstens 50 Sus ihr mitzugeben; ist er wohlhabend, so soll die Aussteuer seinem Vermögen entsprechend sein.[7]) Da der Mann für die Mitgift haftet, so heißt sie auch das „eiserne Vieh“. Von der Nedunja zieht der Mann nicht blos den Nutzgenuß, sondern auch die Amelioration derselben. Bringt die Frau noch andere Güter mit, die sie sich

[1]) Ketub. 7, 6 ff. Maim. Jschut 10, 3, 4.

[2]) Auch Muhammed erhob die Vermälungsfeier niemals zu einem religiösen Ritus, denn der Iman oder Scheich ist nur in seiner Eigenschaft als bürgerliche Obrigkeit dabei anwesend.

[3]) Ketub. 7, 8. Maim. Jschut 10, 3. — [4]) Mischn. Ketub. 40. — [5]) Ketubot 10. — [6]) Baba Kama 89. — [7]) Ketubot 67. 68. Maim. Jschut 13. Eben Haeser 57, 113.

vorbehalten oder nach der Verheirathung geerbt hat, so zieht der Mann blos den Nutzgenuß, haftet aber nicht für dieselben. Daher heißen sie Paraphernen, d. h. abzupflückende Güter, weil der Mann die Früchte, den Ertrag abpflückt.

§ 6. Die Gattin.

Die rechtlichen Verhältnisse und Beziehungen der Gatten unter einander sind bedingt von der Auffassung der Ehe und der Stellung, welche eine Gesetzgebung der Frau oder dem weiblichen Geschlechte überhaupt einräumt. Im Heidenthume, wo die Einheit, Unauflöslichkeit und Heiligkeit der Ehe verloren ging und zu einem rein menschlichen Institute herabgewürdigt wurde, war der Zustand des weiblichen Geschlechtes ein äußerst trauriger. Nicht genug, daß das Weib vom doppelten Fluche der Eva mitgetroffen ist, stets dem Manne unterworfen zu sein und in Schmerzen ihre Kinder gebären zu müssen, wurde es im Heidenthume jeglichen Rechtes auf die menschliche Persönlichkeit, auf das menschliche Ich beraubt, zur armen Sclavin herabgedrückt, die eben nur als Werkzeug der Lust für den Mann diente und als eine rein passive Sache galt. Und dieser Zustand ist auch jetzt noch bei den heidnischen Völkern unverändert geblieben.[1]) Bei den Heiden der alten und neuen Zeit ist das Weib bald Eigenthum, eine Sache, die man nach Laune kauft und verkauft, oder vernichtet, bald ein Lastthier, eine zu den härtesten Arbeiten verurtheilte Maschine, bald nur eine Sclavin, die man schlägt, aus dem Hause vertreibt und dem Elende preisgibt, bald wieder ein Schlachtopfer, das man dem thörichten und grausamsten Aberglauben darbringt. Ueberall dort galt das Weib als ein abscheuliches, unreines Wesen, dem es nicht erlaubt ist, die Tempel der Götter zu betreten und ihren Namen auszusprechen; ein boshaftes Wesen, gegen welches man nicht vorsichtig genug sein könne; ein verächtliches Wesen, welches zu erniedrigen, herabzuwürdigen und mit Füßen zu treten, dem Manne zur Ehre gereicht.[2]) Bei allen Völkern wird das Weib als die erste Ursache alles Uebels in den Vordergrund gestellt und als Zauberin in besonderer Verbindung mit der Dämonenwelt stehend gedacht. Die Ehe war bei allen asiatischen Völkern für das Weib nichts Anderes, als ein langes und schmerzliches Martyrium. Eine altgewordene Frau konnte der Mann durch Erdrosselung bei Seite schaffen; starb der Mann, so opferte man alle seine Weiber oder wenigstens seine Lieblingsgattin auf seinem Grabe. Bei den Hindus muß heute noch sich das Weib auf dem Holzstoß, wo man den Leichnam ihres Mannes verbrennt, mitverbrennen lassen, wobei sie den Leichnam in ihren Händen hält; an anderen Orten beerdigte man sie lebendig mit den Ueberresten ihres Mannes. Im Allgemeinen war bei allen heidnischen Völkern das Recht über Leben und Tod der Frau und des Kindes dem Gatten und Vater gesetzlich zuerkannt und gesichert.

---

[1]) Vgl. W. Hoffmann, der Zustand des weibl. Geschlechtes in der Heidenwelt. 3. Aufl. Heidelberg 1873.

[2]) J. Ventura, die katholische Frau. Schaffh. 1863. 1. Bd. S. 72.

Bei den Galliern war, wie bei den Germanen, das Weib in den Augen des Gesetzes nur die Sclavin des Mannes, für welchen sie ihr Leben lang arbeitete und dem sie auch in der anderen Welt noch dienen müsse. Nach dem Glauben dieses Volkes war das Weib ein unreines Wesen und daher von Walhalla oder vom Paradiese Odins auf ewig ausgeschlossen, es sei denn, daß sie sich selber den Tod gibt, um dort wieder zu ihrem Manne zu kommen. Der Islam versetzt das ganze weibliche Geschlecht in einen Zustand immerwährender Gefangenschaft. Allen Vorschriften liegt die Anschauung zu Grunde, daß die Frauen untergeordnete Geschöpfe seien, deren einzige Bestimmung darin bestehe, Kinder zu gebären und ihren Männern zu dienen. Der Mann ißt nie mit dem Weibe zusammen, sondern läßt sich von ihr beim Essen bedienen; auch geht er nie mit seinem Weibe aus. Der Mann hat auch das Recht, seine Frau körperlich zu züchtigen.

Nicht viel besser war die Stellung und das Los des Weibes bei den Griechen. Hesiod betrachtet das weibliche Geschlecht als das Uebel und große Leiden auf Erden, weil es von jener ersten Verführerin, der Pandora, herstammt. Man wähnte allgemein, daß das Weib schon von Natur fehlerhafter und mehr zum Bösen geneigt sei, als das männliche Geschlecht, daß es mehr dem Neide, der Unzufriedenheit, der bösen Nachrede, der Frechheit sich hingebe.[1]) In Athen war die Frau lebenslänglich als unmündig betrachtet, durfte kein bedeutendes Geschäft für sich abschließen und auch über den Werth eines Scheffels Gerste hinaus nicht verfügen. Sie war nur auf ihr Haus beschränkt, weshalb Plato die Weiber ein Geschlecht nennt, das gewöhnt ist, im Verborgenen und Finstern zu leben. Zwischen Gattin und Sclavin bestand kein Unterschied, trat man doch das Weib dem ersten besten Gaste ab. Zur Trennung der Ehe reichte der Wille des Mannes allein hin.

In Rom stand in der ersteren Zeit das Weib als Familienmutter (mater familias) und die Jungfrau in großer Verehrung. Als jedoch infolge der großen Eroberungen das Heidenthum mit seinem unsauberen Gefolge immer mehr überhand nahm, wurde die Lage des Weibes ebenso jammervoll, als anderswo. Seit dem zweiten punischen Kriege vervielfältigten sich die Scheidungen rasch, wozu die geringfügigsten Ursachen und Vorwände hinreichten. Sulpicius schied sich von seiner Frau, weil sie unverschleiert über die Gasse ging. Pompejus verstieß seine Frau, um die Tochter des Sulla zu heirathen und dadurch dessen Freundschaft zu erwerben. Cicero trennte sich von Terentia, die seine Rückkehr aus der Verbannung erwirkt hatte, um eine reichere zu heirathen, und auch von dieser, als er ihre Mitgift verbraucht hatte. Der strenge Cato verstieß nicht blos seine Frau, sondern sorgte auch dafür, daß sie vor ihrem Austritte aus dem Hause von seinen Sclaven noch entehrt wurde und überließ seine zweite Gemalin Marcia mit Zustimmung ihres Vaters seinem Freunde Hortensius, nach dessen Tode er sie zum zweiten Male heirathete. Doch schieden sich auch Frauen von ihren Männern ohne irgend einen Grund, als den ihres Beliebens, wiewohl

[1]) Aristoteles H. a. 9, 1. Polit. 1, 5. Plato Lig. 6. p. 781. Democrit. ap. Stob. 73, 62.

die Sitte von den Frauen begehrte, die Ausschweifungen der Männer zu ertragen. Als die Unzucht später immer mehr überhand nahm, gab es unter den Frauen mehr Verführerinnen, als Verführte. Die aller sittlichen Stützen Beraubten sanken daher unaufhaltsam tiefer. „Man findet Keine, sagt Seneca[1]), die so elend, so gemein wäre, daß sie an einem Paare Ehebrecher genug hätte, daß sie nicht an Einen nach dem Andern ihre Stunden vertheilte, und der Tag nicht zu kurz wäre, bis sie bei Allen herumkommt." Bei solchen Verbindungen konnten Gefühle von Ehrfurcht, Vertrauen und gegenseitiger Liebe unmöglich aufkommen.

Einer ganz anderen Stellung erfreuten sich die Frauen des Offenbarungsvolkes. Wir haben bereits oben gesehen, wie erhaben die Ehe unter den Israeliten über jene der Heidenvölker ist. Das Weib ist, weil Ebenbild Gottes und wie der Mann erschaffen, eine Persönlichkeit, eine ihm gleichberechtigte Genossin, welche sich aller Rechte und Pflichten einer solchen in häuslicher und bürgerlicher Ordnung erfreut. Allerdings ist infolge des Sündenfalles[2]) die Unterordnung des Weibes gegenüber der Autorität des Mannes von Gott als ein Naturgesetz statuirt worden[3]), das Weib soll zum Manne als seinem natürlichen Beschützer hinaufschauen und ihm in erlaubten Dingen gehorsamen; allein trotzdem ist sie nicht seine Sclavin, sondern eine in hingebender Liebe ihm untergeordnete Gehilfin, welche ihren Ehemann zwar als Haupt und Herrn der Familie anerkennt, aber zugleich eine wahre Lebensgefährtin, die Freud und Leid mit ihm theilt, eine Herrin im Hause, welche im Hauswesen thätig waltet und schaltet. So gebietet Sara als Herrin im Hause in Bezug auf ihre eigenen Verhältnisse[4]), desgleichen Rebecca.[5]) In späterer Zeit erscheint Abigail[6]) und die Sunamitin[7]), welche den Propheten Eliseus beherbergte, als Gebieterin im Hause. Die Töchter Salphaads treten nach dem Tode ihres Vaters selbstständig auf, um ihre Familien- und Stammesrechte zu wahren.[8])

Was die Frauenwürde betrifft, so wird, wie anderwärts, der Schönheit ein gewisser Preis gespendet und auf dieselbe hoher Werth gelegt. So rühmt die heil. Schrift an Sara[9]) und Rebecca[10]) die Schönheit; die schöne Rachel wird der Lia mit triefenden Augen gegenübergestellt.[11]) Der Schwiegervater Samsons hebt die Schönheit seiner jüngeren Tochter hervor.[12]) Betont wird die Schönheit auch bei Abigail[13]), bei Abisag[14]), bei Vasthi und Esther.[15]) Im Bewußtsein ihrer Grazie spricht Sulamith: „Ich bin eine Blume Sarons, eine Rose in den Thälern"[16]), und die Schönheit seiner Braut bewundernd, ruft der Bräutigam aus: „Wie schön bist du meine Freundin, wie schön bist du! Deine Augen sind Taubenaugen"[17]) und: „Wer ist die, welche hervorbricht, wie die Morgenröthe, schön wie der Mond, auserkoren wie die Sonne!"[18])

---

[1]) De benef. 3, 16. — [2]) Vgl. Bibl. Frauen S. 33. — [3]) Gen. 3, 16. — [4]) Gen. 16, 5, 6; 21, 10, 12. — [5]) Gen. 27, 13, 42—46; 31, 4 ff. — [6]) 1. Sam. 25, 14 ff. — [7]) 4. Kön. 4, 8 ff. — [8]) Num. 27, 1—7; 36, 1—6. — [9]) Gen. 12, 11. — [10]) Gen. 24, 16. — [11]) Gen. 29, 17. — [12]) Richt. 15, 2. — [13]) 1. Sam. 25, 3. — [14]) 3. Kön. 1, 3. — [15]) Esth. 1, 11; 2, 7. — [16]) Cant. 2, 1. — [17]) Cant. 4, 1. — [18]) Cant. 6, 7. vgl. cp. 7.

Jedoch die Schönheit allein, so begehrenswerth sie auch am Weibe ist, macht nicht die ganze weibliche Vollkommenheit aus, sie kann sogar Ursache zur Sünde werden, wie bei Bethsabee für David[1]) und bei Thamar für Ammon[2]), weshalb der Weise auch mahnt: „Nicht gelüste nach der Schönheit einer Frau dein Herz und laß dich nicht durch ihre Winke fangen."[3]) Ja Schönheit ist ein eitel Ding, wie derselbe Weise sagt: „Betrüglich ist die Anmuth und eitel die Schönheit; ein Weib, das den Herrn fürchtet, wird gelobt werden"[4]), woraus hervorgeht, daß ethische Eigenschaften weit erhaben sind über körperliche Schönheit, ja den Verlust oder Mangel der letzteren ganz ersetzen, denn „ein schönes, aber thörichtes Weib ist ein goldener Ring in eines Schweines Rüssel".[5]) „Durch die Schönheit eines Weibes, sagte der Siracide, gingen schon viele zu Grunde und dadurch entbrennt die Lust wie Feuer .... Viele haben die Schönheit einer fremden Frau bewundert und gingen zu Grunde."[6]) Und wirklich rühmt die heil. Schrift die geistigen Eigenschaften, Vorzüge und Tugenden am Weibe, wie solche eben nur bei voller Ebenbürtigkeit, Freiheit der Bewegung und Theilnahme an öffentlichen Angelegenheiten möglich war. „Schau nicht auf die Schönheit einer Frau und begehre kein Weib (zur Ehe) ob ihrer Schönheit willen."[7])

Zu den Vorzügen einer Hausfrau gehört vorzugsweise die Emsigkeit und Dienstfertigkeit, weshalb Eliezer sie als giltiges Kennzeichen der für Isaak bestimmten Frau erwählt.[8]) „Ein fleißiges Weib, sagt der Weise, ist die Krone für ihren Mann, hingegen Fäulniß an seinen Gebeinen, welche Schmachwürdiges thut."[9]) Zu den Idealen der Frauentugenden gehört auch die Opferfähigkeit. Diese Tugend bewundern wir an Jephtes Tochter, welche den muthlosen Vater zur Erfüllung seines Gott gemachten Gelübdes ermuntert, trotzdem, daß dasselbe ihre Person betraf, und sich und ihr Leben freiwillig zum Opfer bringt.[10]) Weichlichkeit und Verzärtelung sollen daher fern vom Weibe sein: „Die weichliche und verzärtelte Frau, die nicht versucht hat, ihren Fuß auf die Erde zu setzen (vor Uebermuth), wird scheel sein auf ihren Mann und ihre Kinder" zur Zeit der Noth.[11])

Eine Perle im Tugendkranze der Frauen ist die Pflege des religiösen Sinnes und eines gläubig frommen Herzens. Wie erhaben steht Anna gegenüber der eifersüchtigen spöttischen Phenenna; kinderlos, fleht sie zum Herrn um einen Sprossen, nicht zu ihrer Stütze, sondern nur, um ihn dem Herrn weihen zu können; und mit welch' dankbaren Herzen bringt sie den von Gott geschenkten Samuel als Diener Gottes dar.[12]) Eine Rahab, welche, von Gottes Gnade gerührt, den einen wahren Gott Israels erkannt hat, verläugnet selbst die Liebe zu ihrer abgöttischen Vaterstadt und schützt die Feinde ihres Volkes um des Heiles ihrer Seele willen vor dem Tode.[13]) Ruth verläßt aus Liebe zum Verheißungsvolke und dem Gotte Israels: „dein Volk sei mein Volk und dein Gott mein Gott", mit ihrer Schwiegermutter

---

[1]) 2. Sam. 11, 2. — [2]) 2. Sam. 13, 1. — [3]) Prov. 6, 25. — [4]) Prov. 31, 30. — [5]) Prov. 11, 22. — [6]) Eccli. 9, 9, 11. — [7]) Eccli. 25, 28. — [8]) Gen. 24, 12 ff. — [9]) Prov. 12, 4. — [10]) Richt. 11, 30 ff. — [11]) Dt. 28, 56. — [12]) 1. Sam. 1, 11 ff. — [13]) Jos. 2.

das Elternhaus und ihr Vaterland, um in das fremde Land ohne jegliche Aussicht eines irdischen Glückes zu ziehen.[1]) Die fromme Sunamitin sucht ihren Mann zu bestimmen, für den oft durchwandernden Propheten Eliseus in ihrem Hause eine behagliche Herberge herzurichten.[2]) Unter denen, welche das Lob Jehova's sangen, befinden sich auch Chöre von Jungfrauen und Psalmensängerinnen.[3]) Das beschauliche Leben mit dem thätigen Leben vereinigend, haben wir bereits oben[4]) die an der Stiftshütte und später am Tempel dienenden Frauen kennen gelernt. Auf die Aufforderung des Mosis hin, nach Kräften zur Errichtung des Bundeszeltes beizutragen, gaben die Frauen freiwillig und mit andächtigem Herzen ihre Geschmeide, Spiegel und Kleider her und suchten selbst durch ihrer Hände Arbeit das gottgefällige Werk zu fördern.[5])

Die fromme Frau des Daniten Manue wird der Erscheinung des Jehovaengels gewürdigt und erlangt von ihm die Zusage der Geburt eines Sohnes, der beständiger Naziräer sein soll.[6]) Judith und Esther bereiten sich durch Gebet und Fasten auf das wichtige Werk, welches sie vorhatten, vor.[7]) Die Einwohner Bethulias empfehlen sich dem Gebete der gottesfürchtigen Judith, die sie ein heiliges Weib nennen.[8]) Die machabäische Mutter ermuntert aus Liebe zu Jehova und seinem heil. Gesetze ihre sieben Söhne zur Ertragung der größten Qualen, bringt sie dem Herrn zum wohlgefälligen Opfer dar und stirbt zuletzt nach siebenfachem Martyrium den Martyrertod.[9])

Die Stellung der Frau im alten Testament kennzeichnet besonders der Umstand, daß auch sie, obgleich sporadisch, vom prophetischen Geiste ergriffen, weissagten, wie Maria, die Schwester Mosis, Debora, Anna, die Mutter Samuels[10]), Hulda[11]); im neuen Testamente will jedoch der Herr seinen Geist über alles Fleisch ausgießen, so daß auch das weibliche Geschlecht, von Gottes Geiste begeistert, der prophetischen Gabe sich erfreuen wird.[12])

Die Großthaten Jehova's an Israel erzeugten auch in dem empfänglichen weiblichen Gemüthe einen gewissen religiösen Patriotismus, der sich nach Außen hin kundgibt. Des Mosis Schwester tritt nach dem wunderbaren Durchzug durch's rothe Meer an die Spitze des Frauenchores, um abwechselnd mit dem Männerchor in festlichen Liedern dem Herrn den Tribut des Dankes zu zollen.[13]) Frauen waren es, die nach der Besiegung des Riesen Goliath die Tapferkeit des Hirtenknaben über die des Königs erhoben und in dessen Herzen die ersten Keime der Eifersucht rege machten[14]), und öfters waren sie selbst der Lohn der Tapferkeit, wie die Tochter Kaleb's[15]) und Michol, die Tochter Saul's.[16])

Aus der richtigen Auffassung der Ehe ergibt sich von selbst die innige Gattenliebe. Jacob's Liebe zu der Lieblingsgemalin Rachel reicht selbst über das Grab hinaus, indem er ihren minder reichen Kindersegen dadurch zu vermehren sucht, daß er seine beiden Enkel Ephraim und Manasse aus

[1]) Ruth. 1, 15 fl. — [2]) 4. Kön. 4, 9 fl. — [3]) Ps. 67, 26. Esr. 2, 65. — [4]) S. 15. — [5]) Ex. 35, 22, 25, 29; 36, 6; 38, 8. — [6]) Richt. 13, 1 fl. — [7]) Judith cp. 9. Esth. 4, 15 fl. — [8]) Judith 8, 29 vgl.: 13, 23. — [9]) 2. Mach. 7. — [10]) 1. Sam. 2, 1 fl. — [11]) 4 Kön. 22, 14. — [12]) Joel 2, 28, 29 Vulg. — [13]) Ex. 15, 20 fl. — [14]) 1. Sam. 18, 6 fl. — [15]) Jos. 15, 15 fl. — [16]) 1. Sam. 18, 20, vgl. 17, 25.

Joseph als seine Söhne adoptirt.[1]) Elkana sucht die über ihre Kinderlosigkeit betrübte Gattin Anna mit den zärtlichen Worten zu trösten: „Anna, warum weinest du, und warum ist dein Herz betrübt? Bin ich dir nicht besser, als zehn Söhne?“[2]) Welch' inniges, zartes und keusches Verhältniß herrscht nicht zwischen Sulamith und dem königlichen Gatten im Hohenliede, welches im schönsten Spiegellichte das wunderbare Verhältniß Jehova's zu seinem Volke abschattete. Als es sich um das Leben David's handelte, trug bei Michol die Gattenliebe den Sieg über die Pflicht dem Vater gegenüber davon, indem sie dem Gatten zur Flucht verhalf.[3]) Die wahre Gattenliebe läßt Vaterhaus und Welt vergessen, wie es der Psalmist so eindringlich der Braut an's Herz legt: „Vergiß deines Volkes und des Hauses deines Vaters, so wird der König nach deiner Schönheit verlangen.“[4]) Eine Judith bewahrt ihrem verstorbenen Manne im Wittwenstande ihre unverbrüchliche Treue.[5])

Nicht selten greift das Weib in die Geschicke des Staates und des Volkes ein, wenn die höheren Interessen desselben Gefahr laufen. Debora begeistert den Barak zum Kampfe gegen den gewaltigen Feind des Vaterlandes und Jehovas, begleitet ihn in den Kampf, um mit ihrem Rathe ihm zur Seite zu stehen und richtet das Volk[6]), weshalb sie auch den Ehrentitel „einer Mutter in Israel“[7]) erhält. Einer Jahel gilt die neue Bande mit dem Verheißungsvolke und dessen Wohl mehr, als die alte Blutsverwandtschaft; sie durchbohrt in ihrem Zelte das Haupt des übermüthigen Feindes mit einem Zeltpflocke und wird ob dieser patriotisch religiösen That als „die Gesegnete unter den Weibern“ gepriesen.[8]) Ein Weib wirft von dem Thurme, welchen der Tyrann Abimelech umzingelt hatte, einen Mühlstein herab und zertrümmerte dessen Haupt.[9]) Als bei der Belagerung von Bethulia die Einwohner und Aeltesten ihren Muth verlieren und die Stadt bereits übergeben wollen, tritt Judith mit wahrhaft männlichem Muthe dieser Zaghaftigkeit entgegen, richtet die gebeugten Gemüther durch Hinweis auf Gottes nahe Erbarmung und Hilfe auf, begibt sich allein, von einer Magd nur begleitet, mit beispielloser Selbstverleugnung in's feindliche Lager, um dem Feinde in dessen eigenem Zelte das Haupt abzuschlagen, und ermuthigt nach ihrer glücklichen Rückkehr das Volk zu einem Ausfalle, der den Feind in die Flucht schlägt und zahlreiche Beute einbringt. Eine Esther wagt den gefährlichen Schritt („Komme ich um, so komme ich um“) zum Könige, um den Feind ihres Volkes, den allmächtigen Aman, zu stürzen und dem Untergange der Juden im großen Perserreiche vorzubeugen.

Bekunden solche Thatsachen einen heroischen Starkmuth und eine Opfergesinnung, welche das Privatwohl den Staatsinteressen nachsetzt, so lobt die heil. Schrift an anderen Stellen die Klugheit und Weisheit des weiblichen Geschlechtes. Abigail rettet durch ihr kluges, einsichtsvolles Benehmen ihr Haus vor dem Untergange, welchen ihr Mann durch seine Thorheit sich und seiner Familie bereitet hatte, ja imponirt dem Könige David durch

[1]) Gen. 48, 7 ff. — [2]) 1. Sam. 1, 8. — [3]) 1. Sam. 19, 11 ff. — [4]) Ps. 44, 11, 12. — [5]) Judith 8 ff. — [6]) Richt. 4. — [7]) Richt. 5, 7. — [8]) Richt. 4, 17 ff. 5, 24 ff. — [9]) Richt. 9, 53; 2. Sam. 11, 21.

ihre weisheitsvolle Rede derart, daß er sie zum Weibe erwählt.[1]) Der listige und Alles vermögende Feldherr Joab bedient sich eines klugen Weibes, um durch dessen geschickte Rede den König David zur Rückberufung seines in der Verbannung lebenden Sohnes Absalom zu bewegen.[2]) Ein kluges Weib rettet die Stadt Abel Beth — Maacha und ihre Einwohner durch einsichtsvolle Worte vor der Zerstörung durch Joab.[3]) Durch ihre Geistesgegenwart und Klugheit entzieht die Magd des Hohenpriesters zwei Priestersöhne dem nahen Verderben.[4]) Selbst eine Rebecca ist nicht verlegen, dem Verheißungssohne Jakob den väterlichen Segen zu erzielen.[5]) Ein Holofernes stellt der Judith das Zeugniß aus: „Diesem Weibe ist keines auf Erden gleich an Gestalt, Schönheit und Weisheit im Reden.“[6]) Wie viel ein weises Weib vermag, schildert der Weise: „Ein weises Weib erbaut ihr Haus, ein thörichtes reißt das erbaute wieder mit ihren Händen ein“[7]); denn ein kluges Weib kommt von dem Herrn.[8]) „Wer ein gutes Weib gefunden, hat Glück gefunden, und er wird Freude vom Herrn erlangen. Wer ein gutes Weib verstößt, verstößt Glück.“[9]) Daß ein gutes Weib den heilsamsten Einfluß auf den Mann ausüben kann, bestätigt der Ausspruch des heil. Paulus[10]), daß der „ungläubige Mann durch das gläubige Weib geheiligt ist“.

Das ganze Ziel und Streben der Hausfrau ist auf das Glück der Familie berechnet, daher ist auch die heil. Schrift voll Lob tugendhafter und ehrbarer Frauen, die der Mann sorgfältig wahren und denen er alle Liebe und Hochachtung zuwenden soll. „Trinke Wasser aus deiner Cisterne und was entquillt deinem Brunnen (Bild der Gattin — als Brunnen der Geburt — wie anderseits Js. 51, 1 das Weib als Schacht erscheint, aus welcher Kinder gleich Erz oder Steinen herausgegraben werden); mögen sich ergießen deine Quellen (Kinder) nach Außen, und auf den Straßen vertheile deine Wasser (die also zum Nutzen der Stadt und des Volkes sind). Behalte sie du allein (beschütze und liebe sie), daß Fremde nicht deine Theilnehmer seien. Deine Quelle sei gesegnet und freue dich an dem Weibe deiner Jugend. Eine Hirschkuh voll Liebreiz und ein anmuthiges Reh; ihre Brüste mögen dich berauschen jederzeit und in ihrer Liebe sollst du dich immerdar ergötzen“[11]), denn dann wirst du vor Unzucht geschützt und die Frau bemüht sein, die Treue und Liebe ihres Mannes durch innige Gegenliebe zu vergelten. Ausdrücklich ist hier der erlaubte Gebrauch der Ehe als ein von Gott geordnetes Mittel bezeichnet, um die Sinnlichkeit innerhalb der rechten Schranken zu halten[12]), wie dies der heil. Apostel (1. Cor. 7, 1 ff.) näher ausführt.

---

[1]) 1. Sam. 25. — [2]) 2. Sam. 14. — [3]) 2. Sam. 20, 15 ff. — [4]) 2. Sam. 17, 15 ff. — [5]) Gen. 27, 5 ff. — [6]) Judith 11, 18, 19. — [7]) Prov. 14, 1. — [8]) Prov. 19, 14. — [9]) Prov. 18, 22. — [10]) 1. Cor. 7, 14. — [11]) Prov. 5, 15—19.

[12]) Hieron. in Mal. cp. 3. Chrysost. in Matth. cp. 1. Beda zu Prov. 5: Jansenius in Prov. l. c.: Intelligunt hic remedium dari contra vagam, inhonestam et damnosam libidinem, adhortando ad legitimum propriae uxoris usum, quem honestissimis verbis et jucundis metaphoris circumscribit.... Libidinis sitim extingue, non abusu alienae, sed usu propriae uxoris, quemadmodum omnino convenit, ut quis puteum habens ex eo bibat, non ex alieno. Quod autem sequitur, deriventur fontes.... docet, et quid conjugalibus amplexibus quaeri debeat et quis ex eis fructus sequatur. Cum enim ex vaga libidine nec quaeratur prolis bonum.

Mit kurzen Worten zeichnet der Psalmist[1]) das stille häusliche Glück, wenn er die Gattin einen fruchtbaren Weinstock in den Innenräumen des Hauses nennt, deren fröhliche Kinderschaar gleich jungen Olivensprossen um den Tisch sich reihet.

Liebenswürdigkeit ist für die Frau das Mittel, sich Ehre und Anerkennung zu bereiten: „Eine liebenswürdige Frau findet Ehre“[2]), oder nach dem Griechischen: „Eine liebenswürdige Frau bereitet Ehre dem Manne.“ Ueberaus lieblich ist das Lied vom braven tugendhaften Weibe, in welchem die einzelnen Tugenden zu einer herrlichen Krone des idealen Weibes vereinigt erscheinen und der hohe Werth einer braven Hausfrau treffend geschildert werden. „Ein starkmüthiges Weib, wer findet es? Weit über Perlen ist ihr Werth (Vulg.: wie von Ferne, ja von den äußersten Enden gekommen, ist ihr Werth). Es vertraut auf sie ihres Mannes Herz und am Gewinn wird's ihm nicht fehlen (sie besorgt emsig das Hauswesen und vermehrt den Besitz). Sie erweist ihm Gutes und nicht Böses alle Tage ihres Lebens (erhält den gegenseitigen Frieden, der das Leben verschönert und verlängert). Sie sucht Wolle und Flachs und arbeitet nach der Kunstfertigkeit ihrer Hände (besorgt selbst die Hausarbeiten, wie Anna, des Tobias Gemalin). Sie ist gleich einem Kaufmannsschiffe, welches weit her Brot schafft (die weibliche Betriebsamkeit weiß aus den entferntesten Dingen Nutzen zu ziehen). Am frühesten Morgen steht sie auf und gibt Nahrung ihren Hausgenossen und Speise ihren Mägden (ist mithin vom frühen Morgen auch liebevoll besorgt für die Untergebenen). Sie beschaut einen Acker und kauft ihn, von ihrer Hände Frucht pflanzt sie einen Weingarten (mit ihrem eigenen Erwerb kauft sie Grundbesitz). Sie gürtet mit Kraft ihre Lenden und reget rüstig ihre Arbeit (durch Arbeit stärkt sie ihre Kraft). Sie fühlt und sieht, daß gut sei ihre Geschäftigkeit, und nicht erlischt des Nachts ihre Leuchte (sie arbeitet bis tief in die Nacht oder verliert auch in der Nacht des Unglücks die Freude und Heiterkeit nicht). Ihre Hand legt sie an den Rocken und ihre Finger fassen die Spindel. Sie öffnet ihre Hand dem Armen und ihre Hände streckt sie dem Dürftigen entgegen (übt Werke der Barmherzigkeit). Nicht fürchtet sie für ihr Haus des Schnees Kälte, denn ihre Hausgenossen alle sind doppelt gekleidet. Sie macht sich Decken, Byssus und Purpur ist ihr Gewand (sie kleidet sich ihrem Wohlstande und ihrer Stellung gemäß). Angesehen am Thore ist ihr

nec inde sequatur, legitimum conjugii usum ad hoc fieri debere docet et hunc ejus esse fructum, ut hinc natae proles in plateis conspiciantur civitatis... Quamquam evangelio doctrina perfectior conveniat, qua continentia consulitur et bonum dicitur homini, mulierem non tangere, veteri tamen testamento, in quo sterilitas in maledictionem deputatur, optime convenit haec adhortatio ad conjugii debitum usum... Sub vena intelligitur propria uxor, quae marito proles velut aquas profundit et est sensus: fac ut uxor tua foecunda esse possit et benedictionibus uteri felix, quod fiet, si ejus amore et legitimo usu contentus vires corporis non exhaurias vaga et aliena libidine.... Sub nomine laetitiae ad moderatum conjugii usum invitans, tanquam remedium fornicationis vitandae et medium prolium legitime procreandarum.

[1]) 127, 3.

[2]) Prov. 11, 16.

Mann, wenn er sitzet bei den Aeltesten des Landes (der Wohlstand des Hauses ermöglicht es dem Manne, auch dem öffentlichen Wohle seine Thätigkeit zuzuwenden). Linnen verfertigt und verkauft sie, und Gürtel liefert sie dem Kanaaniter (oder Phönicier). Macht und Anmuth sind ihr Gewand und sie lacht dem kommenden Tage entgegen (sieht also mit Freude und Ruhe der Zukunft bis an ihr Ende entgegen). Ihren Mund thut sie auf mit Weisheit, und liebreiche Lehre ist auf ihrer Zunge (sie belehrt, wo im Hause Jemand der Belehrung und Mahnung bedarf). Sie hat Acht auf den Wandel ihres Hauses (auf Alles, was in ihrem Hause vorgeht) und ißt ihr Brot nicht müßig (umsonst). Ihre Söhne treten auf und preisen sie glücklich und ihr Mann lobt sie. Viele Töchter haben Reichthum gesammelt (oder sich bewährt), doch du hast sie alle übertroffen. Trügerisch ist Anmuth und eitel die Schönheit; eine Frau, die den Herrn fürchtet, wird gepriesen werden (also nicht erheuchelte Anmuth oder körperliche Reize, sondern kluge Thätigkeit in Gottesfurcht begründen den Werth eines Weibes). Theilet ihr zu nach der Frucht ihrer Hände (die verdiente Anerkennung) und lobpreisen mögen sie am Thore ihre Werke."[1])

Aehnliches Lob spendet der Siracide der guten Frau: „Glücklich ist der Mann, welcher ein gutes Weib hat; denn die Zahl seiner Jahre verdoppelt sich. Ein wackeres Weib erfreut ihren Mann, und er wird die Jahre seines Lebens in Frieden zubringen. Ein gutes Los ist ein gutes Weib; sie wird den Gottesfürchtigen zu Theil und dem Mann um seiner guten Werke willen gegeben. Er sei reich oder arm, so ist sein Herz glücklich und sein Angesicht allzeit fröhlich"[2]) (wenn er eine tugendhafte Hausfrau besitzt); und: „Die Anmuth einer emsigen Frau macht Freude ihrem Manne und gibt Mark seinem Gebein (macht, daß er gesund und lange lebt). Ihre Züchtigkeit ist ein Geschenk Gottes; eine kluge und schweigsame Frau, eine kenntnißreiche Seele ist mit nichts zu vertauschen (hat einen unschätzbaren Werth). Gnade über Gnade ist ein heiliges und züchtiges Weib. Kein Preis aber wiegt auf eine enthaltsame Seele. Wie der Welt die aufgehende Sonne in Gottes Höhen, so ist die Schönheit einer guten Frau zur Zierde ihres Hauses. Lichtspendende Lampe auf heiligem Leuchter ist auch die Schönheit des Antlitzes im blühenden Alter. Goldene Säulen auf silbernen Gestellen sind auch die Füße einer standhaften Frau, welche fest stehen auf den Sohlen (fest ist ihr Charakter, Handlungsweise, Gang). Wie Grundfesten für die Ewigkeit auf festem Gestein, so sind die Gebote Gottes im Herzen einer heiligen Frau."[3]) Von einer solchen Frau sich trennen, hieße sein Glück verscherzen: „Trenne dich nicht von einer verständigen und guten Frau, welche du dir in der Furcht des Herrn erworben hast, denn die Anmuth ihrer Sittsamkeit ist mehr als Geld werth. . . Hast du eine Frau nach deinem Herzen, so verstoße sie nicht."[4]) Derselbe Siracide preist wiederholt den glücklich, der ein verständiges Weib besitzt.[5])

Unter die drei Dinge, welche Beifall vor Gott und Menschen finden, rechnet er Mann und Frau, die unter sich recht einig sind."[6]) Selbst gute

[1]) Prov. 31, 10—31. — [2]) Eccli. 26, 1—4. — [3]) Eccli. 26, 16—24. — [4]) Eccli. 7, 21, 28. — [5]) Eccli. 25, 11. — [6]) Eccli. 25, 1, 2.

Freunde können oft nicht jenen Beistand leisten, wie das Weib dem Manne zu thun vermag.[1]) „Eine unbescholtene Frau ist höher zu achten", als Ruhm durch Kinder und Städte zu bauen.[2]) „Die Schönheit der Frau erfreut das Angesicht ihres Mannes, und über jedes Verlangen erfüllt sie des Mannes Wunsch. Wenn ihre Zunge versöhnlich und sanft und liebreich ist, so hat ihr Mann unter Menschenkindern seines Gleichen nicht. Wer eine gute Frau besitzt, hat das Erste des Besitzthums; sie ist Gehilfin ihm gleich und eine Säule, worauf er ruht. Wo kein Zaun ist, wird das Besitzthum verwüstet; und wo keine Frau ist, seufzet einer und darbt."[3]) So gleicht also eine gute Hausfrau einem Gartenzaune, der jede Beschädigung abhält.

Dieselbe Anschauung von dem Berufe der Frau herrscht in den talmudischen Schriften[4]) und wird durch die Art ihrer Schöpfung also begründet: Sie ist nicht vom Haupte des Mannes, auf daß sie nicht stolz sei, und auch nicht vom Auge und Ohr, damit sie nicht neugierig sei, nicht von seinem Munde, damit sie nicht geschwätzig sei, nicht von seinem Herzen, damit sie nicht leidenschaftlich und eifersüchtig sei, auch nicht von der Hand, damit sie nicht Alles betaste, nicht vom Fuße, damit sie nicht unnütz aus dem Hause gehe — sondern von dem Theile, der verborgen ist, damit sie sittsam und verschämt sei.[5]) Das Weib ist nach dem Talmud der Inbegriff des Hauses, welches sie daher nicht oft verlassen soll. Sie erscheint als Träger der häuslichen Tugenden und des Wohlstandes. Der Talmud beschreibt diese Seite der weiblichen Thätigkeit also: „der Mann bringt Weizen heim, kann er Weizen genießen? der Mann bringt Flachs heim, kann er Flachs ankleiden? Wer ist's nun, der seine Augen entzückt und ihm auf die Beine hilft? Ist's nicht die Frau?"[6]) An vielen Stellen schreibt der Talmud der Wirksamkeit der Frauen und ihrem Verdienste die Erlösung aus der egyptischen Knechtschaft zu.[7])

In den Hauptgeboten spricht der Gesetzgeber zum Weibe zugleich mit dem Manne, weil in diesem das Weib inbegriffen ist[8]), außer bei solchen Geboten, die den Mann allein betreffen. Daß es aber solche Gebote gibt, ist durchaus kein Beweis für die vermeintlich untergeordnete Stellung der Frau im mosaischen Gesetze, sondern vielmehr ein Beweis für die richtige Erkenntniß des psychologischen Gegensatzes von Mann und Weib und der Würdigung des Berufes Letzterer. Ferner ist zu beachten, daß fast ausnahmslos Vater und Mutter nebeneinander gestellt werden[9]), als solche, denen gleiche Ehre, gleiche Achtung und gleicher Gehorsam gebührt, deren Segen und Fluch von Bedeutung ist. Die gleiche Rechtsstellung der Eltern den Kindern gegenüber faßt in sich die Voraussetzung, daß der Mann die Frau nicht sclavisch ;behandele, weil dies die Ehrfurcht der Kinder gegen

---

[1]) Eccli. 40, 23. — [2]) Eccli. 40, 19. — [3]) Eccli. 36, 23—27.

[4]) Vgl. P. Buchholz, die Familie in rechtlicher und moralischer Beziehung nach mosaisch-talmudischer Lehre. Breslau 1867. S. 31 fl. — [5]) Beresch Rabba P. 18. — [6]) Jebam. 63 a. — [7]) Sota 11 b. Exod. Rabba 16. — [8]) Ex. 21, 28. Num. 5, 6; 6. 2. Dt. 17, 2, 5; 29, 18; 31, 12; 2. Par. 15, 13. Neh. 8, 2, 3. Jud. 4, 8. vgl. 2. Sam. 6, 19; 1. Par. 16, 3. Esr. 10, 1. Tob. 6, 8. Est. 4, 11. — [9]) Ex. 21, 15, 17. Lev. 19, 3; 20, 9. Dt. 27, 16. Prov. 1, 8; 6, 20; 19, 26; 20, 20. Eccli. 3, 11; 7, 29.

die Mutter, also die Wirkung des betreffenden Gesetzes aufheben müßte. Auf die Stellung der Frau und ihre häusliche Persönlichkeit wirft auch das Erbgesetz einiges Licht, vermöge welchem das Erbe eines Vaters, der keinen Sohn hinterlassen, an die Töchter übergeht.[1]) Daß das alte Testament keinen erniedrigenden Unterschied der Geschlechter kennt, erhellt auch deutlich aus der Vorschrift, welche dem Mißbrauche der väterlichen Gewalt zu Gunsten eines mehr geliebten Weibes entgegentritt. Wenn nämlich ein Mann zwei Frauen hat, von welchen er die eine liebt, die andere haßt, und von beiden Frauen Söhne hat, der Erstgeborene aber von der minder-geliebten Frau ist, so darf er bei der Erbtheilung nicht den Sohn der geliebten Frau zum Erstgeborenen machen, d. h. ihm nicht das Erbtheil des Erstgeborenen geben.[2])

Alle diese Stellen kennzeichnen mehr oder weniger das Wesen der Ehe Israels, in welcher nicht blos die Anerkennung der weiblichen Persönlichkeit als leitendes Princip neben dem Manne, sondern auch die Würde des Weibes und die damit nothwendig verbundene Achtung hervortritt, welche namentlich das Verhalten des Mannes gegen seine Frau bestimmen muß. Nur eine solche Ehe war geeignet, das Symbol des Gnaden- und Bundesverhältnisses Jehova's zu Israel zu sein.[3]) Der Liebe des Mannes (Jehova) soll auch die Liebe des Weibes (Israel) entsprechen. Hosea hat diese Anschauung, die im Hohenliede bereits ihre höchste Ausbildung erlangt hat, zum Grundthema seiner Reden gewählt, Jeremias und Ezechiel haben sie weiter ausgeführt.[4])

Dieser bildliche Ausdruck ist in der Natur des Bundes als eines gegenseitigen Vertrages mit gegenseitigen Leistungen, besonders aber gegenseitiger Treue begründet. Der Charakter der Ehe sowohl als des Gnadenbundes spricht sich in den Worten aus: ‚Ich verlobe mich dir für immer, ich verlobe mich dir in Gerechtigkeit und Recht, in Liebe und Barmherzigkeit, und ich verlobe mich dir in Treue.“[5]) Der Prediger, welcher sonst die Eitelkeit alles Irdischen so sehr betont, kann nicht umhin, die gegenseitige keusche Liebe der Gatten zu empfehlen: „Genieße des Lebens mit der Frau, welche du liebst, alle Tage deines unsteten Lebens, die dir gegeben sind unter der Sonne, in all' der Zeit deines wichtigen Seins. Denn solches ist dein Antheil am Leben und an deinen Mühen, in welchem du dich abmühst unter der Sonne.“[6])

Auch im Talmud begegnen wir derselben Anschauung von dem hohen Zwecke der Ehe, wie in den heil. Schriften, und häufigen Ermahnungen an den Gatten, seine Frau hoch zu schätzen und in Ehren zu halten[7]); doch ist derselbe von der christlichen Vollkommenheit noch weit entfernt. So z. B. schreibt er: „Wer ohne Frau lebt, verdient nicht den Namen Mensch, denn es heißt bei der Schöpfung des ersten Menschenpaares: Mann und Weib schuf er und nannte ihren Namen: Mensch“. Also erst in der Vereinigung von Mann und Weib entspricht der Mensch seiner Bestimmung![8])

---

[1]) Num. 27, 8. — [2]) Dt. 21, 17 ff. — [3]) Ex. 34, 35 ff. — [4]) Vgl. Meine Theologie der Propheten. Freiburg 1877, S. 327. — [5]) Hos. 2, 21, 22. — [6]) Eccl. 9, 9. — [7]) Vgl. Buchholz l. c. S. 53. — [8]) Jebam. 63 a. Ber. Rabba 17.

Aber auch die Frau soll mit derselben Liebe und Zartheit dem Manne begegnen: „Die Würdigste unter den Frauen ist die, welche stets nach dem Willen ihres Mannes handelt."[1]) Die Ehe wird daher als Mittelpunkt des Lebens, als die Quelle der Freuden und Leiden des Mannes betrachtet; dagegen gilt das ehelose Leben als ein verfehltes, im höchsten Grade bedauernswerthes: „Wer kein Weib hat, kennt keine Freude, kein Glück und keinen Segen."[2])

Nach dem Talmud ist Rücksicht zu nehmen bei der Wahl der Gattin auf die Familie, in welcher keine verbotene Ehe vorgekommen, und wird manchen Verbindungen der Vorzug gegeben. So ist z. B. die Ehe mit dem Gesetzeslehrer oder der Tochter desselben die vorzüglichste. „Wer seine Tochter einem Gesetzeslehrer zur Frau gibt, verschwägert sich gewissermaßen mit der Gottheit selbst."[3]) „Die Ehe zwischen der Tochter eines Gesetzeskundigen und einem Idioten kann keine glückliche sein."[4]) Die Priesterfamilien pflegten daher in älterer Zeit unter einander zu heirathen. Es soll ferner mehr die Person, als das Geld oder die Mitgift berücksichtigt werden. „Wer bei der Wahl der Gattin vom Gelde sich bestimmen läßt, dessen Nachkommenschaft wird keine würdige, seine Ehe keine segensreiche sein, sondern was die Schwiegereltern geben, damit sei er zufrieden, und seine Ehe wird eine glückliche sein."[5]) Die liebevolle gute Gattin wird durch unerschöpfliches Lob erhoben und jener tief betrauert, dem ein böses Weib zu Theil geworden ist. Der Tod der ersten Frau wird mit der Zerstörung des Tempels verglichen, die Welt wird für den überlebenden Mann finster, sein Schritt wird matt und kurz, sein Sinn getrübt; für Alles gibt es Ersatz, nur nicht für den Verlust der Jugendgenossin, der Mann stirbt nur seiner Frau und die Frau ihrem Mann ab.[6])

Um die gegenseitige Liebe der Gatten als das geistige Band der Ehe zu wecken und zu pflegen, verordnete der Gesetzgeber, daß ein Mann, der sich mit einem Weibe verlobet, aber es noch nicht genommen hatte, vor der Schlacht aus dem Heere nach Hause zurückkehren könne, auf daß er nicht im Streite sterbe und ein Anderer seine Verlobte zum Weibe nehme[7]); und daß ferner, der soeben ein Weib genommen, nicht in den Streit zu ziehen habe, sondern ein Jahr von allen öffentlichen Leistungen frei sein solle, damit er ganz seinem neugegründeten Hausstande leben könne und sein Weib erfreue.[8]) Gleicherweise war der Ehebruch nicht blos im Pentateuche[9]) verboten, sondern wurde an beiden Theilen mit Todesstrafe geahndet[10]); doch hat der Mann dabei kein Recht über die Person seiner Frau; denn selbst, wenn sie die Ehe gebrochen, steht nicht ihm, sondern dem Gerichte die Bestrafung zu. Auch hatte der Israelit kein Recht, seine Frau zu verkaufen; nicht einmal die gekaufte Magd, die er zu seiner Ehefrau bestimmt, aber nicht geheirathet hatte, konnte er verkaufen, sondern mußte ihr die Freiheit geben.[11]) Doch stand dem Manne das Recht zu, unter gewissen

[1]) Jschut 5. Eben Haeser 69, 7. — [2]) Jebam 62 b. — [3]) Ketub. 111. — [4]) Pess. 49. — [5]) Kidd. 70. Eb. Haeser 2, 1. — [6]) Synhed 22 a. — [7]) Dt. 20, 7. — [8]) Dt. 24, 5. — [9]) Ex. 20, 13. — [10]) Lev. 20, 10. Dt. 22, 22. — [11]) Ex. 21, 10.

Cautelen sich von seinem Weibe zu scheiden und bei gerechtem Verdachte ihre Prüfung durch das Eiferopfer zu fordern. Auch kann der Mann ein Gelübde seiner Frau, sobald er davon Kenntniß erhalten hat, im Laufe eines Tages, also binnen 24 Stunden, aufheben. Schweigt er dazu und thut er es erst später, so ist zwar die Frau von der Verbindlichkeit frei, allein er hat die Verantwortung auf sich, daß das Gelübde nicht erfüllt wurde.[1]) Diese Beschränkung sollte dem weiblichen Hange zu Gelübden vorbeugen, wodurch viele Ungelegenheiten in's Haus gebracht werden konnten. Nach talmudischer Erklärung[2]) galt dies nur von solchen Gelübden, bei denen der Mann selbst betheiligt ist und welche Unannehmlichkeiten für ihn mit sich führen. Hat jedoch der Mann ein Gelübde gemacht, wodurch sein Verhältniß zu seiner Frau beeinträchtigt wird, so sollen die Richter durch Zureden ihn zur Rücknahme bewegen[3]); der Frau steht unter solchen Umständen das Recht der Scheidung zu.[4])

Durch die Eheschließung übernimmt der Mann vielfache Verpflichtungen[5]) gegen seine Frau, wobei das Hauptprincip gilt: „die Frau hebt sich mit dem Manne, steigt aber nicht herab“[6]), d. h. er theilt mit ihr die Vortheile seiner Stellung, sie aber braucht nicht die Vortheile, welche die Frau in ihrer Familie genießt, aufzugeben.

In Bezug auf die Pflichten, die der Mann gegen sie zu erfüllen hat, erscheint überhaupt die Frau bevorzugt. Einige der Verpflichtungen sind biblisch, die daher in der Mischna nicht formulirt sind, andere nachbiblisch, welche in die Ketuba aufgenommen wurden und „Bedingungen der Ketuba“ heißen. Als Hauptstelle dient Ex. 21, 10, wonach ein Familienvater verpflichtet ist, die als Magd verkaufte Israelitentochter, wenn er sie seinem Sohne als Weib bestimmt hat, als Tochter zu behandeln, und wenn er dazu seinem Sohne noch eine andere Frau nimmt, ihr Nahrung, Kleidung und Beiwohnung nicht zu kürzen, d. h. die Ansprüche, die sie als Tochter auf Lebensunterhalt und als Weib des Sohnes auf eheliche Pflichtleistung hat, ihr nicht zu schmälern. Zu diesen Verpflichtungen gehören:

a) Alimentirung der Frau nach dem Verhältnisse seines Vermögens, wozu er im Verweigerungsfalle von Gerichtswegen angehalten wird. Hat sich der Mann böswillig entfernt, oder ist er spurlos verschwunden, oder wahnsinnig geworden, so wird die Frau aus seinen Gütern alimentirt. Dagegen liegen der Frau Gegendienste ob, wie das Hauswesen zu besorgen, Wolle zu spinnen, ihren Säugling zu stillen u. a.[7]); überhaupt soll sie nie unbeschäftigt sein. Was sie verdient, gehört dem Manne. Verzichtet sie auf die Alimente, so gehört der Erwerb ihr; allein der Mann kann sich nicht von der Pflicht der Alimentirung dadurch befreien, daß er der Frau ihren Erwerb überläßt.

b) Bekleidung[8]), wobei dieselben Bestimmungen wie bei der Alimentirung gelten.

---

[1]) Num. 30, 14 ff. — [2]) Nedar. 11, 1 ff. — [3]) Nedar. 9, 5, 10. — [4]) Ketub. 7, 1—5. — [5]) Sämmtliche Verpflichtungen siehe bei Maimon. Ischut 12, 2. Eben Haeser 69, 2. — [6]) Ketub. 48, 61. — [7]) Mischna Ketubot 59, 64. — [8]) Misch. Ket. 64, 103. Nach Maimonides Ischut 12, 2 ist die Verpflichtung zur Bekleidung biblisch.

c) Wohnung auch während des Wittwenstandes. Hinsichtlich des Wohnortes folgt die Frau dem Manne[1]); doch gelten auch da gewisse Beschränkungen. Bei einer beabsichtigten Verlegung des ursprünglichen Wohnsitzes aus einer Landschaft in eine andere, namentlich mit fremder Sprache, oder aus einem größeren Orte in einen kleinen und unangenehmen, hat die Frau das Recht, sich zu widersetzen. So bespricht sich Jacob, ehe er das Land verließ, zuerst mit seinen Frauen, um ihre Einwilligung dazu zu erlangen.[2]) Palästina selbst hat vor allen Ländern, und Jerusalem vor anderen Städten den Vorzug, so daß der Mann von seiner Frau, wenn sie nicht ohne Empfang des Heirathsgutes geschieden sein will, fordern kann, mit ihm dorthin zu ziehen, ebenso auch die Frau vom Manne, entweder dies zu thun oder ihr den Scheidebrief und die verschriebene Summe zu geben. Dagegen kann keiner der Gatten den anderen zwingen, von Palästina nach einem anderen Lande oder von Jerusalem nach einer andern Stadt zu ziehen.[3])

d) Beischaffung von Arzt und Heilmitteln bei Erkrankung der Frau, welche Pflicht in der Alimentirung inbegriffen ist.

e) Eheliche Beiwohnung, welche Verpflichtung als biblisch allgemein anerkannt ist, mit Bezugnahme auf die oben bereits angeführten Stellen (Gen. 1, 28. Ex. 21, 10 und Prov. 5, 15 fl.); dahin zielt auch der Ausdruck: „Das Weib, welches in deinem Schooße liegt.“[4]) Mag nun die Ehe der menschlichen Schwachheit Rechnung tragen, um den Menschen von den Gefahren des Fleisches und der ungeordneten Sinnlichkeit zu bewahren, so soll doch die Lust allein nicht die Ursache und Triebfeder der ehelichen Beiwohnung sein, sondern vielmehr die intentio generandi prolem, weil Kindererzeugung der Hauptzweck der Ehe ist. Um dieses Zweckes willen hielt Abraham auf Rath seiner Frau das Beilager mit der Magd Hagar[5]), suchte Thamar das Beilager des Juda[6]), wetteiferten Lia[7]) und Rachel, die ihre Mägde ihrem Manne beilegten, um Kinder zu erzielen[8]), schlossen Sara und Tobias die Ehe; denn jene betet: „du weißt, Herr, daß ich nie einen Mann begehrt und mich rein bewahrt von aller Begierde ... Einen Mann habe ich nur in deiner Furcht, nicht in meiner Lust (also nicht um der Wollust zu pflegen, sondern in der von Gottesfurcht befohlenen Weise, mich eines Mannes zu erfreuen) anzunehmen die Einwilligung gegeben.“[9]) Als Tobias seine jungfräuliche Braut in's Brautgemach geführt, ermahnte er sie, eingedenk der Mahnung des Engels, drei Nächte hindurch im Gebete mit Gott sich zu vereinen und Enthaltsamkeit zu üben, „denn wir sind Kinder Heiliger (Patriarchen) und können nicht so zusammenkommen, wie die Heiden, welche Gott nicht kennen.“ Und nachdem er der göttlichen Institution der Ehe gedacht, fährt er fort: „Und nun, Herr, du weißt, daß ich nicht der Wollust wegen meine Schwester zum Weibe genommen, sondern allein aus Liebe zur Nachkommenschaft, durch welche dein Name von Ewigkeit zu Ewigkeit soll gepriesen werden.“[10]) Durch die Enthaltsamkeit der

[1]) Ketub. 13. — — [2]) Gen. 31, 4 fl. 14 fl. — [3]) Ketub. 13, 11. — [4]) Dt. 13, 6; 28, 54, 56. Mich. 7, 5. Eccli 9, 1. vgl. Gen. 16, 5. Prov. 5, 20. — [5]) Gen. 16, 2. — [6]) Gen. 38. — [7]) Gen. 29, 34. — [8]) Gen. 30. — [9]) Tob. 3, 16, 18. — [10]) Tob. 8, 1—9.

ersten Nacht soll nach den Worten des Engels der böse Geist vertrieben, durch die in der zweiten Nacht soll ihre Ehe eine höhere Weihe erhalten, so daß sie jener der Patriarchen gleichzuachten ist, und durch das Gebet der dritten Nacht soll Kindersegen ihnen zu Theil werden.[1]) Bedeutungsvoll ist noch das Wort Raphaels: „Die, welche so in den Ehestand treten (wie die früheren Männer der Sara), daß sie Gott von sich und von ihrem Herzen ausschließen und ihrer Wollust also pflegen, wie Pferd und Maulesel, die keinen Verstand haben (also wie unvernünftige Thiere den fleischlichen Gelüsten nachjagen und bei dem Ehestande nur die Sättigung derselben im Auge haben), über die hat der Teufel Gewalt"[2]), weil sie Gott verläßt, den sie verlassen haben. Alles, was nun dem Hauptzwecke der Ehe widerstreitet, Onanie, Ehebruch und Sodomie, ist eine große Verirrung, eine Todsünde, welche der göttlichen Strafe nicht entgeht. So wird Onan, der absichtlich durch Samenverschüttung bei der ehelichen Beiwohnung die Empfängniß vereitelte, von Gott mit dem plötzlichen Tode bestraft.[3]) Die sodomitische Sünde[4]) wird unter die himmelschreienden[5]) gerechnet und mit Vernichtung bestraft.[6]) Auch der Ehebrecher mußte seine That mit dem Tode büßen.[7]) Versagt der Mann aus Haß seiner Frau den ehelichen Umgang, so verfällt er einer Geldstrafe, so daß wöchentlich ein Gewisses zu ihrer Ketuba hinzugefügt wird; auch kann die Frau auf sofortige Scheidung antragen. Verweigert die Frau die eheliche Pflicht, so erfährt sie zunächst eine gerichtliche Zurechtweisung, verliert sodann Alimentation und ihre Ketuba und erhält erst nach 12 Monaten den Scheidebrief.[8])

Das mosaische Gesetz erklärt die menstruirende Frau für unrein und Alles, was mit ihr in Berührung kommt[9]), weshalb sie sich während dieser Zeit absonderte, und diese Tage Niddah, d. h. das zu fliehende, dies separationis menstruae heißen[10]), und verbietet während dieser Zeit den Beischlaf unter Strafe der Ausrottung; überdies soll derselbe, welcher auf demselben Lager mit ihr liegt oder ihr beiwohnt, ohne zu wissen, daß sie ihre Reinigung hat, sieben Tage unrein sein.[11]) Die Alten schrieben diesem Blutabgange eine giftige Kraft und eine verderbliche Wirkung zu[12]), auch sollen die durch den Beischlaf während der Menstrua erzeugten Kinder schwächlich und epileptisch sein. Mögen nun allerdings medicinische oder sanitäre Gründe nicht ganz abzuweisen sein, so sollte hauptsächlich durch diese Verordnung ein sittliches Moment auch in diesen Theil des ehelichen Lebens gebracht, der maßlosen Häufigkeit des Beischlafes eine Schranke gesetzt[13]) und nach Hieronymus[14]) den Eheleuten das Wort der Schrift nahegelegt werden: „Es ist eine Zeit zu umarmen und eine Zeit von Umarmung sich fernzuhalten." (Eccl. 3, 5.) In dieser

[1]) Tob. 6, 18. — [2]) Tob. 6, 17. — [3]) Gen. 38, 9. — [4]) Gen. 19, 5. Richt. 19, 22. — [5]) Gen. 18, 20, 21; 19, 13. — [6]) Gen. 19. Richt. 19 u. 20. — [7]) Unten § Ehebrecherin. — [8]) Ketub. 5, 7—8. — [9]) Lev. 12, 2; 15, 19 ff. Esth. 14, 16. Js. 30, 22; 64, 6. Ez. 22, 10; 36, 17. Thr. 1, 17. — [10]) Vgl. Lev. 12, 2; 15, 19, 33; 20, 18. — [11]) Lev. 15, 19 — 24; 18, 19 u. 20, 18. Ez. 18, 6. — [12]) Plinius Hist. nat. 7, 13. — [13]) Theodor. int. 21 in Lev.

[14]) Com. in Ez. 18, 6: Per singulos menses gravia atque torpentia mulierum corpora immundi sanguinis effusione relevantur. Quo tempore si vir coierit cum muliere, dicuntur concepti foetus vitium seminis trahere: ita ut leprosi et elephantiaci ex hac conceptione nascantur, foeda in utroque sexu corpora, pravi-

Beziehung stimmen die andern orientalischen Völker mit den Hebräern überein. Der Inder durfte der Menstruirenden nicht nahen und mußte sich, wenn er sie berührte, baden.[1]) Bei den Parsen befleckte sie das Haus und wurde abgesondert, und Keiner durfte ihr bis auf drei Schritte nahen.[2]) Der Beischlaf mit ihr wurde als großes Verbrechen betrachtet. Der Zabier und ägyptische Priester enthielt sich ihrer.[3]) Muhammed erklärt die Menstruation für Befleckung und verbietet einer solchen zu nahen.[4])

Stellt sich bei einer Frau der Blutfluß außer der Zeit ein, oder dauert der regelmäßige über die Zeit hinaus, so gelten dieselben Verordnungen, wie zur Zeit ihrer Regel. Ist sie von ihrem Flusse rein, so soll sie sieben Tage bis zu ihrer Reinerklärung zuwarten und am achten Tage zwei Turtel- oder junge Tauben als Sünd- und Brandopfer darbringen.[5]) Ein Sündopfer war geboten, weil ihr Blut entweder von Ausschweifung, oder von natürlicher, auf die verderbte Natur sich gründender Schwäche herrührt; denn auch der natürliche weibliche Zustand hängt mit dem durch die Sünde veränderten Zeugungsgeschäfte zusammen.[6]) Daß übrigens diese Anschauung älter ist, als das mosaische Gesetz, erhellt aus Gen. 31, 35, wo Rachel ihren Vater von der Untersuchung ihres Sattels durch die Worte abhält, daß es ihr „nach Weiber Weise“ ergehe.

Die fleischliche Vermischung in und außer der Ehe verunreinigte Mann und Weib bis an den Abend und machte ein Bad nöthig.[7]) In der menschlichen Beiwohnung erkannten die meisten alten Völker eine große, von der Sünde und der menschlichen Gebrechlichkeit herrührende Unordnung; darum hielt man sie für unrein. Die also Verunreinigte durfte Gott nicht nahen[8]) und nicht von heiligen Gaben essen.[9]) So entschuldigt Saul das Wegbleiben Davids vom Tische durch die Voraussetzung, daß er in Folge eines Zufalles nicht rein sei.[10]) Jedenfalls wollte Moses dadurch der Polygamie eine Beschränkung auflegen, weil bei der Vervielfältigung der ehelichen Pflichtleistung gegen mehrere Frauen die häufig eintretende Unreinheit bis zum Abend dem Manne äußerst unbequem sein mußte.

Die heil. Schrift gebraucht zur Bezeichnung des Beischlafes gewöhnlich den Ausdruck יָדַע cognoscere, d. h. den Mann, die Frau sinnlich empfinden oder sinnlich kennen lernen, und zwar sowohl vom Manne[11]), als vom Weibe[12]), ja sogar vom unzüchtigen Beischlafe.[13]) Dieser euphemistische, auch bei andern Völkern gebrauchte Ausdruck läßt durchblicken, daß die Begattung,

---

tate vel enormitate membrorum sanies corrupta degeneret. Praecipitur ergo viris, ut non solum in alienis mulieribus, sed in suis quoque, quibus videntur lege conjungi scriptura dicente: Crescite et multiplicamini et replete terram (Gen. 1, 28), certa concubitus norint tempora, quando coeundum, quando ab uxoribus abstinendum sit. Quod quidem et Apostolus et Ecclesiastes sonat: Tempus amplexandi et tempus longe fieri a complexibus (3, 5). Caveat ergo et uxor, ne forte victa desiderio coeundi illiciat virum, et maritus, ne vim faciat uxori, putans omni tempore subjectam sibi esse debere conjugii voluptatem.

[1]) Manu 4, 40; 5, 86. — [2]) Vendidad 5, 165 fl.; 7, 45 fl.; 16, 1 fl. — [3]) Porphyr. abstin. 2, 50. — [4]) Kor. Sura 2, 222. — [5]) Lev. 18, 25 fl. — [6]) Gen. 3, 16. vgl. Theodor l. c. — [7]) Lev. 18, 16—18. — [8]) Ex. 19, 15. — [9]) 1. Sam. 21, 5 fl. — [10]) 1. Sam. 20, 26. — [11]) Gen. 4, 1, 17, 25; 24, 16 u. ö. — [12]) Gen. 19, 8. Richt. 11, 39; 21, 11 u. ö. — [13]) Gen. 19, 5.

welche beim Thiere als naturnothwendiger Instinct erscheint, beim Menschen ein Act persönlicher und sittlich verantwortlicher Willensfreiheit ist, welcher aus der göttlichen Stiftung der Ehe fließt. Das eheliche und außereheliche Beilager wird häufig durch שָׁכַב beiliegen[1]), oder בּוֹא ingredi ad mulierem[2]), einmal durch קָרַב[3]) accedere ausgedrückt.

Bei den Alten herrscht auch hier eine große Uebereinstimmung.

Inder und[4]) Babylonier[5]) badeten sich nach dem Beischlafe. Die ägyptischen Priester enthielten sich desselben, wenn sie heilige Geschäfte verrichten wollten[6]), und niemand durfte ungewaschen vom Weibe in's Heiligthum gehen.[7]) Auch die alten Araber wuschen sich nach der Beiwohnung, und Muhammed gebietet dies insbesondere vor dem Gebete.[8]) Der Talmud[9]) gibt ausführliche Vorschriften für die Keuschheit und Reinigkeit beim Beischlafe.

f) Der Mann ist verpflichtet, die Frau, wenn sie in Gefangenschaft geräth, auszulösen.[10]) Diese Verpflichtung gehört zu den Bedingungen der Ketuba. Dafür ist dem Manne das Nutznießungsrecht der Paraphernen gestattet.

g) Endlich muß er seine verstorbene Frau beerdigen lassen, wofür er die Mitgift der Frau erbt.[11]) Der größere oder geringere Pomp richtet sich nach den Vermögensverhältnissen des Mannes und der Familie der Frau.

§ 7. Das böse Weib.

Die heil. Schrift enthält aber nicht blos Lobeserhebungen über das gute und fromme Weib, sondern kennt auch den Tadel und die Verurtheilung des schlechten Weibes. So wohlthuend und veredelnd das gute Weib auf den Mann wirkt, ebenso gefährlich und verderblich ist das schlechte Weib für den Mann.

Wir haben oben bereits die Aussprüche der heil. Schrift kennen gelernt, welche das Treiben und die Verführungskünste einer Buhldirne geißeln. Schon das erste Weib verstrickt ihren Mann in die Sünde, um deretwillen wir Alle sterben.[12]) Von Salomon wird berichtet, daß „Weiber sein Herz von Gott abgekehrt[13]), ausländische Weiber ihn zur Sünde verleitet haben[14]) und er seine Lenden den Frauen zuneigte[15]), anstatt die Gewalt über seinen Leib zu bewahren." Auch Job erkannte die Verführungssucht der Frauen[16]), ja mußte von seiner eigenen Frau Spott und Hohn erdulden[17]), welche, anstatt ihn in seiner bittern Krankheit zu pflegen, seine Nähe vielmehr floh.[18]) Der heil. Augustin nennt sie daher eine Helfershelferin des Teufels,

---

[1]) Gen. 19, 32—35; 26, 10; 30, 15; 39, 7, 14. Lev. 19, 20; 20, 11; 2. Sam. 13, 11 u. ö. — [2]) Gen. 16, 4; 30, 5; 38, 2, 16; Ruth. 4, 13. 2. Sam. 11, 4. — [3]) Is. 8, 3. — [4]) Manu 5, 144. — [5]) Herodot I 198. — [6]) Porphyr. abstin. 2, 50; 4, 7. — [7]) Herodot 2, 64. Clemens. Alex. strom. II. p. 306. — [8]) Sur. 4, 46. — [9]) Niddah 1, 4 ff.; 2, 1—5. — [10]) Ketub. 51. Vgl. Maimon. Ischut 14, 18—21. Eb. Haeser 78. — [11]) Ketub. 46. 47. Maim. l. c. 14, 23. Eb. Haeser 83. — [12]) Eccli. 25, 33. — [13]) 3. Kön. 11, 3, 4. — [14]) Neh. 13, 26. — [15]) Eccli. 47, 21. — [16]) Job 31, 9. — [17]) Job 2, 9, 10. — [18]) Job 19, 17.

Chrysostomus ein Geschoß und Maschine desselben, Origenes eine Dienerin der Gottlosigkeit, Nazianzenus eine schlechte Rathgeberin.[1])

Samsons Weib weiß die Auflösung des Räthsels ihrem Manne abzuringen, um dieselbe den Philistern mitzutheilen und verläßt ihn treulos.[2]) Dalila vermag durch List und Liebkosungen das Geheimniß dem Herzen Samsons zu entringen und überliefert ihn in die Hände seiner Feinde.[3]) Als wahre Furien unter den Weibern erscheinen Jezabel und Athalia.[4])

Der Prediger wird nach langen Irrfahrten zu dem Geständnisse gezwungen: „Und ich finde bitterer, als den Tod, das Weib, welches ein Jägergarn ist und ein Netz ihr Herz, Fesseln sind ihre Hände. Wer gut ist vor Gott, wird ihr entschlüpfen, aber der Sünder wird durch sie gefangen.... Einen Mann von Tausend fand ich Einen; ein Weib unter Allen fand ich nicht“ [5]), welches vollkommen und dem Ideale, dem reinen Bilde des Menschlichen, entsprechen würde. Die Ursache, schreiben Loch und Reischl in ihrer Bibelerklärung, warum in der noch unerlösten Welt eben das Weib dem Ideale am fernsten stand, ist eine doppelte. An sich ist in der Weiblichkeit das Ideale — das Reine, Heilige der Menschheit — durch äußere, wie innere Anmuth, in zarterer, aber auch in hehrerer Weise ausgeprägt, als bei dem Manne. Jedes Gebrechen, jede, auch die leiseste Verletzung wird daher um so auffälliger, je reiner das Urbild ist. Andererseits offenbaren bei der Empfänglichkeit der weiblichen Natur gerade das Vorhandensein und die Gewalt des Bösen, sobald es einmal Zutritt gefunden, sich um so stärker, nachhaltiger und verwüstender in seinen Folgen, als es je bei der größeren Selbstständigkeit des Mannes geschieht und an den Tag tritt.

Am treffendsten kennzeichnen das böse Weib das Buch der Sprüchwörter und der Siracide. Eindringlich mahnt der Weise, auf die Arglist des Weibes nicht zu achten [6]) vor dem bösen Weibe und der schmeichlerischen

---

[1]) Vgl. Bibl. Frauen, S. 284. Joannes Dam. Sacr. par. Tit. 12: Justum illum Job uxor sua in necem conjiciebat, cum ita loquebatur: Dic verbum quoddam impium adversus Dominum et morere. O flagitiosum indolem! O nefariam animi inductionem! Nulla misericordia commota fiat, cum mariti sui viscera fervidis pustulis velut ardentibus quibusdam carbonibus exusta, carnesque omnes ipsius correptas vermibus vidit. Ad misericordiam inflexa non est, cum eum totum in se convolutum fatiscentemque et angore confectum ac continuos halitus ex imo pectore hianti ore trahentem conspexit. Non mollita est ad commiserationem, cum eum toto corpore nudum in sterquilinio videret. Minime recordata est veteris suae cum eo consuetudinis quantaque propter eum gloria quantisque opis floruisset.

[2]) Richt. 14.

[3]) Richt. cp. 16. Joannes Dam. l. c. Vis aliam quoque improbitatem videre? Dalida siquidem detonsum Samsonem allophylis dedidit; virum, inquam, suum, conjugem suum, quem fovebat, quem mulcebat, quem blanditiis deliniebat, quem supra seipsam amare se fingebat; quem heri quidem amabat, fallebat hodie; quem heri amico animo complectebatur, hodie sepulcro tradit. At forte aspectu decorus non erat? Ecquis vere illum pulchritudine tunc temporis antecellebat. Annon fortis et strenuus erat, qui leonem solus ipse strangulasset? Quin et sanctus erat.... Et tamen virum tam pulchrum, tam fortem, propria ipsius uxor tanquam hostem allophylis tradidit.

[4]) Siehe Bibl. Frauen, S. 271 ff. — [5]) Eccl. 7, 27, 29. [6]) Prov. 5, 2.

Zunge der Ausländerin sich zu hüten[1]), die trotz ihres Schreiens und ihrer Lockungen unverständig, gottlos ist[2]); denn ein schönes, aber thörichtes Weib ist ein goldener Ring in Schweines Rüssel.[3]) Auch der Siracide warnt vor einer lüsternen Frau, um nicht in ihre Schlingen zu fallen[4]), deren Geilheit sich an der Frechheit der Augen und an ihren Wimpern verräth[5]) und nie befriedigt wird.[6]) „Ein zänkisches Weib ist ein beständig durchtraufendes Dach"[7]), mit ihr also leben müssen ist so lästig, als wie in einem Hause zu wohnen, dessen Dach den Regen durchläßt oder wie bei einem Regen in der Traufe des Hauses zu stehen. „Besser ists, im Dachwinkel zu wohnen, als mit einer zänkischen Frau im gemeinsamen Hause... Besser ists, in der Wüste zu wohnen, als zusammen mit einer zänkischen und zornmüthigen Frau"[8]) und „Ein stetiges Tropfen am Gewittertage und ein zänkisches Weib gleichen sich. Wer sie einhalten will, ist wie einer, welcher den Wind einschließt, und Oel in seiner Rechten verräth sich"[9]), d. h. ebenso wenig als jemand den Sturmwind einschließen oder zurückhalten und das Salböl an seiner Hand verbergen kann, weil es sich durch den Geruch offenbart, so kann auch eine zänkische Frau nicht leicht beruhigt werden; oder ein solcher wird leicht verwundet, so daß er Oel zur Heilung bedarf, daher das lateinische Sprichwort: Tria celari nequeunt, mulier, ventus, unguentum.

Weiberzorn und Weiberbosheit beschreibt graphisch der Siracide[10]): „Die größte Bosheit ist Arglist einer Frau. Alle Qual ist erträglich, nur nicht Herzensqual, auch alle Bosheit, nur nicht Weiberbosheit."... Kein Kopf ist schlimmer, als der Kopf einer Schlange und kein Zorn geht über den Zorn einer Frau.[11]) Angenehmer wohnt man bei Löwen und

---

[1]) Prov. 6, 24 ff.; 7, 5 ff. — [2]) Prov. 9, 13. — [3]) Prov. 11, 22.
[4]) Eccli. 9, 3. — [5]) L. c. 26, 12. — [6]) Ez. 16, 24 ff.
[7]) Prov. 19, 13. Vgl. Ovid l. c. de arte am.: Dos est uxoria, lites. Juvenal. sat. 6: Nulla fere causa est, in qua non femina litem moverit.
[8]) Prov. 21, 9, 19; 25, 24. Vgl. Hieron. L. 1. cont. Jovin. n. 28: Quam rarum sit, uxorem sine his vitiis inveniri, novit ille, qui duxit uxorem. Unde pulchre Varius Geminus, sublimis orator: Qui non litigat, inquit, coelebs est. Melius est, habitare in angulo tecti, quam cum uxore maledica in domo communi. Si domus communis mariti et uxoris erigit uxorem in superbiam et contumeliam viro facit: quanto magis si ditior uxor fuerit, et in domo ejus vir manserit. Incipit enim non uxor esse, sed domina: et viro, si offenderit, migrandum est. Stillicidia ejiciunt hominem in die hiemali de domo sua, similiter et mulier maledica de propria domo. Assiduis quippe jurgiis et quotidiana garrulitate facit perfluere domum ejus et ejicit eum ex aedibus suis.
[9]) Prov. 27, 15, 16.
[10]) Eccli 25, 17—19.
[11]) Vgl. Joannes Dam. Sacr. par. Tit. 12 (nach Chrys. Op. imp. in Matth.): Neque ulla improbitas est, quae cum improba muliere possit comparari. Atqui sermoni meo fidem astruit sapientia, ubi ait: Non est caput super caput serpentis... O nequitiam, acutissimumque telum diaboli. Is per mulierem a principio Adamum in paradiso sauciavit. Per mulierem ad necem Uriae per dolum inferendam Davidem veluti furore perculit. Per mulierem Salomonem sapientiae laude praestantissimum ad praevicaritionem impulit. Per mulierem fortissimum Samsonem abrasis capillis excaecavit. Per mulierem filios Heli sacerdotis in terram prostravit. Per mulierem coelipetam illum Eliam insectatus est. Per mulierem nobilissimum Joseph in

Drachen, als bei einem boshaften Weibe.[1]) Die Bosheit einer Frau entstellt ihr Angesicht und machet dunkel ihr Aussehen, wie das eines Bären und wie ein rauhes, dunkles Bußkleid sieht es aus. (Wie also das Bußkleid Jemanden unkenntlich macht, so entstellt der Zorn das Angesicht eines bösen Weibes.) In der Mitte seiner Nachbarn jammert ihr Mann und wenn er von ihr höret, seufzet er stille. Klein ist jede Bosheit gegenüber der Bosheit einer Frau. Der Sünder Los falle ihr zu Was eine sandige Anhöhe für die Füße eines Greises, ist eine geschwätzige Frau für einen ruhigen Mann. Schaue nicht auf die Schönheit einer Frau (sondern auf Tugend col. 36, 20 ff.) Einer Frau Zorn und Verachtung und Schmach ist groß. Wenn eine Frau die Herrschaft hat, handelt sie wider ihren Mann[2]) (weil sie das von Gott geordnete Verhältniß der Unterordnung des Weibes unter den Mann Gen. 3, 16 zerstört). Gebeugtes Herz und trauriges Antlitz und Herzensqual bringt eine schlimme Frau. Gleich lahmen Händen und zerschlagenen Knieen ist eine Frau, die ihren Mann nicht glücklich macht (denn sie raubt ihm alle Lust zur Thätigkeit, überhaupt alle Thatkraft).... Gib deinem Wasser auch nicht den kleinsten Durchlaß und einer schlimmen Frau keine Freiheit auszugehen (denn sie wird alle Schranken durchbrechen,

---

carcerem trusit. Per mulierem Joannem totius mundi lucernam capite truncavit. Per mulierem nullum non jugulat, nam mulier impudens nemini parcit. Non Levitae rationem habet, non sacerdotem, non prophetam veretur. O malum omni malo pejus; improba mulier est, vel si penuria laboret. Sin vero etiam affluit opibus, quae improbitati ipsius subsidio sint, malum duplex est, intolerabile animal et bestia, quae nullis deliniri obsequiis possit. Nachdem er das Beispiel der Frau des Job und der Dalila angeführt, fährt er fort: Dic mihi, quae bellua adversus marem suum ejusmodi aliquid mollita est? Quae dracaena conjugem suum studet interficere? Quae leaena masculum suum ad caedem tradit? Vides, quam apposite sapientia dixerit: Non est caput.... Atque ut in summa dicam, qui improbam uxorem habet, illud noverit, se jam iniquitatum suarum mercedem tulisse. Audi enim, quid rursum Scriptura pronuntiet: Mulier mala iniquo dabitur in portionem pro operibus illius. Vgl. dazu Homeri Odyss. 11: Non gravius et caninius aliud muliere.

[1]) Joannes Damasc. l. c.: Nullum malum cum improba muliere conferendum est. Quidnam inter quadrupedia crudelius est leone? nihil plane. Quid inter reptilia saevius dracone? nil prorsus. Atqui improba muliere et leo et draco inferiores sunt. Testis est mihi sapientissimus Salomon, ubi ait: Commorari cum leone ... Ac ne prophetam haec ironice locutum existimes, ex ipsis rebus accurate rem inspice. Leones Danielem reveriti sunt; ast justum Nabuthen Jezabel interfecit. Cetus Jonam in ventre servavit, at Dalida Samsonem abrasa coma allophylis tradidit. Dracones, aspides et cerastae Joannem in deserto pertimuerunt, at Herodias eum inter epulas obtruncari jussit. Eliam corvi in monte aluerunt: at Jezabel eundem post concessam pluviam ad caedem quaesivit.... Elias propheta feminam extimuit?... certe timuit... Mulier jumentum malum, vermis reptans, Adami contubernalis, mendacii filia, custodia paradisi, expultrix Adami, hostis perniciosa, pacis inimica. Vgl. Ephraem. tr. adv. mulieres improb. tom. I. Gregor Naz. poem. mor. 32. v. 17:

Horrendi dracones et subdolae aspides,

Duplicem mulier habet malitiam utriusque ferae. — Pirke Aboth. cp. 1. schreibt: So oft man mit Weibern länger redet, schadet man sich zunächst selbst, übertritt dann Gottes Gebot und eilt schließlich dem Kerker der Hölle zu.

[2]) Nach dem Griech.: „Zorn, Schmach und große Verachtung folgt, wenn sie ihren Mann reich macht" — sie läßt ihn dies wohl fühlen.

wenn ihr der Mann zu viel Freiheit einräumet, wie an Jezabel zu ersehen ist). Wenn sie nicht handelt nach deiner Hand (deinem Willen), so wird sie dich vor deinen Feinden zu Schanden machen. Trenne sie von deinem Leibe (durch den Scheidebrief), damit sie dich nicht immerdar mißbrauche."[1]) Damit es jedoch nicht den Anschein habe, als sei dieses Laster dem weiblichen Geschlechte anerschaffen, spricht derselbe Siracide: „Zorn ist dem Geschlechte aus den Weibern nicht anerschaffen"[2]), sondern wurzelt vielmehr in der allgemeinen Sündhaftigkeit und in dem verderbten Willen der Einzelnen.[3]) „Ein böses Weib ist wie ein Ochsenjoch, welches locker ist (und wund reibt); wer sie anfaßt, ist dem gleich, der einen Scorpion angreift."[4]) Eine Freche macht ihrem Vater und Manne Schande, sie ist den Ruchlosen gleich und wird auch von Beiden verachtet.[5]) Darum mahnt auch der Prophet Michäas[6]) die Männer: „Vor dem Weibe, das an deiner Seite schläft, verwahre die Pforten deines Mundes . . . denn des Menschen Feinde sind seine Hausgenossen." Unter die drei Dinge, welche das Land erschüttern, zählt der Weise „eine hassenswerthe Frau, wenn sie zur Ehe genommen wird".[7]) Von einer solchen Frau ist auch nichts sicher: „einer schlechten Frau wegen ist ein Siegel gut"[8]), daher gut, Alles zu verschließen.

Der Mann soll seiner Frau nie eine zu große Gewalt einräumen. „Gib nicht hin an eine Frau die Gewalt über deine Seele, damit sie nicht gegen deine Macht auftrete und du zu Schanden werdest."[9]) Darum klagt der Prophet Isaias[10]), daß unter den verweichlichten Königen zügellose Weiber über das Volk herrschen, und Amos[11]) wendet sich an die üppigen und schwelgerischen Weiber Samarias, „die Kühe Basans", welche von ihren Männern Mittel für ihre Schwelgerei verlangten, und sei es selbst auf Kosten der unterdrückten Armen. Ferner mahnt der Siracide vor dem Umgange einer Tänzerin: „Mit einer Tänzerin gehe nicht um und höre nicht auf sie, damit du nicht etwa durch ihre Kunstfertigkeit zu Grunde gehest."[12]) Sängerinnen und Tänzerinnen standen im Alterthume[13]) im Rufe eines lockeren Lebens, wozu ihr Gewerbe mannigfache Gelegenheiten und Mittel bot.[14])

---

[1]) Eccli. 25, 17—36. — [2]) Eccli. 10, 22.

[3]) Rabanus z. d. St. Bene dicitur, iracundiam nationi mulierum non esse creatam, quia per mollitiem animi, quam sexus muliebris denotat, iracundiae vitium surgit, quod tamen per constantiae virtutem superatur et opprimitur.

[4]) Eccli. 26, 10. – [5]) Eccli. 22, 5. — [6]) Mich. 7, 5, 6. — [7]) Prov. 30, 21, 23. — [8]) Eccli. 42, 6. — [9]) Eccli. 9, 2; 33, 20. — [10]) 3, 12. — [11]) 4, 1 ff. — [12]) Eccli. 9, 4.

[13]) Virgil. Aeneid. 6:

Pars pedibus plaudunt, choreas et carmina dicunt.

Ovidius 14. Metam.:

Unde canens dicta est sylvas et saxa movere;
Et mulcire feras et flumina longe morari
Ore suo, volucresque vagas retinere solebat
Quae dum feminea modulatur carmina voce.

[14]) Cyprian. de sing. Cleric.: Mulier nunc aestuans detegit membra, nunc fatigata jactatur, aut in usu aliquando dissolvitur, nunc blanditias exhibet, et quod est venenosius super cuncta, psallere delectatur, aut canere? Cujus cantu tolerabilius est audire basiliscum sibilantem, contra quam Salomon sic nos cautos efficit, dicens: Cum cantatrice noli assiduus esse etc.

Vor einem eifersüchtigen Weibe sich zu fürchten, hat selbst der Weise allen Grund: „des Herzens Schmerz und Kummer ist eine eifersüchtige Frau; bei einer eifersüchtigen Frau ist die Zunge eine Geißel, welche Allen Mittheilungen macht“ [1]), mithin eine Geißel für die, gegen welche sie eifert und für jene, welche sie durch ihre Geschwätzigkeit und Klagen ermüdet. Doch soll auch der Mann „nicht eifersüchtig sein auf die Frau an deinem Busen, damit sie nicht an dir beweise die Bosheit der schlimmen Lehre“ [2]), also die Untreue, die du ihr zumuthest, nicht wirklich ausübe. Ein verabscheuungswürdiges Laster am Weibe ist die Trunkenheit: „Eine trunksüchtige Frau ist zum großen Zorne, und ihre Schmach und Schande wird nie verdeckt.“ [3]) Dieses die Frauen völlig entehrende Laster wurde schon von den Heiden [4]) und besonders von den Kirchenlehrern gegeißelt [5]) und Nüchternheit vom Apostel [6]) den Frauen empfohlen.

Daß in späterer Zeit unter den Frauen Israels Putzsucht, Hoffahrt und Ueppigkeit einrissen, bestätigen die Propheten, welche solchen Frauen auch die göttliche Strafe verkünden. „Darum, daß hoffährtig sind die Töchter Sions und den Hals emporreckend einhergehen und blinzelnd mit den Augen, trippelnden Ganges und mit den Fußspangen klingend: wird der Herr den Scheitel der Töchter Sions grindig machen und Jehova ihre Scham entblößen; wegnehmen wird er den Prunk der Fußspangen und der Stirnbänder und Halbmöndchen, die Ohrgehänge und die Armketten und die Schleier, die Kopfbunde und die Schrittkettchen und die Gürtel und die Riechfläschchen und die Amulette, die Fingerringe und die Nasenringe, die Feierkleider und die Aermelröcke und die Umschlagtücher und die Taschen, die Handspiegel und Sindudecken und Turbane und Flore.[7]) Und statt des Balsamduftes wird da Moder sein, statt des Gürtels ein Strick, statt des lockengeringelten Haares eine Glatze, statt des Mantelüberwurfes ein Kittel von Sacktuch, Maale statt der Schönheit.“ [8]) Durch die Aufzählung der einzelnen Kleidungsstücke will der Prophet recht drastisch den Luxus der Frauen vorhalten und ihm gegenüber durch die Zeichnung der Beraubung desselben Furcht erregen, wie sie nämlich entstellt und Stück um Stück des eitlen Tandes ihnen abgerissen werden soll. Darum ermahnt auch der Weise, sein Angesicht von einem geputzten Weibe abzuwenden,

---

[1]) Eccli. 26, 5, 8, 9. — [2]) Eccli. 9, 1. — [3]) Eccli. 26, 11.

[4]) Ovid. l. 3. Juvenal. sat. 6. Plinius l. 10. cp. 72 und l. 22. cp. 23.

[5]) Chrys. hom. 57 in Matth.: Quid turpius ebria muliere vel quae circumquaque fertur? Quanto enim infirmius vas est, tanto majus naufragium. u. hom. 27 in Act. Ap.: Nihil turpius muliere deliciis dedita, nihil turpius ebriosa; obscuratur enim flos vultus ejus, turbatur serenitas et suavitas oculorum... Quam insuavis est mulier vinum spirans... Da formosam, loquacem, ebriosam puellam: nonne quavis foeda et turpi deformior est? Clemens Alex. l. 2. paed. cp. 2. Ambros. l. de Elia et jej. cp. 18.

[6]) 1. Tim. 3, 11. Tit. 2, 3. 5.

[7]) Ueber die Frauenkleider vgl. N. Schröder, Comm. de vestitu mulierum Hebraeorum ad Js. 3, 16 ff. Lugd. Bat. 1745. A. Th. Hartmann, die Hebräerin am Putztische und als Braut. 1809, 3 Bd. Saalschütz, Archäologie der Hebräer. Königsb. 1855. 1. Thl. 1. Absch. cp. 3.

[8]) Js. 3, 16 ff.

um nicht davon geblendet in ihre Schlingen zu fallen.[1]) Jeremias[2]) hält der Stadt Jerusalem, welche er unter dem Bilde eines prunksüchtigen Weibes schildert, vor, daß ihre Kleiderpracht den Untergang nicht abhalten wird: „Wenn du dich in Purpur kleidest, wenn du mit goldenem Geschmeide dich schmückest, wenn du deine Augen mit Schminke schminkest[3]), so girrest du doch vergeblich, deine Buhlen streben dir nach dem Leben.“ Isaias[4]) wendet sich an die vornehmen Frauen und ihre Töchter, welche sorgenlos und wohlgemuth in den Tag hineinleben, um ihnen die bald folgende Trauer anzukündigen.

Wir haben bereits oben[5]) gesehen, wie in Folge des Astartecultus Frauen ihre Keuschheit öffentlich preisgaben. Doch nahmen sie auch direct am Opferculte der Götzen Theil. Während die Söhne Holzstücke sammelten und die Väter das Feuer anzündeten, kneteten die Weiber den Teig, um Kuchen für die Himmelskönigin (Mondgöttin oder Astarte) zu bereiten.[6]) Auf die Warnung des Propheten vor dem Götzendienste antworten mit den Männern auch die Weiber, daß die Verehrung der Himmelskönigin ihnen Wohlstand und Glück gebracht, die Unterlassung dieser Verehrung dagegen Mangel und Unglück ihnen zugezogen habe, worauf Jeremias nicht ohne Ironie entgegnet: „Stellet nur eure Gelübde auf und führet sie aus“, die göttliche Strafe werde nicht ausbleiben.[7]) Ebenso betheiligten sich Weiber bei der Adonisfeier.[8]) Darum sollen auch Männer und Frauen gleichmäßig die Strafen der Gefangenschaft und des Todes treffen[9]), Frauen zu Wittwen werden und mit ihren Kindern am Boden liegen[10]), oder auch geschändet werden.[11])

§ 8. Die Mutter.

Von dem Begriffe über das Wesen der Ehe hängt nicht blos das Verhältniß der Gatten unter einander ab, sondern auch das Recht der elterlichen Macht, beziehungsweise das Recht der Mutter über ihre Kinder. Bei jenen Völkern, welche den höheren moralischen Standpunkt der Ehe nicht erfaßten, dem Weibe keine Selbstständigkeit zuerkannten, konnte natürlicher Weise die Mutter, welche selbst unter der Gewalt des Mannes seufzte, keine Gewalt über ihre Kinder ausüben. Bei den Griechen und Römern ist immer nur von der patria potestas die Rede und die Mutter tritt vor der alleinherrschenden Macht des Vaters zurück. Diese Anschauung von der Ehe mußte naturgemäß auf das ganze Familienwesen einen entschiedenen Einfluß ausüben. Da von den alten Griechen und Römern die Ehe blos als eine Kindererzeugungs-Anstalt für den Staat und die Familie als seine

---

[1]) Eccli. 9, 8 fl. — [2]) Jer. 4, 30. — [3]) Gregor. Naz. or. in laud. Gorg.: Unus illi rubor placebat, quem pudor affert; unus candor, quem parit continentia. — [4]) 32, 9 fl. — [5]) Siehe S. 25. — [6]) Jer. 7. 18. — [7]) Jer. 44, 15 fl. — [8]) Ez. 8, 14. — [9]) Num. 31, 9, 17; Dt. 2, 34; 3, 6; 20, 14. Jos. 6, 21; 8, 25, 35. Richt. 9, 49, 51. 1. Sam. 15, 3; 3. Kön. 22, 19; 27, 9, 11; 30, 2; 2. Par. 28, 8. Judith 9, 3. Esth. 3, 13. Jer. 6, 11; 35, 8; 38, 22; 40, 7; 41, 16; 43, 6; 44, 7; 51, 22. Ez. 9, 6. 1. Mach. 1, 34; 2. Mach. 5, 13, 24. — [10]) Jer. 18, 21; 16, 2 fl.; 14, 16. Ex. 22, 24. Ps. 108, 9. — [11]) Is. 13, 16. Jer. 6, 12; 29, 23. Zach. 14, 2.

Provinz betrachtet wurde, mußte derselbe das Recht auf die Kinder in Anspruch nehmen, und weil im alten Staate der Werth des Menschen nach seiner Wehrkraft und dem Nutzen, den er ihm bringt, geschätzt wurde, so war im Gefüge desselben der Mißgeborene, das verstümmelte oder schwächliche Kind, weil des Staates Schutz und Hilfe ohne Gegenleistung in Anspruch nehmend, ein schädliches Glied, dem jedes Recht zu leben abgesprochen wurde. Bei solchen Grundsätzen konnte weder das elterliche Gefühl Schonung, noch die Person Anerkennung finden. Das Aussetzen und Tödten solcher Kinder wurde von Staatswegen zur Pflicht gemacht.

In Griechenland galt das Aussetzen, besonders von gebrechlichen und mißgestalteten Kindern (Chytrismus) stets für erlaubt; in Sparta ward es unter die Aufsicht des Staates gestellt; die Aeltesten besichtigten das neugeborene Kind und gefiel es ihnen nicht, wurde es nach den Abgründen des Taygeton gebracht.[1]) Daß diese Aussetzung häufig stattfand, bestätigt die oftmalige Erwähnung derselben in den Komödien. Selbst Solon erlaubte den Eltern den Kindermord.[2]) Platon nahm diese Sitte in seinen Musterstaat auf: „Kinder schlechter Menschen, mißgestaltete, illegitime und von allzu bejahrten Eltern geborene, sollen ausgesetzt werden, denn man darf den Staat damit nicht belasten."[3]) Zwar hatten einige Gesetzgeber in früherer Zeit die Abtreibung der Leibesfrucht verboten, allein diese nahm so überhand, daß die Philosophen Platon und Aristoteles sie förmlich billigten und empfahlen. Letzterer meint, man solle, damit die Geburten nicht zu zahlreich würden, die Abtreibung anwenden, ehe der Fötus noch Leben und Empfindung habe.[4]) Hippokrates hat nach seinem eigenen Geständnisse einem schwangeren Weibe dazu verholfen. Den Grund gibt uns Polybius an; die Menschen wollen aus Weichlichkeit und Bequemlichkeit selbst in der Ehe keine Kinder auferziehen, oder nur eines oder zwei von Vielen, um diesen ein großes Vermögen zu hinterlassen.

Dem Römer blieb es überlassen, ob er sein Kind auferziehen oder gleich nach der Geburt verstoßen oder zu Grunde gehen lassen wollte. Gewöhnlich wurde das arme Geschöpf in eine Kloake oder in einen Fluß geworfen. Zwar hatte das älteste romulische Recht die Tödtung oder Aussetzung eines neugeborenen Kindes nur im Falle einer Mißgeburt gestattet, doch in der Kaiserzeit bestand das Recht des Vaters ohne Einschränkung, seine Kinder gleich nach der Geburt zu tödten. So sagt Seneca[5]) ganz trocken: „Wir tödten mißgestaltete Kinder und ertränken unsere eigenen Kinder, wenn sie schwach und monströs sind. Wir thun dies nicht aus Zorn, sondern aus Antrieb der Vernunft, denn es gibt nichts Vernünftigeres, als unnütze Dinge aus dem Hause zu schaffen", und der ernste Quintilian schreibt: „Einen Menschen tödten, ist oft ein Verbrechen, seine eigenen Kinder tödten, ist oft eine sehr schöne Handlung." Nach Suetonius[6]) wurden am Todestage des Germanicus die eben zur Welt gekommenen Kinder ausgesetzt, und selbst der Reformator Augustus befahl, das Kind, welches seine Enkelin Julia nach ihrer Verbannung geboren, auszusetzen.

[1]) Plut. Lyc. 16. — [2]) Hermogen. de inv. 1, 1. — [3]) Resp. 5. p. 460. — [4]) Aristot. Pol. 7, 14, 10. — [5]) De ira 1, 15. — [6]) Calig. 5.

Besonders geißeln Tertullian[1]) und Lactantius[2]) diese Unsitte der Römer.

Am häufigsten war dies der Fall bei den Armen, welche der Mädchen sich entledigten; denn diese betrachtete man als schwere Last, während die vornehmeren Frauen aus Weichlichkeit, um sich die Geburtsschmerzen zu ersparen oder aus Gefallsucht[3]) die Leibesfrucht abtrieben, und zwar mittelst Medicamenten oder Hilfe von Weibern, die nach Juvenal's[4]) Ausdruck den Kindesmord pachteten, d. h. ein Gewerbe daraus machten, die Abtreibung zu bewirken. Rühmt doch Seneca von seiner Mutter Helvia als einen besonderen Vorzug, daß sie nach Art eitler Weiber ihre Leibesfrucht vernichtet hat. Schon die gewöhnliche Zahl der Kinder (drei) in den römischen Ehen zeigt, welcher Zustand in den Familien herrschte, und welcher Mittel man sich bediente.

Solche ausgesetzte Kinder wurden von habgierigen Menschen auferzogen, um sie nachher zum Gewerbe der Prostitution zu verwenden, und so geschah es nach den Worten des Minucius[5]), daß oft Eltern mit ihren eigenen Kindern Blutschande trieben. Andere wurden für Gladiatorenschauspiele verkauft. Zauberer gebrauchten sie zu den entsetzlichen Mysterien ihrer Kunst. Marktschreier formten sie zu Mißgestalten, um das Publikum damit zu unterhalten, und wieder Andere verstümmelten dieselben, um mit ihnen Bettelei zu treiben.[6]) So wurden also die edelsten Gefühle des Weibes als Gattin und Mutter zerstört. Um etwaige Scrupel zu besänftigen, hatte im griechisch-römischen Heidenthume die Philosophie es übernommen, die zarten Gewissen zu beschwichtigen. So hatte Empedokles gelehrt, das Kind im Mutterleibe sei nur ein Theil von ihr und nicht ein von ihr unterschiedenes lebendes Wesen. Platon erklärte, der Fötus sei noch kein Mensch, der als Individuum zur menschlichen Art gehört, weswegen derjenige, welcher es in diesem Zustande tödte, keinen Menschenmord begehe. So wurde also, da Lycurg, Solon und die Decemviri den Kindermord gutgeheißen, dieses Verbrechen in Rom, wie in Griechenland ohne Scheu und Gewissensbisse begangen.

In Indien, China und Südafrika ist Kindermord noch heute, namentlich der Mädchen, sehr gebräuchlich.[7]) Auch die alten Araber betrachteten die Geburt eines Mädchens als ein Unglück und brachten diese, besonders wenn sie ihnen nicht gefielen, gleich nach der Geburt um's Leben oder vergruben sie in der Erde.[8])

---

[1]) Apol. adv. Gent. cp. 9: Qui natos sibi liberos enecent. Siquidem et de genere necis differt utique crudelius, in qua spiritum extorquetis aut frigori aut fami et canibus exponitis; ferro enim mori aetas quoque major optaverit. Nobis vero homicidio semel interdicto etiam conceptum utero, dum adhuc sanguis in hominem delibatur, dissolvere non licet. Homicidii festinatio est prohibere nasci; nec refert natam quis eripiat animam an nascentem disturbet: homo est et qui est futurus, etiam fructus omnis jam in semine est. . . Inprimis infantes exponitis suscipiendos ab aliqua praetereunte misericordia extranea vel adoptandos melioribus parentibus — u. adv. Nation. l. 1. cp. 15.

[2]) l. 6, 20. — [3]) Juv. 6, 602. — [4]) Sat. 6, 592 ff. — [5]) Octav. 30. 31. — [6]) Senec. controv. 10, 4. — [7]) Vgl. Hoffmann, Zustand des weibl. Geschl. l. c. S. 5 ff. 118 ff. 173. — [8]) Koran Sura 16, 60.

In einem ungleich edleren Lichte erscheint die Ehe der Hebräer auch von dieser Seite. Bei einem Volke, welches in jedem Menschen das göttliche Ebenbild wiedererkennt und die Ehe als eine göttliche Institution betrachtete, hatte auch das neugeborene Kind als Persönlichkeit seine Rechte. Die Einheit, welche die Ehe zwischen den Gatten bewirken soll, tritt im Kinde verkörpert auf und es erscheinen die Eltern diesem gegenüber als Eine Person; es gibt daher im mosaischen Rechte keine väterliche, sondern eine elterliche Gewalt. Ein Kindesmord ist bei den Hebräern etwas Unerhörtes und deshalb geschieht auch im mosaischen Strafgesetze keine Erwähnung von diesem Verbrechen, im Gegentheile waren nach Tacitus[1]) die Juden für die Vermehrung ihrer Bürger besorgt. War ja schon durch die dem Noe gegebenen Gesetze[2]) und den Dekalog jeder Menschenmord verpönt. Das Gesetz verordnete: Wenn zwei Männer sich raufen und ein schwangeres Weib stoßen, welches, um Frieden zu stiften, dazwischen getreten, und machen, daß ihre Frucht abgehe, sie aber am Leben bleibt, so soll der Thäter eine Geldbuße zahlen, wie viel der Mann ihm auferlegt und die Richter erkennen (weil ein solcher Stoß das Leben hätte gefährden können). Folgt aber eine Beschädigung (der Mutter oder des Kindes), so solle das volle Wiedervergeltungsrecht eintreten.[3]) Auf dieses Gesetz, welches die zarteste Schonung gegen Schwangere und die Leibesfrucht bekundet, beruft sich Philo[4]) als ein solches, wodurch zugleich das Aussetzen der Kinder, welches er als die abscheulichste Grausamkeit bezeichnet, verpönt worden sei. Eine Frau, welche ihre Schwangerschaft vereitelte, wurde nach Josephus[5]) als doppelt schuldig erachtet, weil sie den Tod des Kindes verursachte und ihr Geschlecht verminderte. Doch war es erlaubt, das Kind, wenn dessen Kopf noch nicht sichtbar war und das Leben der Mutter bei der Entbindung in Gefahr schwebte, zu tödten.[6]) Die Aussetzung des Moses[7]) geschah infolge der Noth und mit der gläubigen Erwartung der Rettung derselben, und ebenso wenig zeugt Ez. 16, 4 für eine hebräische Sitte.

Kindesopfer zu Ehren einer Gottheit fanden bei Phöniciern, Karthagern, Aegyptern, Babyloniern, Assyriern und den kanaanäischen Völkerschaften statt[8]), namentlich zu Ehren des Moloch. Obgleich den Hebräern dessen Verehrung bei Strafe der Steinigung verboten war[9]), so treffen wir diesen Gräuel, dem Moloch die Erstgeburten zu opfern, nicht blos im Zehnstämmereich[10]), sondern auch im Reiche Juda an.[11]) Die heil. Schrift bedient sich für die Kinderopfer verschiedener Ausdrücke, dem Moloch durch's Feuer weihen[12]), die Söhne und Töchter den Götzen Kanaans opfern, unschuldiges Blut der Söhne und Töchter vergießen[13]), die Kinder den

[1]) Histor. 5, 5: Augendae multitudini consulitur, nam et necare quemquam de genitis nefas. — [2]) Gen. 9, 5. — [3]) Ex. 21, 22 ff. — [4]) De spec. leg. pg. 612 ed. Col. — [5]) Adv. Apion. 2, 24. — [6]) Tertul. de anim. 25. — [7]) Ex. 2, 3. — [8]) Vgl. P. Scholz, Götzendienst und Zauberwesen bei den alten Hebräern. Regsbg. S. 182 ff. — [9]) Lev. 18, 21, 24 ff. 20, 2 ff. Dt. 12, 31; 18, 9 ff. 4. Kön. 16, 3; 2 Par. 28, 3. — [10]) 4. Kön. 17, 16 ff. Ez. 23, 37. Hos. 13, 2. — [11]) 4. Kön. 16, 3; 2. Par. 28, 3. vgl. Joseph Ant. IX. 12, 1; 4. Kön. 21, 6; 2. Par. 33, 6. Ez. 20, 31. — [12]) Dt. 18, 10; 4. Kön. 16, 3; 17, 17; 21, 6; 23, 10. 2. Par. 23, 3. Ez. 20, 26, 31. — [13]) Ps. 106, 38. Ez. 16, 36.

Götzen zum Essen opfern[1]), sie mit Feuer verbrennen[2]) oder schlachten.[3]) Der Ausdruck „durch's Feuer übergeben lassen" bedeutet aber nicht etwa, wie einige Rabbinen[4]) und Kirchenschriftsteller[5]) meinen, eine Art Februation durch's Feuer, ein Hindurchspringen, sondern ein wirkliches Tödten und Verbrennen[6]), wie dies schon aus der Beschaffenheit der Molochstatue erhellt; nämlich eine eherne, hohle und heizbare Statue mit zur Aufnahme der Kinder vorgestreckten Armen. Die Kinder wurden zuerst geschlachtet und dann verbrannt oder auch lebendig verbrannt. Nach Raschi[7]) suchte man das Geschrei des in den Armen des Moloch liegenden Kindes durch Paukenschlag zu übertönen, damit die Eltern das Geschrei des Kindes nicht hören und zum Mitleid bewegt werden. Weil das Opfer nicht weinen sollte, suchte man durch Küsse und andere Liebkosungen das Geschrei der Kinder zu ersticken.[8]) Der Grund dieser unnatürlichen Sitte liegt darin, der Gottheit das Beste und Theuerste, was man besaß, zum Opfer zu bringen[9]), weshalb man die Gottheit für beleidigt hielt, wenn man fremde, statt der eigenen Kinder opferte[10]), um dadurch das eigene Leben zu erhalten.

Da das Haus und die Familie durch Kinder[11]) erbaut wird, so war Kinder empfangen und gebären Gegenstand der Sehnsucht und Freude der Israeliten, namentlich der Frauen.[12]) Auf Grund des Schöpfungs- und Verheißungssegens[13]) wurde eine zahlreiche und blühende Kinderschaar als ein Segen und besondere Gnade Gottes erkannt[14]), dagegen Unfruchtbarkeit der Ehe als göttliche Heimsuchung schwer empfunden[15]) oder gar als göttliche Strafe[16]) betrachtet. Kinderlos zu sterben wird von Gott selbst als eine Bestrafung gottloser Eltern hingestellt.[17]) Zur Strafe für den wollüstigen Dienst will „Gott die Herrlichkeit von Ephraim hinwegnehmen, denn es soll kein Gebären, keine Schwangerschaft und keine Empfängniß mehr sein."[18]) Als größte Strafe erscheinen, wenn Gott die Leibesfrucht tödtet[19]), die Mutterbrüste vertrocknet[20]), der säugenden Mütter nicht schont[21]), die Schwangeren aufschneiden läßt[22]), die Mutter die Frucht ihres Leibes, das Fleisch ihrer Söhne und Töchter in der Angst und Noth ißt, zur Zeit, als der Feind das Land bedrängt, und ihrem Manne davon nichts vergönnt, noch ihren Söhnen und Töchtern die Nachgeburt.[23]) Wenn dagegen das Volk in den Geboten des Herrn wandelt, soll es im ganzen Lande keine fehlgebärende noch unfruchtbare Frau geben[24]); mit den aus dem Exile

---

1) Ez. 16, 20; 23, 37. — 2) Dt. 12, 31. Jer. 7, 31; 19, 5. — 3) Is. 57, 5. Ez. 16, 21; 23, 39. — 4) Raschi, Kimchi, Maimonides, More Neb. 3, 37 und de idol. 6, 5. Selden, de diis Syr. I, 6. — 5) Theodoret. q. 47 4. in Reg. Procop. com. in 4 Reg. 16. — 6) Joseph. Ant. IX. 12, 1. Sap. 12, 5 fl. 14, 23. Abarbanel. — 7) Zu Jer. 7, 31. — 8) Minucius Octav. 30. Tertull. Apol. 9. — 9) August. Civ. D. 7, 19. — 10) Diodor. Sic. 20, 14. — 11) Daher בֵּן filius und בַּת filia von בָּנָה erbauen (das Haus). — 12) Gen. 24, 60; 30, 1; 1. Sam. 1, 11. — 13) Gen. 1, 28; 12, 2, 7; 13, 16. — 14) Dt. 28, 4. Ps. 112, 9; 126, 3 fl.; 127, 3, 6. Prov. 17, 6. Eccl. 6, 3. — 15) Gen. 16, 2; 25, 21; 30, 1, 23; Richt. 13, 1 fl. 1. Sam. 1, 6 fl. Luc. 1, 25. — 16) 2. Sam. 6, 23. Is. 47, 8, 9; 49, 20, 21. Eccli. 42, 10. — 17) Lev. 20, 20, 21. Num. 3, 4; 1. Sam. 15, 33. Hos. 9, 12, 14. Job. 15, 34. — 18) Hos. 9, 11. — 19) Hos. 9, 16. — 20) Hos. 9, 14. — 21) Is. 13, 18. — 22) 4. Kön. 8, 12; 15, 16 Am. 1, 13. — 23) Dt. 28, 53 fl. 4. Kön. 6, 28, 29. Thr. 2, 20; 4, 10; Ez. 5, 10. Bar. 2, 2, 3. — 24) Ex. 23, 26. Dt. 7, 14; 28, 11; 30, 9.

Heimkehrenden will Gott auch Schwangere und Gebärende zurückbringen.[1]) Ueberhaupt wird in der heil. Schrift die Empfängniß auf den Schöpfungsact Gottes zurückgeführt und liegt nicht in der Macht des Menschen. Von Gottes Willen und Allmacht hängt jegliches Werden und Dasein ab. „Sollte ich den Mutterschoß erschließen und nicht gebären lassen, spricht der Herr durch Isaias[2]), oder sollte ich, der gebären macht, verschließen?" So verschloß Gott den Mutterleib der Frauen Abimelech's wegen Wegnahme der Sara[3]) und den der Anna.[4]) Sara klagt, Gott habe sie verschlossen, daß sie nicht gebäre[5]), und als sie an der Verheißung des Engels von ihrer baldigen Schwangerschaft mit Hinblick auf das Aufhören der Menstruation zweifelt, erhält sie die erneuerte Versicherung mit Hinweis auf Gottes Allmacht.[6]) Die durch ein Wunder der Gnade erfolgte Geburt gibt ihr Anlaß zum Lachen freudig staunender Verehrung, indem sie ausruft: „Ein Lachen hat mir Gott bereitet, jeder, der es hört, wird mir zulachen", d. h. sich mit mir über den noch im hohen Alter mir zu Theil gewordenen Gottessegen staunend freuen.[7]) Gott öffnet[8]) den Mutterschoß der Lia und verschließt dagegen die Rachel, und als die über ihre Unfruchtbarkeit betrübte Rachel sich an Jacob wendet: „Gib mir Kinder oder ich sterbe", antwortet dieser: „Bin ich wie Gott, der die Leibesfrucht versagt hat?" und als sie wirklich einen Sohn und aus ihrer Magd zwei Söhne geboren hatte, betrachtete sie dieselben, wie die Lia die ihrigen, für Geschenke Gottes.[9]) Nicht selten nahmen die Gatten bei Kinderlosigkeit zum Gebete ihre Zuflucht, um von Gott Kindersegen zu erflehen; so flehte Isaak für sein Weib zu Gott[10]), Rachel betete zu ihm[11]), desgleichen Anna, die Mutter Samuels, die ihr Gebet durch ein Gelübde zu verstärken suchte.[12]) Der sterbende Jacob erfleht für seinen Sohn den Segen des Allmächtigen, Segen der Brüste und des Mutterleibes.[13]) Gott ist es, welcher „die Unfruchtbare wohnen läßt im Hause als fröhliche Mutter von Kindern"[14]), welcher bewirkt, daß die Unfruchtbare sehr viele Kinder gebärt und die, welche viele Kinder hatte, schwach wird.[15]) Die Unfruchtbare und Verlassene, welche sich eines Kindersegens erfreut, soll daher dem Herrn ihr Lob singen.[16]) Doch dieser Kindersegen muß aus dem geweihten Boden der Ehe erstehen, denn das Geschlecht eines in Unzucht und Ehebruch lebenden Weibes ist verflucht und „glücklich dagegen die Unfruchtbare und Unbefleckte, die um ein Beilager in Sünden nichts weiß; Frucht wird sie haben bei Heimsuchung makelloser Seelen."[17]) Dem David will der Herr seinen Samen erwecken, der aus seinen Lenden kommen soll.[18]) Als Belohnung für ihre Gastfreundschaft kündet Eliseus der Sunamitin ihre Empfängniß an.[19])

Bisweilen scheinen Frauen im Alterthume auch natürliche Mittel angewendet zu haben, um die Fruchtbarkeit zu befördern. So verlangt die

[1]) Jer. 31, 8. — [2]) 66, 9. — [3]) Gen. 20, 18. — [4]) 1. Sam. 1, 5, 6. — [5]) Gen. 16, 2. — [6]) Gen. 18, 10 ff. — [7]) Gen. 21, 1 ff. — [8]) Gen. 29, 31. — [9]) Gen. 30. — [10]) Gen. 25, 21. — [11]) Gen. 30, 22. — [12]) 1. Sam. 1. — [13]) Gen. 49, 25. — [14]) Pf. 112, 9. — [15]) 1. Sam. 2, 5. — [16]) Jf. 54, 1. — [17]) Sap. 3, 13. [18]) 2. Sam. 7, 12. — [19]) 4. Kön. 4, 16.

unfruchtbare Rachel von ihrer Schwester Lia die Dudaim[1]), welche deren Sohn Ruben vom Felde nach Hause gebracht hat, und erhält sie, indem sie das Beilager mit ihrem Manne für diese Nacht ihr abtritt.[2]) Dudaim, welche die LXX richtig mit μῆλα μανδραγορῶν, Vulg. Mandragorae übersetzen, die Mandragora vernalis oder Alraune, ist eine krautartige Pflanze mit dicker, fleischiger und nach unten in zwei Enden ausgehender Wurzel, in welcher die Volksphantasie einen monströsen Menschenleib erblickte, großen eiförmigen, lebhaft grünen, krausen Blättern und kleinen weißlichgrünen Blüthen, aus denen im Frühjahre[3]) oder zur Zeit der Weizenernte[4]) zolldicke, angenehm riechende, hochgelbe Beeren entstehen, die sogenannten Liebesäpfel, welche bei den Arabern auch Teufelsäpfel heißen. Der Genuß derselben macht schläfrig[5]) und niedergeschlagen.[6]) Das Morgenland legte ihnen eine zur Wollust reizende, fruchtbar machende Kraft bei, und selbst im Mittelalter noch galt sie als Beförderungsmittel der Fruchtbarkeit, und überhaupt als Aphrodisiacum. Die Wurzel brauchte man zu Liebestränken[7]), und sie stand so sehr in Ansehen, daß man nach Hesychius die Liebesgöttin Mandragoritis nannte.

Gott ist es, der den Fötus im Mutterleibe bildet und ihn an's Tageslicht befördert oder zu der Geburt bringt. Die geheimnißvolle Bildung des Menschen im Mutterleibe ist nach Job ein Beweis von Gottes Allmacht und Güte. „Deine Hände haben mich gebildet und gemacht ringsum allzumal (also den Körper mit allen Theilen, Gliedern und Kräften). Gedenke, daß du wie Thon mich gemacht .... Hast du nicht wie Milch (anspielend auf den menschlichen Samen) mich hingegossen und wie Käse (zu dem aus dem Samen sich bildenden Embryo) gerinnen lassen? Mit Haut und Fleisch hast du mich umkleidet und mit Knochen und Sehnen mich durchflochten."[8]) „Hat nicht mein Schöpfer ihn (den Knecht) im Mutterleibe gebildet und uns zubereitet im Mutterschoße Einer?"[9]) Die Bildung des Menschen im Mutterschoße bleibt für den Menschen ein Geheimniß: „Ich weiß nicht, sprach die machabäische Mutter zu ihren Söhnen, wie ihr euch in meinem Mutterschoße gestaltet habet; denn nicht ich habe euch Geist, Seele und Leben gegeben, und nicht ich selbst habe Glied an Glied gefügt, sondern vielmehr der Schöpfer der Welt, welcher den Menschen bei seiner Erzeugung bildet und der Urheber des Entstehens aller Dinge ist"[10]), und „du weißt nicht, sagt der Prediger[11]), wie die Gebeine im Mutterleibe sich zusammenfügen." „Deine Hände, betet der Psalmist[12]), haben mich geschaffen und gebildet"; darum ist auch Gott der Schutz und Schirm der Gerechten vom Mutterleibe an: „Auf dich war ich gestützt vom Mutterschoße her, von meiner Mutter Leib an warst du mein Beschützer"[13]); und „du hast im Besitze meine Nieren, nahmst mich auf vom Mutterschoße."[14]) Dies gilt ganz besonders von Israel, welches „Gott schuf, vom Mutterleibe an

---

[1]) Ueber die Bedeutung vgl. Gesenius Thes. wahrscheinlich die Minne. — [2]) Gen. 30, 14, 15. — [3]) Cant. 7, 14. — [4]) Gen. 30, 14. — [5]) Lucian. Tim. 2. — [6]) Plinius 25, 94. — [7]) Dioscorid. 4, 76. Theophrast. hist. plant. 9, 10. — [8]) Job. 10, 8—11. — [9]) Job. 31, 15. Js. 44, 2, 24. — [10]) 2. Mach. 7, 22, 23. — [11]) Eccl. 11, 5. [12]) Ps. 118, 73. — [13]) Ps. 70, 6; vgl. Eccli. 50, 24. — [14]) Ps. 138, 13.

bildete[1]), welches vom Mutterleibe an aufgeladen und vom Mutterschoße an getragen wurde"[2]), und in vollster Weise vom Messias, der also zu Jehova sprechend, eingeführt wird: „Ja, du bist es, der mich gezogen aus dem Schoße, du meine Hoffnung, von den Brüsten meiner Mutter an. Auf dich bin ich gewiesen, vom Mutterschoße an, vom Leibe meiner Mutter an bist du mein Gott."[3]) Dagegen ist den Sündern ihre Bosheit gleichsam vom Mutterschoße angeboren: „Abtrünnig sind Sünder vom Mutterleibe an, gehen irre, seit sie aus dem Mutterschoße gekommen sind, und reden Lüge."[4]) Ebenso wußte Gott von Israel, daß „es treulos ist und vom Mutterleibe an abtrünnig heißt."[5])

Gott ist aber nicht blos der Schöpfer und Bildner des Menschen im Mutterschoße, sondern wendet auch ihm von seinen ersten Anfängen an seine Gnade zu; er gibt „ihm Leben und Gnade"[6]), läßt „seinen Getreuen im Mutterschoße Weisheit zu Theil werden"[7]), und heiligt sogar die, welche er zu seinem heiligen Dienste vorausbestimmt hat. „Ehe ich dich bildete im Mutterleibe, spricht Gott zu Jeremias, kannte ich dich und ehe du herausgingst aus dem Mutterschoße, heiligte ich dich, und verordnete dich zum Propheten für die Völker."[8]) Samson ward vom Mutterleibe an zum Nasiräat bestimmt.[9]) Da die Geburt des Messias aus einer jungfräulichen Mutter eine neue Schöpfung und Gottesthat, das höchste Wunder war, deshalb wird sie in der heil. Schrift ganz besonders hervorgehoben und angekündigt. Bedeutungsvoll ist, daß gleich im Protoevangelium der Sieg über den Satan dem Samen des Weibes und nicht dem Samen des Mannes zugeeignet wird.[10]) „Siehe, die Jungfrau wird empfangen und einen Sohn gebären und sie nennt seinen Namen Immanuel."[11]) „Gott schaffet Neues auf Erden, spricht Jeremias[12]), ein Weib wird einen Mann umschließen." Auch Michäas[13]) spricht von dieser wunderbaren Gebärerin. Und Isaias[14]) führt den Messias selbstredend ein: „Der Herr hat mich vom Mutterleibe an berufen, von meiner Mutter Schoß an meiner gedacht; er hat vom Mutterleibe an mich zu seinem Knecht gebildet", und Gott selbst spricht zu seinem Sohne: „Aus dem Mutterschoße vor dem Morgensterne habe ich dich gezeugt."[15]) So werden auch das Weib des Propheten Isaias und deren zwei Söhne noch vor ihrer Geburt zu Zeichen und Wundern in Israel gesetzt, um die Wege des göttlichen Zornes und der göttlichen Gnade zu sinnbilden[16]), während Gomer, das Weib des Hoseas, und ihre von ihm zu zeugenden Kinder, die bösen Früchte von Israels Abfall und Götzendienst darstellen sollen.[17])

Gewisse Vorgänge vor oder bei der Geburt dienen in der Hand Gottes dazu, zukünftige Dinge in prophetischer Weise zu sinnbilden. Daß sich die Zwillinge im Mutterleibe der Rebecca stießen, soll ihr bedeuten, daß sie zwei Völker in ihrem Leibe trage, von denen das eine mächtiger ist, als das andere, indem der Erstgeborene dem Jüngeren dienstbar sein werde. Darum

[1]) Js. 44, 2, 24. — [2]) Js. 46, 3. — [3]) Ps. 21, 10, 11. — [4]) Ps. 57, 4. — [5]) Js. 48, 8. — [6]) Job. 10, 12. — [7]) Eccl. 1, 16. — [8]) Jer. 1, 5. Eccli. 49, 9. — [9]) Richt. 13, 57; 16, 17. — [10]) S. Biblische Frauen, S. 29. — [11]) Js. 7, 14 ff. Siehe dazu und über das Folgende meine Bibl. Frauen S. 383 ff. — [12]) 31, 21. Vulg. 22. — [13]) 5, 2 ff. — [14]) Js. 49, 1, 5. — [15]) Ps. 109, 3. — [16]) Js. 8, 1—4. — [17]) Hos. cp. 1.

hielt bei der Geburt der Jüngere (Jacob) mit der über den Kopf gelegten Hand die Ferse des früher zur Welt kommenden Bruders Esau.[1]) Als Thamar Zwillinge gebar, kam eine Hand zum Vorschein, welche von der Hebamme mit einem rothen Faden umwunden wurde, um ihn (Serach) als Erstgeborenen zu kennzeichnen. Als aber das Kind seine Hand zurückzog, kam der andere (Perez) heraus, und nach ihm Serach, um so die göttliche Gnadenwahl darzustellen.[2])

Seitdem das unheilvolle Urtheil Gottes über die Stammmutter ergangen: „Viel will ich machen deine Mühseligkeit und Schwangerschaft, mit Schmerzen sollst du Kinder gebären"[3]), muß jedes Weib den Gewinn der Kinder mit den größten Opfern ihres Lebens erkaufen und so die Sünde der Stammmutter an sich büßen. So haucht z. B. Rachel bei der Geburt ihres Sohnes Benjamin ihre Seele aus.[4]) Auch das Weib des Priesters Phinees wird bei der Nachricht von der Wegnahme der Bundeslade durch die Philister infolge des Schreckens und Schmerzes früher von Geburtswehen überfallen, so daß sie eine Frühgeburt machte und starb.[5]) Die Beschwerden des weiblichen Geschlechtslebens, namentlich die Schwangerschaft, d. h. die mit derselben und der Geburt verbundenen Schmerzen sind Folgen der Sünde. Es wird daher in der heil. Schrift häufig der Zustand einer Gebärerin, namentlich die Geburtswehen als ein Zustand der Noth, Angst, Pein und Gefahr beschrieben[6]), und dieser Schmerz, namentlich der Erstgebärenden[7]) als der intensivste bei Vergleichen gebraucht. Diese Schmerzen einer Mutter sollen für das Kind ein um so stärkerer Beweggrund zur Gegenliebe sein. „Halte deine Mutter in Ehren, alle Tage deines Lebens, ermahnt Tobias seinen Sohn, denn du sollst gedenken, was und wie große Gefahren sie um deinetwillen in ihrem Leibe ausgestanden hat."[8]) „Mit deinem ganzen Herzen ehre deinen Vater und vergiß nicht des Kreißens deiner Mutter. Bedenke, daß ohne dieselben du nicht geboren wärest, und thue ihnen, gleichwie dieselben dir."[9]) Und die machabäische Mutter beschwört ihren Sohn, in seinem Martyrium standhaft auszuharren: „Mein Sohn, erbarme dich mein, die ich dich neun Monate unter dem Herzen getragen, drei Jahre gesäugt und genährt und bis zu diesem Alter erzogen habe."[10]) Wenn nun der Weise sagt: „Und in dem Schoße der Mutter wurde ich gebildet Fleisch (Körper) in zehnmonatlicher Frist, geronnen im Blute (Menstrualblute) aus Mannes Samen, indem auch die Lust beim Beischlaf nicht fehlte"[11]), so braucht man nicht nothwendig an zehn Mondmonate zu denken, sondern es ist die Zählung der zur Geburtsreife des Kindes naturgemäß erforderlichen Zeit nur allgemein, wie auch die übrigen Vorgänge in dem und für das Werden des Menschen angedeutet und eben nur der Anfang des zehnten Monates gemeint. Uebrigens

[1]) Gen. 25, 22 ff. Hos. 12, 3. — [2]) Gen. 38, 27. Vgl. Bibl. Frauen, S. 143. — [3]) Gen. 3, 16. — [4]) Gen. 35, 17. — [5]) 1. Sam. 4, 19 ff.

[6]) Dt. 2, 25. Ps. 47, 7. Eccli. 19, 11; 34, 6; 48, 21. Js. 13, 8; 21, 3; 26, 17, 18; 42, 14; 66, 7, 8. Jer. 4, 31; 6, 24; 13, 21; 22, 23; 30, 6; 48, 41; 49, 22. 24; 50, 43. Ez. 30, 16. Hos. 13, 13. Mich. 4, 9, 10.

[7]) Jer. 4, 31. — [8]) Tob. 4, 3, 4. — [9]) Eccli. 7, 29, 30. — [10]) 2. Mach. 7, 27. — [11]) Sap. 7, 2.

ist diese Zeitangabe im Alterthume[1]) sehr gewöhnlich und auch von den Kirchenschriftstellern[2]) erwähnt. Der Weise will durch obige Angaben nur beweisen, daß alle demüthigenden Umstände der Geburt des Menschen auch die seinige umgeben, selbst jene thierische, den Sinn des Menschen trübende und aufregende Wollust nicht ausgenommen.[3]) So ist denn auch er, der Weise, „ein sterblicher Mensch, gleich Allen, und ein Abkömmling des erdentstammten Erstgebildeten .... Einer ist aller Eingang in's Leben und gleicher Ausgang, und kein König hat je einen anderen Ursprung seiner Geburt gehabt.“[4]) „Nackt kam ich aus meiner Mutter Leibe, spricht Job[5]) und nackt kehre ich wieder dahin“ (in der Mutter Erde Schoß).

Doch nicht blos in körperlicher Hilflosigkeit und mit dem ersten Laute des Weinens[6]) betritt der Mensch dieses Thal der Thränen, sondern auch mit der Erbschuld Adams behaftet. Abgesehen von den zahlreichen Stellen[7]), welche die Allgemeinheit der Sünde darlegen, lehrt die heil. Schrift, daß der Mensch von Geburt aus sündhaft sei. Beachtenswerth ist zunächst, daß nach dem Ausdrucke der heil. Schrift[8]) „Adam in seiner Aehnlichkeit nach seinem Bilde einen Sohn zeugte“, d. h. er pflanzte die ihm anerschaffene Gottähnlichkeit in der Gestalt, die sie durch seine Selbstentscheidung gewonnen hatte, also nicht mehr in reiner, sondern in der durch die Sünde getrübten Form fort. „Käme doch nur ein Reiner vom Unreinen! (doch umsonst). Auch nicht Einer“[9]), welche Stelle von der Tradition auf die Erbsünde bezogen wird[10]); und: „Was ist der Mensch, daß er rein sei, daß gerecht sei der vom Weibe Geborene?“[11]) Und David ruft in seinem Schuldbewußtsein aus, indem er an die von ihrem Ursprunge an sündhaft gestaltete Natur des Menschen erinnert: „Siehe, in Missethat ward ich geboren und in Sünde empfing mich meine Mutter“[12]); nicht etwa um seine eigene Sünde damit zu entschuldigen, sondern um vielmehr gerade die

---

[1]) Nach Ovid. Fast. I, 33 soll Romulus aus diesem Grunde das Jahr auf zehn Monate festgesetzt haben. Virgil. in Pollione: Matri longa decem tulerunt fastidia menses. Pineda l. 1. de rebus Salom.

[2]) Tertull. de anim. cp. 37: Legitima nativitas ferme decimi mensis ingressus est... Ego ad Deum potius argumentabor hunc modum temporis, ut decem menses decalogo magis inaugurent hominem, ut tanto temporis numero nascamur, quanto disciplinae numero renascimur. Ambros. serm. 15 in Ps. 118. n. 16: Non possum salvo pietatis jure odisse patrem, cui debeo, quod creatus sum, matrem longo decem mensium fastidio pii foetus onera portantem, cui in absolutione plus periculi, in dilatione plus taedii est. August. l. 3. de Trin. u. ep. 135 (2. ad Volusian.), Petrus Dam. l. 2 ep. 21 (42.): Plerosque ecclesiae datores (in ea esse sententia), decem mensibus hominem in materno utero coalescere nec intra novem mensium spatium fateantur exire u. l. 7. ep. 5 ad Agn. Aug.

[3]) Vgl. Corn. a Lap. zu d. St. und Gutberlet das Buch der Weish. Münster 1874, S. 163.

[4]) Sap. 7, 1, 5, 6. — [5]) 1, 21. Eccl. 5, 14. — [6]) Sap. 7, 3. — [7]) Vgl. meine Theologie der Propheten S. 529. — [8]) Gen. 5, 3. — [9]) Job. 14, 4. Vulg.: Quis potest facere mundum de immundo conceptum semine? nonne tu qui solus es?

[10]) Origenes hom. 8 in Lev. Clemens Alex. l. 3 strom. ad finem. Cyrill. hom. 12 in Lev. August. in Ps. 50; lib. 5. Hypogn. cp. 4; l. 2 in Julian. cp. 2. Civ. Dei 20, 26. Basilius sup. Ps. 32. Vgl. Pineda zu d. St. Com. Job.

[11]) Job. 15, 14. — [12]) Ps. 50, 7.

Tiefe der menschlichen Sündhaftigkeit ohne Hehl zu bekennen[1]), deshalb geht er bis auf ihre Wurzel, die Erbsünde[2]), zurück.

Da nun das menschliche Leben ein Hauch, ein Nichts ist, schneller als ein Weberschiff dahinschwindet, ein Kriegsdienst auf Erden und wie eines Lohnarbeiters Tage[3]), von kurzer Dauer und satt von Unruhe, gleich einer Blume, die kaum aufgeblüht, schon wieder abgeschnitten wird, und einem nichtigen, flüchtigen Schatten[4]), alles Fleisch wie Heu, das verdorrt und alle seine Herrlichkeit wie die Blume des Feldes, die abfällt[5]) und nur das Grab übrig bleibt[6]), da ferner „große Mühsal geschaffen ist für alle Menschen und ein schweres Joch auf den Adamskindern lastet vom Tage an, da sie aus dem Mutterschoße kommen, bis zum Tage des Begräbnisses in die Mutter (Erde) Aller"[7]), der Mensch von allen seinen Bemühungen nichts hat, sondern Alles Irdische eitel ist, und alle Tage voll Schmerzen und Elend sind[8]): so begreift man, wenn selbst Gerechte, die dazu von Gottes Heimsuchungen noch härter betroffen werden, den Wunsch äußern, lieber gar nicht geboren worden zu sein. So verwünscht der Dulder Job die Nacht seiner Empfängniß und den Tag seiner Geburt, denn alles Leid wäre ihm dann erspart geblieben; oder wäre er doch als Embryo im Mutterleibe verschieden oder als eine Fehlgeburt zur Welt gekommen, die gleich verscharrt und vom Mutterleibe zu Grabe getragen wird.[9]) Und auch Jeremias sieht sich zu einer ähnlichen Klage veranlaßt: „Verflucht sei der Tag, an dem ich geboren ward, der Tag, an dem mich geboren meine Mutter, sei nicht gesegnet. Warum hat er mich nicht getödtet im Mutterschoße, daß meine Mutter mir das Grab geworden und ihr Schoß ewig schwanger geblieben wäre! Warum bin ich aus dem Schoße gegangen, zu schauen Mühsal und Schmerz, und daß in Schmach sich meine Tage verzehren?"[10])

Bei der Geburt wurden die Frauen schon im Zeitalter der Patriarchen von Hebammen oder Wehmüttern unterstützt[11]), doch gebaren die Israelitinnen, wie jetzt noch die arabischen Frauen, häufig so leicht, daß sie dieser Unterstützung nicht bedurften.[12]) Die Geburt eines Kindes, namentlich eines Knaben, durch welchen der Familienname fortgepflanzt wurde, ward als Festtag betrachtet[13]) und der Bote, welcher dem Vater die Freudennachricht brachte, mit ansehnlichen Geschenken belohnt.[14]) Gewöhnlich nahm der Vater in den ältesten Zeiten das Kind auf den Schoß oder die Kniee, um dadurch

---

[1]) Vgl. König Theologie der Psalmen. Freib. 1857, S. 382 ff.

[2]) So alle älteren Erklärer. Hier. zu d. St.: Hic versiculus totius generis humani casum exponit. August. zu d. St.: Suscepit personam generis humani David et adtendit omnium vincula, propaginem mortis consideravit, originem iniquitatis advertit, et ait: Ecce etc. Numquid David de adulteris natus erat, de Jesse viro justo et conjuge ipsius? Quid est, quod se dicit in iniquitate conceptum, nisi quia trahitur iniquitas ex Adam?.. Nemo nascitur, nisi trahens poenam, trahens meritum poenae. Theodoretus, Nicolaus Lyr. Vgl. Thom. de Blanc, Psalm. David. analys. Ps. 50. 4. Art.

[3]) Job. 7, 1, 6, 7, 16; 10, 20. — [4]) Job. 14, 1, 2. — [5]) Is. 40, 6—8. Eccli. 14, 18. — [6]) Job. 17, 1. — [7]) Eccli. 40, 1. Job. 5, 7. — [8]) Eccl. 1, 3—8; 2, 23. — [9]) Job. 3 u. 10, 18, 19. — [10]) Jer. 20, 14—18. Eccl. 6, 3 ff. — [11]) Gen. 35, 17; 38, 28. Ex. 1, 15. — [12]) Ex. 1, 19. — [13]) Gen. 21, 6. — [14]) Jer. 20, 15. Job. 3, 3.

das Zeugniß für die Echtheit und Rechtmäßigkeit seiner Herkunft abzulegen. Auch Mütter thaten dies bei adoptirten Kindern.[1]) Dieselbe Sitte finden wir auch bei den alten Griechen[2]), wogegen der Römer das Kind in gleicher Absicht von der Erde aufhob. Die Neugeborenen wurden, nachdem die Nabelschnur abgeschnitten, in Wasser gebadet, mit Salz abgerieben und in Windeln gewickelt.[3]) Das Einreiben mit Salz, eine im Alterthume verbreitete Sitte, hatte nicht blos den Zweck, die Haut zu reinigen und zu stärken, sondern auch eine religiöse symbolische Bedeutung, nämlich die Reinheit und Erhaltung des Lebens des Kindes zu einem gesunden Gedeihen auszudrücken. In der Regel wurden die Kinder von den Müttern selbst[4]) oder nur, wo diese gestorben oder kränklich waren und in fürstlichen Familien von Ammen gesäugt und gewartet.[5]) Debora, die Amme der Rebecca, ward in der Familie hochgeachtet.[6]) Die Knaben wurden am achten Tage beschnitten und erhielten, wie auch die Mädchen, den Namen, welcher in älterer Zeit oft nach einem merkwürdigen Umstande bei der Geburt, oder nach den Wünschen und Hoffnungen der Mutter, oder auch mit Beziehung auf Gestalt und Schönheit des Kindes gewählt wurde. Bisweilen wurden die Namen bei späteren Anlässen geändert. So wurde der Name Sarai, des Weibes Abrahams, von Gott selbst in Sara umgewandelt.[7]) Noëmi will nur mehr Mara heißen[8]) und Hadassa (Edissa) erhielt bei ihrer Thronbesteigung den Namen Esther.[9])

War das Kind ein Knäblein, so war die Mutter dem Gesetze[10]) gemäß sieben Tage unrein, wie während ihrer Menstruation, und mußte nach der Beschneidung desselben noch 33 Tage im Blute der Reinigung (Nidda), ohne Heiliges zu berühren und zum Heiligthum zu kommen, zu Hause bleiben, bis die Tage der Reinigung abgelaufen sind. Hat sie aber ein Mädchen geboren, so soll sie 14 Tage unrein sein, wie in ihrer Menstruation, und dann noch 66 Tage sich zu Hause halten. Die Unterscheidung zwischen der 7-, resp. 14tägigen Frist der Unreinheit und der 33-, resp. 66tägigen Frist, deren erstere einen größeren Grad der Unreinheit in sich schloß, denn bei der zweiten Frist galt nicht die strenge Observanz der vollkommenen Unberührbarkeit, hat ihren natürlichen Grund in den leiblichen Secretionen der Entbundenen, welche in der ersten Woche stärker und blutiger sind (lochia rubra), als die darauf folgenden mehr wässerigen und schleimigen Abgänge der lochia alba, die bis fünf Wochen andauern können, so daß erst gegen sechs Wochen nach der Geburt das Normalbefinden wieder eintritt. Auch die Verlängerung dieser Fristen bei der Geburt eines Mädchens soll ihren Grund in den Ansichten des Alterthums haben, daß die blutigen und wässerigen Abgänge nach weiblichen Geburten länger dauern, als nach

---

1) Gen. 16, 2; 30, 3; 50, 23. Job. 3, 12. Ps. 21, 11. — 2) Ilias IX, 456. — 3) Ez. 16, 4.

4) Gen. 21, 7; 1. Sam. 1, 22—24; 3. Kön. 3, 21. Ps. 100, 2. Job. 3, 12. Js. 28, 9. Hos. 1, 8. Cant. 8, 1.

5) Num. 11. 12. Ruth 4, 16; 4. Kön. 11, 2; 2 Par. 22, 11. Js. 49, 23. Vgl. Bar. 4, 8. Ex. 2, 9.

6) Gen. 27, 45, 35, 8. Vgl. Bibl. Frauen, S. 103. — 7) Gen. 17, 15. — 8) Ruth. 1, 20, 21. — 9) Esth. 2, 7. — 10) Lev. 12.

männlichen.[1]) Nach Cyrillus Alex.[2]) geschehe dies mit Rücksicht auf die Bildung des Fötus im Mutterschoße, welche beim männlichen nach 40 Tagen, beim weiblichen erst nach 80 Tagen vor sich gehen soll. Weniger stichhältig ist die Ansicht des Theodoretus[3]), weil die Mutter bei der Geburt eines Mädchens größere Schmerzen leidet, deshalb brauche sie auch längere Zeit zur Ruhe.

Nach Bähr[4]) hat die Verlängerung der Unreinheitsdauer bei einem Mädchen im Allgemeinen ihren Grund darin, daß das weibliche Geschlecht eine Stufe tiefer, als das männliche stehe, das unvollkommenere, schwächere und mit Rücksicht der periodischen Reinigung auch das unreinere ist. Mag nun allerdings ein natürlicher Grund dabei unterliegen, so fällt doch auch ein theokratisches Moment mit in's Gewicht. Nach Lange[5]) bildeten die sieben weiteren Tage bei der Geburt eines Mädchens ein Aequivalent für die Beschneidung, welche bei diesem wegfiel; es war daher nur consequent, daß die 33 Tage der Genesung zu 66 Tagen verdoppelt wurden, worin sich dann eben das Gesetz der Beschneidung noch stärker ausprägte. Daß die Fristen auf volle 40 und 80 Tage anberaumt wurden, erklärt sich aus der symbolischen Bedeutsamkeit dieser Zahlen; denn 40 ist die symbolische Zahl der Läuterung, der Scheidung von der Welt. Die Verdoppelung der 40 Tage für das neugeborene Mädchen würde sich erklären, wenn man 40 Tage für das Mädchen und 40 Tage für die Mutter rechnet, welche Verdoppelung auf den beschnittenen Knaben keine Anwendung finden konnte.

Nach Ablauf dieser Tage der Reinigung hatte die Mutter ein Reinigungsopfer im Tempel zu bringen, und zwar ein einjähriges Lamm zum Brand- und eine junge Taube oder Turteltaube zum Sündopfer, damit der Priester sie vor Jehova versöhne und sie von ihrem Blutgange rein werde. Bei großer Dürftigkeit konnte das Lamm durch eine Taube ersetzt werden. Bei den verordneten Opfern tritt die Gleichstellung des Mädchens mit dem Knaben wieder hervor. Das Brandopfer galt als Weihe des neuen Lebens, das Sündopfer aber war nicht etwa eine Sühne für die Geschlechtslust bei der Empfängniß, wie Lyranus meint, sondern ein Bekenntniß und Erinnerungsmittel an das von Eva abstammende Verderben der menschlichen Natur, also ein Sündopfer für das Kind, welches die Erbsünde auf sich hat, und für die Mutter, deren Zustand der Unreinheit Folge derselben Sünde ist, und ein Bekenntniß des Messias, der, nachdem ein Weib die Sünde in die Welt gebracht, die Welt wieder mit Gott versöhnen sollte.[6]) Die Reinigungszeit und das Reinigungsopfer gelten daher nicht blos der Mutter[7]), sondern sind für Mutter und Kind gemeinsam.[8]) Es ist gewiß bedeutungsvoll, daß die mit Zeugung und Geburt, oder überhaupt mit dem Geschlechtsleben zusammenhängenden Erscheinungen

---

[1]) Hippocrates I. pg. 393. Opp. Aristoteles h. an. 6, 22. 7, 3. Francisc. Valesius lib. de s. philos. cp. 18 (bei Corn. a Lap.) — [2]) Lib. 15, de ador. in sp. ad finem. Maldonat zu Luc. 2, 22. — [3]) Int. 14. in Levitic. — [4]) Symbolik des mos. Cultus. Heidelb. 1839. 2. Bd. S. 490. — [5]) Theolog. Bibelwerk. Bielef. 1874. Levit. S. 177. — [6]) Gal. 3, 24. Röm. 7, 24; 8, 19 fl. Phil. 3, 21. Cyrillus Alex. l. 15 de ador. in spir. — [7]) Maldonat in Luc. 2, 22. Corn. a Lap. — [8]) Aug. q. 40. Hugo, Rupertus z. d. Stelle, Beda Luc. 2.

und Zustände, wie Samenergießung, Beischlaf, Menstruation und die Entbindung einerseits, und die mit dem Tode in Verbindung stehenden Zustände, also der Eintritt in dieses Leben und der Austritt aus demselben, die beiden Pole des menschlichen Lebens, mit Unreinheit behaftet sind. Diese Reinigungsgesetze sind aber nicht Vorschriften zur Beförderung der leiblichen Reinigkeit und des Anstandes, keine Polizei- und Sanitätsgesetze, sondern levitische theokratische Gesetze, welche die Israeliten stets erinnern, daß infolge der Sünde der Tod in die Welt gedrungen, dessen Keim schon in der Zeugung und Geburt liegt, und auch in verschiedenen mit dem Geschlechtsleben zusammenhängenden Erscheinungen in besonders auffälliger und widriger Weise zu Tage tritt, ihnen daher einen gründlichen Abscheu vor Allem, was Sünde ist und heißt, einpflanzen, den gefallenen Menschen zu seiner steten Demüthigung bei allen Hauptvorgängen des natürlichen Lebens mahnen, wie Alles, auch die leibliche Natur, dem Fluche der Sünde unterliege, ihm den Weg zeigen, wie er aus diesem unreinen Zustande wieder in die Gemeinschaft des heil. Gottes gelangen könne und endlich die Sehnsucht nach der Erlösung von dem auch der Leiblichkeit anhaftenden Fluche wach halten sollten. Sodann hatte die Mutter das männliche erstgeborene Kind dem Jehova darzustellen und mit 5 Sekel Silber zu lösen.[1])

Zu diesen Reinigungsgesetzen finden wir bei den alten Völkern viele Parallele. Bei den alten Indiern waren Mutter und Kind 10 Tage unrein, der Vater und die Wöchnerin reinigten sich durch Bäder, das Haus wird durch Besprengung mit Weihwasser und die übrigen Bewohner durch sorgfältiges Waschen gereinigt.[2]) Bei den Persern ist die Gebärerin unrein, muß 40 Tage ohne Umgang mit Menschen leben, dann sich 30mal waschen und kann erst nach weiteren 40 Tagen den Mann sehen. Auch das neugeborene Kind ist unrein, verunreinigt den Berührenden und muß durch Waschen gereinigt werden.[3]) Für Fehlgeburten gibt es eigene Reinigungsgesetze.[4]). Bei den Muhammedanern ist das Weib 40 Tage nach der Entbindung unrein. Auch die Griechen hüteten sich, einer Wöchnerin zu nahen, um sich nicht zu verunreinigen[5]); die Gebärerin durfte zu keinem Altare hinzutreten und ging erst nach 40 Tagen zum Heiligthum.[6]) Auf Delos und im Bereich des Aesculaptempels durfte kein Weib gebären, um dieses heilige Gebiet nicht zu verunreinigen.[7]) Wöchnerin und Kind mußten ein Bad erhalten.[8]) Am fünften Tage nach der Geburt fand die Lustration und am zehnten Tage die Namensgebung des Kindes statt. Auch die Römer beobachteten diese Gebräuche. Die Wöchnerin galt als unrein und mußte sich baden[9]); die Knaben erhielten am neunten, die Mädchen am achten Tage ihre Namen, welcher Tag dies lustricus hieß, weil auch gewisse Lustrationen am Kinde stattfanden.[10]) Am fünften Tage brachte man für das Kind auch

---

[1]) Num. 18, 15 ff. vgl. 4, 47 u. Lev. 25, 5. — [2]) Manu 5, 88. 61 ff. 66. — [3]) Kleuker Zendavesta: III S. 222, 232 ff. — [4]) Vendid. 5, 136 ff. 7, 151 ff. — [5]) Theophrast. charact. 16. — [6]) Eurip. Iphig. Taur. 357. 388. Censorin. de die. nat. 11, 7. — [7]) Thucid. 3, 104. Pausan. 2, 27. 1. — [8]) Callim. hymn. in Del. 123 ff.; in Jov. 16 ff. — [9]) Terent. Andr. 3, 2. 3. — [10]) Plutarch. quaest. rom. 102. Pers. 2, 31 ff. Macrob. Sat. 1, 16.

Opfer dar.[1]) Aehnliche Gebräuche finden wir bei allen wilden Völkern Asiens, Afrikas und Amerikas.

Die Entwöhnung des Kindes erfolgte spät, nach zwei bis drei Jahren[2]) und wurde mit einem fröhlichen Mahle gefeiert[3]), bei besonderer Veranlassung auch mit Darbringung eines Opfers.[4]) Welch' hervorragenden Antheil die Mutter bei Erziehung ihrer Kinder hatte, ist bereits oben besprochen worden[5]); die Lehren, welche die Mutter in's zarte Kindesherz gepflanzt, wirken auch im späten Alter noch nachhaltig. Ist die Liebe stark wie der Tod, so gilt dies besonders von der Mutterliebe, welche der Mutter gegen ihre Säuglinge eingepflanzt ist. Die Mutterliebe wird daher gern bei Vergleichen gebraucht[6]), namentlich wenn sie nur Einen Sohn besitzt.[7]) In seinem weisen Urtheile bei dem Streite zweier Frauen um das lebendige Kind appellirt Salomon bei seinem scharfen psychologischen Blicke an die Mutterliebe, die sich nie verläugnet, sondern der Theilung des Kindes sich widersetzte, und da er darin die wahre Mutter erkennt, läßt er dieser das Kind lebendig übergeben.[8]) Nach Jeremias[9]) beweint Rachel nach ihrem Tode noch ihre in's Exil abgeführten Kinder und will sich nicht trösten lassen. Als der König David die zwei Söhne Sauls aus seinem Kebsweibe Respha den Gabaonitern zur Kreuzigung übergeben hatte, um eine alte Blutschuld zu sühnen, wachte die trauernde Mutter bei den Leichnamen Tag und Nacht, um sie gegen Raubvögel und wilde Thiere zu vertheidigen. Diese rührende mütterliche Sorgfalt bewog den König, die Leichname im königlichen Grabe Saul's bestatten zu lassen.[10]) Rührend ist die Liebe und Besorgniß der Mutter Anna um den in der Ferne weilenden Sohn Tobias, die in ihm den ganzen Reichthum sieht und in seinem Besitze lieber arm sein will[11]), die unaufhörliche Thränen vergießt und alle Tage auf eine Anhöhe eilt, um den etwa ankommenden Liebling zu erspähen[12]) und die Tage seiner Rückkehr zählt. Bekannt ist die Liebe Sara's zu ihrem Sohne Isaak[13]), der Hagar zu Ismael[14]), der Jochabed zu Moses[15]), der Anna, Samuels Mutter. Samsons Mutter soll während ihrer Schwangerschaft von Wein und Unreinem sich enthalten, damit ihr Kind schon vom Mutterleibe an ganz dem Herrn angehöre.[16]) Susanna's Eltern unterwiesen ihr Kind in Gottesfurcht.[17]) Am höchsten und selbst für christliche Mütter nachahmungswürdig steht die machabäische Mutter, welche freudig ihre sieben Söhne dem Herrn zum Opfer brachte und sie mitten in ihren Qualen zur Standhaftigkeit ermunterte, ja das jüngste Kind beschwört, sich seiner Brüder würdig zu erweisen, damit sie dieselben im ewigen Leben wiederfinde.[18]) Welches Gegenbild dazu ist Athalia, welche alle übrigen Erben des königlichen Thrones ermordete.[19]) Wenn demnach Vater und Mutter ein Kind verlassen[20]), ist das ein Zeichen der größten Noth.

Mutterliebe macht Kindesliebe zur heiligen Pflicht. In allen Hauptgeboten, welche Kinder gegen ihre Eltern zu erfüllen haben, wird stets

---

[1]) Plaut. Truc. 2, 4. 69. — [2]) 2. Mach. 21, 8. — [3]) Gen. 21, 8. — [4]) 1. Sam. 1, 23 f. — [5]) Siehe § 1. — [6]) Js. 1, 2; 44, 21; 46, 3, 4; 49, 15; 66, 13. — [7]) 2. Sam. 1, 16. Prov. 4, 3. — [8]) 3. Kön. 3, 16 fl. — [9]) 31, 15. — [10]) 2. Sam. 21, 8 fl. — [11]) Tob. 5, 23 fl. — [12]) Tob. 10, 4 fl. — [13]) Gen. 21, 9 fl. — [14]) Gen. 21, 16 fl. [15]) Gen. Ex. 2, 2 fl. — [16]) Richt. 13, 7. — [17]) Dan. 13, 3. — [18]) Vgl. Bibl. Frauen, S. 362 fl. — [19]) 4. Kön. 11, 1. — [20]) Ps. 26, 10.

neben dem Vater auch die Mutter genannt, ja was Ehrfurcht betrifft, geht selbst die Mutter dem Vater vor.[1] Nach dem Dekalog hat das Kind auch die Mutter zu ehren[2], und nach den Aussprüchen der heil. Schrift vom Gesetze der Mutter nicht abzulassen[3], sie alle Tage in Ehren zu halten[4] und nicht der Schmerzen derselben zu vergessen, sowie ihr Gutes zu thun[5], denn Gott selbst hat das Recht der Mutter bestimmt.[6] Ein weiser Sohn ist die Freude seiner Mutter.[7] „Wer seine Mutter ehrt, sammelt Schätze“[8]; „der Mutter Fluch zerstört die Häuser der Kinder vom Grunde aus.“[9] Wenn ein Sohn auch zu hohen Ehren gelangt ist, soll er seiner Mutter nicht vergessen.[10] „Wer seiner Mutter fluchet, dessen Leuchte soll erlöschen.“[11] „Ein Auge, das seinen Vater verspottet und verachtet, von seiner Mutter geboren zu sein, das sollen die Raben am Bache aushacken und die jungen Adler fressen.“[12] Wer seinen Vater oder seine Mutter schlägt[13] oder ihnen flucht, soll sterben[14], sein Blut sei auf ihm.“[15] „Verflucht sei, wer Vater und Mutter nicht ehrt, und alles Volk soll sagen: Amen[16], oder wer seine Mutter erbittert.“[17] „Wer den Vater vergewaltigt und die Mutter verstößt, ist ein schmachvoller und schändlicher Sohn.“[18] Die altgewordene Mutter soll man nicht verachten.[19] „Die Schuld, welche die Mutter ob der Schwäche ihres Alters sich zuzieht, wird ihm reichlich vergolten werden.“[20] Ein thörichter Sohn bereitet seiner Mutter Betrübniß[21], verachtet sie[22], thut ihr Schmach an[23], ist ihr Schmerz[24]; die Mutter kann auch einen widerspenstigen Sohn der Strafe überliefern.[25] Wer Vater und Mutter bestiehlt und dies noch dazu für keine Sünde hält, ist einem Mörder gleichzuachten und verdient gleiche Strafe mit ihm.[26]

§ 9. Das Kebsweib.

Das Princip der Ehe als einer geistig-leiblichen Einheit von Mann und Weib, einer Verbindung, welche Beide zu Einer Person macht, hat die Monogamie gleich von Anfang an zur Voraussetzung und ist in der Genesis (2, 24) so bestimmt ausgesprochen, daß man das Verbot der Vielweiberei, welche offenbar dem Geiste der alttestamentlichen Religion widerstrebte, auch im mosaischen Gesetze statuirt erwarten sollte. Dieses schweigt darüber, duldete mithin die Polygamie, die sich aus Sitte und Gewohnheit herausgebildet hatte, ja setzt sie als erlaubt voraus.[27] Wir haben oben als Hauptgrund der Duldung der Polygamie die Herzenshärte des zur Fleischeslust gleich allen orientalischen Völkern so sehr geneigten israelitischen Volkes angegeben. Die schwer zu bändigende Sinnlichkeit, wie sie sich besonders in

---

[1]) Lev. 19, 3, siehe oben S. 9. — [2]) Ex. 20, 12. Dt. 5, 16. — [3]) Prov. 6, 20; 1, 8. — [4]) Tob. 4, 3. — [5]) Eccli 7, 29. — [6]) Eccli 3, 3. — [7]) Prov. 23, 25. — [8]) Eccli 3, 5. — [9]) Eccli 3, 11 fl. — [10]) Eccli 23, 18, 19. — [11]) Prov. 19, 20. — [12]) Prov. 30, 17. — [13]) Ex. 21, 15. — [14]) Ex. 21, 17. — [15]) Lev. 20, 9. — [16]) Dt. 27, 6; vgl. Prov. 30, 11. — [17]) Eccli 3, 18. — [18]) Prov. 19, 26. — [19]) Prov. 23, 22; 15, 20. — [20]) Eccli 3, 16. — [21]) Prov. 10, 1. — [22]) Prov. 15, 20. — [23]) Ez. 22, 7. — [24]) Prov. 17, 25. — [25]) Dt. 21, 18 fl. — [26]) Prov. 28, 24. — [27]) Lev. 15, 18; Dt. 21, 15.

der Leidenschaft für die mit geschlechtlichen Ausschweifungen verbundenen canaanitischen und syrischen Götzenculte kundgab, bestimmte den Gesetzgeber, die Polygamie als das kleinere unter den Uebeln zu dulden, und insofern mag die Polygamie als Damm gegen Unsittlichkeit und Unzucht gelten. Wie oft wäre bei streng vorgeschriebener Monogamie das Leben einer unfruchtbaren Frau gefährdet gewesen! Die Polygamie entspricht zwar nicht dem Wesen der Ehe, ist aber deshalb nicht Unzucht, weil sie ein stehendes legitimes Verhältniß bildet; da sie weder dem Naturgesetze, noch dem Hauptzwecke der Ehe, der Kindererzeugung, widerstreitet, wohl aber secundären Zwecken der Ehe, die jedoch in außerordentlichen Fällen ersterem weichen können, konnte Gott seinem erwählten Volke gegenüber Dispens eintreten lassen.[1]) Als weitere Gründe zur Einführung der Vielweiberei werden auch physische Bedürfnisse und klimatische Verhältnisse angeführt, weshalb dieselbe namentlich bei den Südländern vorkommt. Wir finden dieselbe bei den Persern[2]), Indern[3]), Medern[4]), Aegyptern[5]) und bei den Muhamedanern. Der Koran, welcher außer vier gesetzmäßigen Frauen noch eine Unzahl Nebenfrauen gestattet, gesteht selbst das Bedenkliche desselben zu: „Ihr könnt euch nicht in jeder Hinsicht gleich gegen verschiedene Weiber benehmen.“[6]) Doch diese Einrichtung hat weder in der physischen noch psychischen Organisation der Geschlechter ihren Grund. Es ist geradezu moralisch unmöglich, daß ein Mann alle seine Frauen mit gleicher Liebe und demselben Vertrauen behandelt, auch theilt das weibliche Herz die Liebe ihres Mannes nicht gern mit einer andern.

Die Polygamie vernichtet alle geistige Liebe im Ehestande; die eheliche Liebe gibt das eigene Selbst gänzlich hin und verlangt die gleiche Gegenliebe; eine solche kann dort nicht stattfinden, wo die Frau als Eigenthum und Waare des Mannes betrachtet wird, deren er sich jeden Augenblick entledigen kann. Die Eifersucht zwischen den verschiedenen Frauen, welche fast unausbleibliche Folge der Polygamie ist[7]), machte das häusliche Leben durchaus nicht angenehm. Abgesehen von der glühenden Rache und wachsenden Eifersucht der eingeschlossenen Bewohnerinnen der Harems sind diese die Brutstätten von unnatürlichen Lastern, von Meuchelmord und Vergiftung. Als weiterer Grund für die Zulassung der Polygamie wird die Erzielung einer zahlreichen Nachkommenschaft angegeben. Dies mag insofern zumeist zutreffen, wenn man die absolute Zahl der Kinder in's Auge faßt, keineswegs aber bei relativer Zählung. Reisende bestätigen, daß diejenigen Orientalen, welche sich mit einer Frau begnügen, meistens mehr Kinder zeugen, als die, welche mehrere Frauen haben.[8]) Die Körperkraft des männlichen Geschlechtes wird durch das Zusammenwohnen mit den Concubinen-Sclavinnen so aufgezehrt, daß die muhammedanische Population allenthalben höchst bedenkliche Zahlenabnahmen zeigt.[9]) Lassen wir hier einige Zahlen sprechen. Abraham zeugte aus der Hagar

[1]) Vgl. Bibl. Frauen, S. 59. — [2]) Strabo 15, 733. Herod. 1, 135; 3, 88. — [3]) Strabo 15, 714. — [4]) Strabo 11, 526. — [5]) Diodor. Sic. 1, 80. Hengstenberg, Büch. Mosis, S. 210. — [6]) Sur. 4, 3. — [7]) Gen. 30, 1. Sam. 1, 2 ff. 2. Par. 11, 21. — [8]) Jahn, Bibl. Archäol. 2. Bd. S. 239. — [9]) C. Pischon, der Einfluß des Islam ꝛc. Leipzig 1881. S. 12.

den Ismael, aus Sara den Isaac, und obgleich hochbetagt, aus Ketura noch sechs Söhne.[1]) Jacob erhielt aus seinen zwei Frauen und deren zwei Mägden zwölf Söhne[2]) und mehrere Töchter[3]), von denen nur eine (Dina) mit Namen angeführt wird. Die zwei ersteren Frauen Esau's schenkten ihm je einen Sohn und die dritte drei Söhne.[4]) Kaleb zeugte mit Azuba drei Söhne und eine Tochter, mit Ephrata einen Sohn, mit einem Kebsweibe drei Söhne und mit Maacha mehrere Söhne.[5]) Juda erhielt aus seinem Weibe drei Söhne und aus Thamar Zwillinge[6]), Joseph aus der Asnat zwei Söhne[7]); dem Assur gebaren seine zwei Weiber sieben Söhne.[8]) Amram hatte mit Jochabed zwei Söhne und eine Tochter[9]), Aaron aus Elisabeth vier Söhne[10]), Moses aus Sephora zwei Söhne.[11]) Elkana zeugte mit seinem ersten Weibe Phenenna mehrere, wahrscheinlich zehn Kinder[12]), mit Anna außer Samuel drei Söhne und zwei Töchter[13]), Isai, der auch nur eine Frau hatte[14]), besaß acht Söhne und zwei Töchter.[15]) Der König Saul erhielt aus seinem Weibe Achinoam vier Söhne[16]) und aus seinem Kebsweibe Respha zwei Söhne.[17]) Dem David wurden in Hebron von sechs Frauen je ein Sohn geboren[18]); dazu nahm er sich noch andere Frauen, mit denen er Söhne und Töchter zeugte. Von Ersteren werden neun namentlich angeführt.[19]) Dazu kamen noch die Söhne der Kebsweiber[20]) und die vier Söhne der Bethsabee.[21]) Dem Semei wurden sechzehn Söhne und sechs Töchter geboren.[22]) Jehiel zeugte mit seinem Weibe zehn Söhne[23]), Gedeon mit mehreren Frauen siebzig Söhne[24]), Jair dreißig Söhne[25]), Abesan dreißig Söhne und dreißig Töchter[26]), Abdon hatte vierzig Söhne und dreißig Enkel[27]), doch wird bei diesen die Zahl der Frauen nicht angegeben. Salomon hatte 700 Frauen und 300 Kebsweiber[28]), und doch wird nur eines Sohnes Roboam erwähnt.[29]) Wenn er vielleicht auch noch mehrere Kinder hatte, so war doch die Zahl derselben nicht groß. Der König Roboam hatte achtzehn Weiber und sechzig Kebsweiber und aus diesen achtundzwanzig Söhne und sechzig Töchter[30]) und Abia vierzehn Weiber, mit denen er zweiundzwanzig Söhne und sechzehn Töchter zeugte.[31])

Die Polygamie scheint meistens auf zwei Frauen beschränkt gewesen zu sein; so hatte der Levit Elkana zwei Frauen und der Hohepriester Jojada gab dem Könige Joas zwei Weiber, mit denen er Söhne und Töchter zeugte.[32]) Obgleich das Königsgesetz als Regel aufstellte, daß ein König nicht viele Frauen haben solle[33]), hielten doch viele Könige, wie auch Herodes[34]), große Harems. Zwar setzten die älteren Gesetzeslehrer fest, daß kein Jude über vier Weiber zugleich und ein König höchstens achtzehn

[1]) Gen. 25, 1; 1. Par. 1, 32. — [2]) Gen. 29; 30. 1. Par. 2, 1 ff. — [3]) Gen. 37, 35; 46, 7. — [4]) Gen. 36, 1 ff.; 1. Par. 1, 35. — [5]) 1. Par. 2, 18 ff. — [6]) Gen. 38, 1 ff. 1. Par. 4, 1. — [7]) Gen. 41, 45, 50; 46, 20. — [8]) 1. Par. 4, 1. — [9]) l. c. 6, 3, — [10]) 1. Par. 6, 3. col. Ex. 6, 23. — [11]) Ex. 2, 22; 18, 3, 4; 1. Par. 23, 15. — [12]) 1. Sam. 1, 8. — [13]) 1. Sam. 2, 21. — [14]) 1. Sam. 22, 3. — [15]) 1. Sam. 16, 11; 17, 12; 1. Par. 2, 16. — [16]) 1. Par. 8, 33; 9, 39. — [17]) 2. Sam. 21, 8 ff. — [18]) 2. Sam. 3, 2 ff. 1. Par. 3, 1. — [19]) 2. Sam. 5, 13 ff. 1. Par. 4, 3 ff. — [20]) 2. Sam. 5, 13; 1. Par. 3, 9. — [21]) 2. Sam. 5, 14. 1. Par. 3, 5. — [22]) 1. Par. 4, 27. — [23]) 1. Par. 9, 35 ff. — [24]) Richt. 8, 30. — [25]) l. c. 10, 4. — [26]) l. c. 12, 9. — [27]) l. c. 12, 14. — [28]) 3. Kön. 11, 3. — [29]) 1. Par. 3, 10. — [30]) 2. Par. 11, 21. — [31]) 2. Par. 13, 21. — [32]) 2. Par. 24, 3. — [33]) Dt. 17, 17. — [34]) Joseph. Ant. XVII. 1, 3.

haben sollte[1]); allein es scheint dies eben ein guter Rath gewesen zu sein, denn der allgemeine Grundsatz lautete, jeder könne sich Weiber nehmen, so viel er wolle, wenn er sie nur ernährt[2]); weshalb Maimonides[3]) schreibt: Licet homini ducere quot voluerit uxores, etiam centum idque sive simul, sive alteram post alteram. Neque impedire potest eum uxor ejus, modo si ei suppetat, quo singulis victum, vestitum ac debitum conjugale praestet.

Indeß hat der Gesetzgeber die Polygamie durch manche Verordnungen zu erschweren gesucht. So war die Entmannung junger Männer durch Wegschneiden der Genitalien gesetzlich[4]) verpönt, in Folge dessen es an zuverlässigen Eunuchen für die Harems fehlte. Ob die hebräischen Könige Verschnittene hielten, ist ungewiß, denn das dafür gebräuchliche Wort Saris bedeutet auch einen Hofbeamten überhaupt.[5]) Durch die Vorschrift der jedesmaligen tagelangen Unreinheit in Folge eines Beischlafes[6]) war der häufige geschlechtliche Umgang, folglich auch die Polygamie, indirect verleidet. Da ferner dem Manne die Pflicht auferlegt wurde, jeder Frau und selbst dem Kebsweibe gleichmäßig die eheliche Pflicht zu leisten[7]), so wurde dadurch der Vielweiberei als einem Gegenstande des bloßen Luxus gesteuert. Das Verbot einer gleichzeitigen Ehe mit zwei Schwestern räumte auch manche Gelegenheit zur Bigamie hinweg, welche die gleiche Liebenswürdigkeit beider oder auch der Wunsch des Vaters, mehrere Töchter zugleich zu versorgen, herbeiführte. Auch der Zwang zur Leviratsehe, welcher die Heirath einer zweiten Frau veranlassen konnte, wird wenigstens rechtlich aufgehoben.

Ueberhaupt tritt durchwegs in der heil. Schrift mehr das Bestreben hervor, der ideellen Auffassung der Ehe als Monogamie Anerkennung zu verschaffen. Selbst das Benehmen der Patriarchen spricht mehr für Monogamie, als für Polygamie. Obgleich Sara unfruchtbar war und Abraham sich nach Nachkommenschaft sehnte, so macht er sich doch eher mit dem Gedanken vertraut, seinen Diener Eliefer zum Erben einzusetzen, als noch eine zweite Frau zu nehmen. Nur auf ausdrücklichen Wunsch der Sara nimmt er die Magd zum Kebsweibe, entläßt sie aber auch auf Verlangen derselben. Isaac und Joseph lebten in monogamischer Ehe. Jacob wollte nur die Rachel ehelichen. Doch der Betrug Labans nöthigte ihm auch die Lia auf. Bei Privatleuten scheint die monogamische Ehe die gewöhnliche Form gewesen zu sein, selbst bei Reichen. So hatte Nabal, der sonst nicht als Muster der Vortrefflichkeit erscheint, nur ein Weib[8]) und ebenso der reiche Mann der Sunamitin.[9]) Höchstens hielt man neben der einen Gattin mehrere Kebsweiber. In der nachexilischen Zeit scheint die Polygamie immer mehr abgenommen zu haben; im 11. Jahrhunderte sprach R. Gerson im Vereine mit mehreren gelehrten Autoritäten den Bann gegen denjenigen aus, welcher zwei Frauen heirathen würde. Diese Anordnung fand auch bald allgemeine gesetzliche Geltung, und zwar selbst in Bezug auf die

---

[1]) Othon. Lex. rabb. p. 528. Selden jus nat. et gent. 5, 6. Buxtorf spons. p. 47. Michaelis Mos. Recht II. 171 ff. — [2]) Selden uxor heb. l. 1. cp. 9. — [3]) Tr. Ischut cp. 14. — [4]) Dt. 31, 1 ff. — [5]) Vgl. Jer. 38, 7. — [6]) Lev. 15, 18. — [7]) Ex. 21, 8 ff. — [8]) 1. Sam. 25, 14 ff. — [9]) 4. Kön. 4, 9.

Leviratsehe, wenn der Schwager schon eine Frau hatte.[1]) Maßgebend war dann Dt. 25, 7 ff.

Von diesen gleichsam rechtmäßigen, im Genusse aller bürgerlichen Rechte stehenden Ehefrauen sind die Kebsweiber oder Beischläferinnen zu unterscheiden. Das Halten von Kebsfrauen, Pillegesch[2]), bildet, wie dieser Name schon besagt, eine Art Concubinat, welches neben der rechtmäßigen Ehe, nicht aber ohne bestehende oder bestandene Ehe existirte. Die Kebse sind demnach Frauen zweiten Ranges, welche nach dem Talmud[3]) ohne weitere Förmlichkeiten, ohne Eheverschreibung (Ketuba) und Antrauung (Kidduschin) genommen wurden, wohlfeiler zu erhalten und auch leichter zu entlassen waren. Obgleich dieser Concubinat schon in der ältesten biblischen Zeit vorkommt, so erwähnt die mosaische Gesetzgebung der Kebsfrauen nicht, wie überhaupt dieser Ausdruck in den vier letzten Büchern des Pentateuches gar nicht vorkommt, woraus man wohl nicht mit Unrecht schließen kann, daß der Gesetzgeber dieses Verhältniß nicht recht billige und demnach nicht als berechtigt anführen wolle. Das Verhältniß der Kebsfrauen zu den rechtmäßigen Frauen ist nicht überall ganz klar. Im Allgemeinen nehmen sie eine untergeordnete Stellung im Hause ein, welche zu verschiedenen Zeiten und nach Maßgabe der Umstände verschieden war. So blieb Hagar, welche Sarai dem Abraham beigelegt hatte, um aus ihr Kinder zu erzielen, und welche Ischa, d. i. Ehefrau[4]), und nicht Pillegesch genannt wird, eine bloße von ihrer Gebieterin abhängige Magd im Hause.[5]) Auch Ketura ist, obgleich sie Gen. 25, 1 als Ischa angeführt wird, die Kebsfrau Abrahams, weil sie an anderen Stellen[6]) ausdrücklich so bezeichnet wird. Die zwei Mägde Bala und Zelpha, welche von den Frauen Jacobs diesem zugeführt werden, und zwar als Frauen[7]), und von denen eine wiederum später ausdrücklich Pillegesch[8]) genannt wird, stehen zwar in einem besseren Verhältnisse, nehmen aber doch eine untergeordnete Stellung ein und werden meistens als Mägde[9]) angeführt. Selbst bei Privatpersonen zur Richterzeit finden wir Kebsweiber. So hatte Gedeon ein Kebsweib, aus welcher er den Abimelech zeugte[10]), die gleichfalls als Magd[11]) bezeichnet wird. Jephte war der Sohn

---

[1]) Eben Haeser cp. 1. § 10. Bet. Joseph.

[2]) Die Ableitung des Wortes פִּלֶגֶשׁ und פִּילֶגֶשׁ (entsprechend die chaldäischen Formen פִּלַקְתָּא ,פִּילַקְתָּא), welches auch in das Griechische πάλλαξ, παλλακίς, παλλακή, und das Lateinische pellex, wahrscheinlich durch die Phönicier übergegangen ist, bleibt unsicher. Vergl. Gesenius, thesaurus z. d. W. Am meisten dürfte das Zurückführen auf פָּגַשׁ (mit Vergleich des arabischen mása = subegit puellam) für sich haben, so daß die Bedeutung concubina gerechtfertigt wäre. Saalschütz hält die erste Silbe für den ägyptischen Artikel und stellt es mit dem chaldäischen לְחֵנָה Dan. 5, 2 (concubina) zusammen. Das altdeutsche Wort Kebse (kebsen, bekebsen, verkebsen), im Angelsächsischen Cyfese, im Spanischen Mancéba, im Holländischen Kevesen wird auch verschieden abgeleitet, z. B. vom lateinischen cubare. Am wahrscheinlichsten ist die Ableitung von dem schwedischen und isländischen Kaeps, Kaebs, ein Leibeigener, denn ehedem pflegte man leibeigene Personen am häufigsten zu Beischläferinnen zu wählen. Nach Adelung scheint dieses Wort eine Person von geringerer, schlechterer Art bedeutet zu haben.

[3]) Sanhed 21. Maimonides Tr. Melach. 4, 4 und Ischut 1, 4. — [4]) Gen. 16, 3. — [5]) Gen. 16, 6, 9. — [6]) Gen. 25, 6; 1. Par. 1, 32. — [7]) Gen. 30, 4, 9. — [8]) Gen. 35, 22. — [9]) Gen. 33, 1, 2, 6. — [10]) Richt. 8, 31. — [11]) l. c. 9, 18.

eines Kebsweibes des Galaad.[1]) Kaleb hatte neben seinen zwei Weibern noch zwei Kebsweiber.[2]) Esriel zeugte mit seiner syrischen Kebse den Machir.[3]) Das Kebsweib eines Leviten zur Richterzeit unterscheidet sich in nichts von einer Ehefrau, ja tritt ganz eigenmächtig auf, wird dem Manne untreu und verläßt ihn, so daß er selbst in das Haus seines Schwiegervaters geht und ihr zu Herzen redet, bis sie ihm folgt. Obwohl sie meistens Kebsweib[4]) genannt wird, heißt doch der Levit ihr Mann[5]), beziehungsweise „Schwiegersohn.“[6]) Saul hatte eine Kebsfrau, Respha, welche Abner nach dessen Tode sich aneignete, weshalb Sauls Sohn, Isboseth, ihn zu Rede stellte, als mache er durch Zueignung derselben Ansprüche auf Thronfolge[7]); denn der Thronfolger erbte zugleich die Frauen des verstorbenen Königs.[8]) David hatte außer seinen Frauen mehrere Kebsfrauen[9]); zehn derselben ließ er bei seiner Flucht als Wächterinnen seines Palastes zurück[10]), mit welchen dann sein Sohn Absalom öffentlich Beilager hielt.[11]) Joab machte dem David zum Vorwurfe, daß er durch seine übermäßige Trauer um Absalom das Gefühl seiner Frauen und Kebsfrauen verletze.[12]) Salomon hatte 300[13]), sein Sohn Roboam 60 Kebsweiber.[14]) Das Hohelied[15]) spricht von 60 Königinnen (Frauen ersten Ranges), unter denen Eine als Favoritin erscheint, 80 Kebsweibern und zahllosen Mägdeleins, welche jenen als Aufwärterinnen und Dienerinnen beigegeben waren.

Auch bei anderen Völkern waren Kebsfrauen gebräuchlich; so hatte Nachor, Abrahams Bruder, ein Kebsweib[16]), Eliphaz, Esaus Sohn, besaß Thamna zum Kebsweibe.[17]) Desgleichen finden wir Concubinen bei den persischen[18]), babylonischen[19]) und syrischen Herrschern.[20]) Im Allgemeinen waren die Söhne der Kebsweiber mit den Söhnen der rechtmäßigen Frauen gleichberechtigt, wie dies bei den Söhnen Jacobs der Fall war.[21]) Das Gesetz nimmt sogar die Rechte eines Erstgeborenen, dessen Mutter dem Manne verhaßt ist, in Schutz[22]), und da dasselbe unmittelbar auf das Gesetz von der Kriegsgefangenen folgt, welche zur Frau genommen wird, so scheint damit ein innerer Zusammenhang constatirt zu sein, daß auch selbst Söhne von Kebsfrauen in diese Kategorie gehören. Daß Abraham die Söhne der Ketura mit Geschenken abfertigt[23]), hat in der göttlichen Verheißung bezüglich des Isaac seinen Grund; dagegen sträubt sich Abraham gegen das Ansinnen seiner Frau, den Ismael sammt seiner Mutter aus dem Hause zu entlassen, bis der Herr selbst ihm kundgibt, Sara's Forderung zu erfüllen.[24]) Die Söhne des Galaad stoßen ihren Bruder Jephte nach des Vaters Tode aus dem Hause, damit er als Sohn eines Kebsweibes nicht mit ihnen erbe.[25]) Auch werden nur die Söhne Davids aus seinen Frauen, nicht aber die aus den Kebsweibern namentlich angeführt.[26])

---

[1]) Richt. 11, 1, 2. — [2]) 1. Par, 2, 46, 48. — [3]) 1. Par. 7, 14. — [4]) Richt. 19, 1, 10, 24, 27, 29; 20, 4, 5. — [5]) l. c. 19, 3; 20, 4. — [6]) l. c. 19, 5. — [7]) 2. Sam. 3, 7, 8. — [8]) 2. Sam. 12, 8; 21, 11. — [9]) 2. Sam. 5, 13; 1. Par. 3, 9. — [10]) 2. Sam. 15, 16. — [11]) l. c. 16, 21, 22. — [12]) 2. Sam. 19, 6. — [13]) 3. Kön. 11, 3. — [14]) 2. Par. 11, 21. — [15]) 6, 7, 8. — [16]) Gen. 22, 24. — [17]) Gen. 36, 12. — [18]) Esth. 2, 14. — [19]) Dan. 5, 2, 3, 23. — [20]) 2. Mach. 4, 30. — [21]) Gen. 33, 5; 49, 1 ff. — [22]) Dt. 21, 15—17. — [23]) Gen. 25, 5, 6. — [24]) Gen. 21, 12. — [25]) Richt. 11, 1, 2. — [26]) 1. Par. 3, 1 ff.

Weil die Kebsfrauen ohne Förmlichkeiten genommen wurden, konnten sie auch um so leichter entlassen werden; doch mußten sie, wie die eigentliche Frau, dem Herrn die eheliche Treue bewahren; darum schließt Jacob seinen Sohn Ruben wegen des blutschänderischen Beilagers mit der väterlichen Kebse vom Erstgeburtsrechte aus [1]), und David berührte die von Absalom geschändeten Kebsweiber nicht mehr, sondern ließ sie „wie Wittwen" absondern.[2]) Auch galten dabei die allgemeinen Gesetze über verbotene Gnade.

Dadurch unterscheidet sich der hebräische Concubinat wesentlich von dem römischen Concubinate; denn das römische Recht billigt die außereheliche Lebensgemeinschaft zwischen zwei Personen verschiedenen Geschlechtes, welche überhaupt nur den Geschlechtsgenuß zum Ziele hatte. Als Concubinen wurden eben nur feile, sich preisgebende Dirnen (quae quaestum corpore faciunt) genommen, bei einer anständigen freien Frau mußte öffentliche Anzeige gemacht werden, daß man sie als Concubine besitze, sonst war die Strafe des Stuprum geltend gemacht. Eine solche Concubine konnte auch ohne Scheidung einfach weggeschickt werden, und solche Concubinen-Kinder hatten nicht die Rechte der legitimen Kinder, noch beerbten sie den Vater. Nach einer Verordnung Constantins[3]) konnten sie selbst mit der Willensmeinung des Vaters diesen nicht beerben.

Gewöhnlich wurden die Kebsfrauen aus Mägden und Kriegsgefangenen genommen oder waren Ausländerinnen; damit sich aber bei diesen Verhältnissen kein eigentlicher Concubinat herausstelle und nicht eine eheliche Sclaverei sich herausbilde, trat das Gesetz schützend für das weibliche Geschlecht ein, um diesem seine Ehre und der Kindererziehung die wahre Basis, Ehrfurcht gegen Vater und Mutter zu erhalten. So hatte eine zur Magd verkaufte Israelitin, welche das Kebsweib eines Israeliten geworden, später aber von ihm vernachlässigt wurde, das Recht, ohne Rückzahlung der ihrem Vater gegebenen Kaufsumme, frei wegzugehen.[4]) Wenn ein Israelit eine Gefangene zum Weibe nimmt, soll sie, bevor sie sich vermält, ihr Haar scheeren und ihre Nägel schneiden (als Zeichen der Ablegung der Gefangenschaft) und einen Monat Vater und Mutter beweinen, d. h. sich über die Trennung von Eltern und Heimat trösten, um ihr Volk und Vaterhaus zu vergessen, fortan mit ungetheilter Liebe ihrem Gatten sich hingeben zu können[5]) und die Gemeinschaft des Volkes Gottes liebzugewinnen. Findet er aber später kein Wohlgefallen mehr an ihr, so durfte er sie nicht verkaufen, sondern sollte sie freilassen, mithin ihr keine Gewalt anthun, da er sie geschwächt hat.[6]) An beiden Stellen nennt das Gesetz nie den Namen Pillegesch, sondern Weib, läßt also durchblicken, daß er nur das eheliche Verhältniß (freilich als Polygamie) und somit die gute Behandlung der hebräischen Magd und der Kriegsgefangenen als das einzig zu Billigende voraussetze, wobei allerdings ein loseres Verhältniß bemerkbar ist, wie dies auch aus folgender strafrechtlichen Bestimmung erhellt: Wenn Jemand eine Sclavin, die einem Manne verlobt oder dessen Concubine,

---

[1]) Gen. 35, 22; 49, 4; 1. Par. 5, 1. — [2]) 2. Sam. 20, 3. vgl. 3, 7. — [3]) L. 1. C. de nat. liber. — [4]) Ex. 21, 7—11. — [5]) Vgl. Ps. 44, 11. — [6]) Dt. 21, 10—14.

dabei aber weder losgekauft, noch freigegeben ist, beschläft, so soll nicht wie bei Ehebruch[1]) oder Beschlafung einer verlobten freien Jungfrau[2]) Todesstrafe eintreten, weil sie nicht freigelassen ist, sondern blos Züchtigung erfolgen und der Thäter außerdem zur Sühne ein Schuldopfer darbringen.[3]) Nach dem Talmud[4]) erhielt nur das Weib eine körperliche Züchtigung von 40 Schlägen. Offenbar sollen dadurch zugleich die persönlichen Menschenrechte einer Sclavin gewahrt werden, damit man sie nicht zum sachlichen Eigenthume herabwürdige, anderseits aber auch dem Manne nahegelegt werden, eine Solche zur Ehe zu nehmen und ihr die Freiheit zu schenken.

§ 10. Die Ehebrecherin.

Bei dem Bestande der Polygamie war Ehebruch die fleischliche Vermischung mit einer fremden Ehefrau oder mit einer Verlobten, die vor dem Gesetze jener gleich galt, oder mit einer auf die Leviratsehe wartenden Wittwe. Der geschlechtliche Umgang eines Ehemannes dagegen mit einer Ledigen galt nur als Hurerei. Mit welch' sittlichem Ernste das alttestamentliche Gesetz die ehelichen Verhältnisse behandelte, erhellt daraus, daß das Verbot des Ehebruches[5]), ja sogar das Begehren oder Gelüsten nach dem Weibe des Nächsten[6]) in den Dekalog aufgenommen und dasselbe nochmals Lev. 18, 20 eingeschärft wird, um sich nicht an ihr durch Samenergießung zu verunreinigen, und daß der Ehebruch an beiden Schuldigen mit dem Tode bestraft wurde.[7]) Wahrscheinlich geschah dies durch Steinigung[8]), wie solches die Consequenz des Gesetzes bei Bestrafung der unkeuschen Neuvermählten und Verlobten[9]), Ezechiel[10]) und die ausdrückliche Aussage der Juden bei Vorführung der Ehebrecherin[11]) besagen. Bei der Strafe der Steinigung wurde der Delinquent zunächst durch den einen Zeugen von einer Höhe herabgestürzt, und wenn dadurch der Tod nicht erfolgte, durch einen Stein, den ihm der zweite Zeuge auf die Brust warf, eventuell vom Volke mit Steinwürfen getödtet.[12]) Der männliche Verbrecher mußte nackt sein, das Weib aber nicht.[13]) Nach den Talmudisten[14]) sollte die Execution (bei Ehebrechern und der gefallenen Priestertochter) durch Erdrosselung geschehen. Es ist demnach möglich, daß nach der Zerstörung Jerusalems die Steinigung in die Todesstrafe mittelst Strang umgewandelt wurde. Dem Delinquenten wurde ein in ein weicheres Tuch eingewickelter Strick um den Hals gelegt und von den Zeugen zugezogen, bis der Tod (meistens sehr schnell) eintrat.[15])

Allein die Todesstrafe konnte nur dann vollzogen werden, wenn Beide in flagranti ertappt und dies vor Gericht durch Zeugen festgestellt war auf Grund des Gesetzes: „Wenn ein Ehemann liegend gefunden wird bei einem Weibe, das einem Ehemanne gehört, so sollen sie beide sterben und

---

[1]) Lev. 20, 10. — [2]) Dt. 22, 23 ff. — [3]) Lev. 19, 20 ff. — [4]) Kerith. 2, 4. — [5]) Ex. 20, 13. Dt. 5, 18. — [6]) Ex. 20, 17. Dt. 5, 21. — [7]) Lev. 20, 10. Dt. 22, 22. Ez. 16, 38; 23, 45 ff. Dan. 13, 45. — [8]) Josephus c. Apion. 2, 24; Ant. IV. 8, 23. — [9]) Dt. 22, 20 ff. 24 ff. — [10]) 16, 40. — [11]) Joh. 8, 5, 7. — [12]) Sanhed. 6, 4. — [13]) Sanh. 6, 3. Sot. 3, 8. — [14]) Mischn. Sanhed. 11, 1, 6. Maimon. Jad. Hachas. Tr. Isure Bia 3, 3. — [15]) Sanh. 7, 3.

so das Böse aus Israel getilgt werden."[1]) Darum klagen die zwei Aeltesten die Susanna vor Gericht des Ehebruches an. Auch nach talmudischem Rechte[2]) kann der Ehebruch nicht anders, als durch zwei Zeugen, die bei der That hinzugekommen, constatirt werden. Waren keine Zeugen vorhanden, so hatte der Mann keine Machtvollkommenheit außer der Procedur mit dem Fluchwasser. Doch stand es dem Gatten frei, ob er den Ehebruch gerichtlich anzeigen oder aus Schonung der Frau den Scheidebrief geben wollte.[3]) Uebrigens hatte nicht erst Moses die Todesstrafe auf Ehebruch gesetzt, sondern sie aus dem alten Herkommensrecht beibehalten; denn schon Juda verurtheilte seine Schwiegertochter Thamar als eine der Unkeuschheit überführte Braut zum Feuertode.[4]) Desgleichen verordnete das Gesetz[5]) eine beim Huren ertappte Priestertochter (also nicht wegen Ehebruch) mit Feuer zu verbrennen, weil sie den Stand und Namen ihres Vaters entweiht hat. Doch ging nicht, wie Manche glauben, dem Verbrennen der Steinigungstod voraus. Nach Angabe der Rabbinen wurde die Strafe nicht durch Anzünden eines Scheiterhaufens, sondern durch geschmolzenes Blei vollzogen, das man dem Verbrecher in den Mund goß, wodurch seine Eingeweide schnell verbrannt wurden.[6]) Nach Maimonides geschah dieses, um die Qualen zu vermindern. R. Elieser bemerkt (in der Mischna), daß einst eine Priestertochter wegen begangener Unzucht mit Weinranken umgeben und so verbrannt wurde.

Weil Ehebruch nicht blos Unzucht ist, sondern zugleich eine Beleidigung und Verletzung der Rechte eines Dritten involvirt, auch das uneheliche Kind den rechtmäßigen Kindern einen Theil des Erbtheiles entzieht, deshalb ist derselbe bei allen gesitteten Völkern schwer gestraft worden. Bei den alten Römern und Griechen war öfters Todesstrafe darauf gesetzt. Zur Zeit Christi und später stand vermöge der Lex Julia de adulteriis coërcendis nur Relegation und Confiscation eines Theiles der Güter auf erwiesenen Ehebruch, sowie für beide Theile Infamie; Constantin der Große machte den Ehebruch zu einem Capitalverbrechen und setzte für den Ehebrecher Schwertstrafe fest. Bei den Aegyptern wurde dem gewaltthätigen Ehebrecher das Glied abgeschnitten; fand keine Gewaltthat statt, so erhielt er 1000 Stockschläge und der Ehebrecherin wurde die Nase abgeschnitten.[7]) Eine ähnliche Sitte scheint auch bei den Chaldäern geherrscht zu haben, welche den Ehebrecherinnen Nase und Ohr abschnitten[8]), um ihre Schönheit zu entstellen.[9]) Bei den alten Sachsen wurde eine Ehebrecherin strangulirt und dann verbrannt.[10])

War die Ehebrecherin eine verlobte Sclavin, so kam sie mit einer körperlichen Züchtigung davon und der Verbrecher mit einem Schuldopfer.[11]) Der Koran verordnet hierüber: „Wenn eure Frauen sich durch Ehebruch vergehen und vier Zeugen aus eurer Mitte bezeugen dies, dann kerkert sie

---

1) Dt. 22, 22. — 2) Sot. 6, 3. Maim. zu Sot. 1, 1. — 3) Matth. 1, 19. Buxtorf sponsal. et div. p. 119 sq. — 4) Gen. 38, 24. — 5) Lev. 21, 9. — 6) Sanh. 7, 2; 9, 1. — 7) Diod. Sic. 1, 78. — 8) Ez. 23, 25. — 9) Hieron. z. d. St. Quasi adulterae et deprehensae in stupro, ut deformata placere desistas. — 10) Bonifac. ep. 19 ad Ethebald. — 11) Lev. 19, 20 ff.

in eurem Hause ein, bis der Tod sie befreit oder Gott ihnen sonst ein Befreiungsmittel anweist. Vergehen sich Sclavinnen nach ihrer Verheirathung, so sollen sie die Hälfte derjenigen Strafe, welche freien Frauen auferlegt ist, erleiden" [1]), weil bei ihnen keine so gute Erziehung vorauszusetzen ist.

Der Talmud hat auch für andere Fälle vorgesorgt. Wenn ein Mann eine weite Reise antritt, und die Frau auf die erhaltene Nachricht von seinem Tode einen Anderen heirathet, sodann aber der erste Mann lebend zurückkehrt, so ist nach der Mischna Unzucht begangen worden. Obwohl die Frau nicht schuldig ist, so hat sie doch die üblen Folgen zu ertragen, indem beide Männer ihr den Scheidebrief geben müssen, ohne zur Auszahlung des in der Ketuba Verschriebenen verpflichtet zu sein. Die aus zweiter Ehe erzeugten Kinder sind Bastarde.[2])

Wenn ein Mann einen starken Verdacht des Ehebruches seitens seiner Gattin hatte, ohne daß er sie auf der frischen That ergriffen hätte oder ein Zeugenbeweis beizubringen wäre, konnte er mittelst eines feierlichen Beschwörungsactes[3]) am Heiligthum (also durch ein Gottesurtheil) über die Schuld oder Unschuld des Weibes entscheiden lassen.[4]) Ergab sich, daß das Weib unschuldig war, so wurde das eheliche Vertrauen wieder hergestellt. Da der Verdacht das Weib dem Manne unerlaubt machte, so mußte das sogenannte „Eiferopfer" als ein der Frau wünschenswerthes Recht betrachtet werden, das sie jedoch unter gewissen Umständen einbüßen kann.[5]) Auch konnte ein Priester sein Weib, nachdem es das Fluchwasser getrunken, beibehalten.[6]) Die als schuldig Befundene war sowohl dem Manne als dem Verführer fortan unerlaubt.[7]) Die dabei gebräuchliche Ceremonie war ganz geeignet, die Gewissensangst der Schuldigen zu steigern und sie vor Vollendung des Ganzen zum Geständnisse der Schuld zu bringen.[8])

Der Mann soll also das Weib, das seinen Verdacht und seine Eifersucht erregt hat, zum Priester führen mit einer Mincha von einem Zehntheil Epha Gerste, jedoch ohne die sonst dabei üblichen Beigaben von Oel und Weihrauch, „denn es ist ein Speiseopfer des Gedächtnisses, ihr Vergehen vor dem Herrn in's Gedächtniß bringend," damit er die Enthüllung desselben bewirke. Da die Opfergabe ausdrücklich V. 15 als „ihr Opfer ihretwegen" bezeichnet wird, so konnte nur dazu Gersten-, nicht Weizenmehl verwendet werden, nicht etwa, wie die Talmudisten glauben, weil das Thun der Ehebrecherin diese dem Viehe ähnlich macht, müsse auch ihr Opfer von der Nahrung des Viehes genommen werden[9]), noch auch weil das Opfer als Symbol des bisherigen Lebenswandels der Frau zu fassen sei, denn es ist ja noch unerwiesen, ob sie wirklich Ehebrecherin ist: sondern weil die gering geachtete Gerste das ordentliche, dem Lebensberufe des Darbringers entsprechende

---

[1]) Sur. 4, 14, 24. — [2]) Jebam. 10, 1.

[3]) Die talmudischen Erläuterungen dieses Gesetzes enthält der Tractat Sota mit Noten herausgegeben von J. Chr. Wagenseil. Sota h. e. liber Mischnicus de uxore adulterii suspecta. Altd. 1674. Selden, uxor heb. III. cp. 15.

[4]) Num. 5, 12—31.

[5]) Sot. 6, 2. Maimon. zu Sot. 1, 1. — [6]) Sot, 4, 4. — [7]) Sot. 5, 1. Jebam. 2, 8. — [8]) Theodor. l. c. Ista omnia fieri mandavit, mulierem suspectam perterrens, ut confiteatur, si forte peccaverit, et per poenitentiam remissionem consequatur. — [9]) Sot. 2, 1. Jonathan, Philo und die Rabbinen.

Lebensmittel ist und in diesem Falle der Dignität einer Frau entspricht, an welcher die Makel der schwersten Anklage haftet. Ein Opfer, welches hier, obgleich dem Weibe aufgenöthigt, die Bedeutung eines Bittopfers hat, war überhaupt nöthig, weil man vor Jehova am Heiligthum nicht leer[1]), d. h. ohne Opfer erscheinen durfte. Ohne Weihrauch und Oel wurde es dargebracht, weil es ohne lieblichen Geruch war.[2])

Der Priester soll sie nun zu dem Brandopferaltar vor Jehova stellen und in ein irdenes Gefäß heiliges Wasser, wahrscheinlich aus dem Becken im Vorhofe[3]) geben und dazu Staub vom Fußboden der Stiftshütte mischen. Hierauf soll er das Haupthaar der Frau auflösen und das Eiferopfer ihr auf die Hände legen, während er selbst die fluchbitteren Wasser in seiner Hand hält und ihr den feierlichen Reinigungseid vorsagt: „Wenn kein anderer Mann bei dir gelegen und du deinem Ehemanne nicht untreu warest, so bleibe frei von den Wirkungen dieses bitteren Fluchwassers. Wenn du aber ausgeschweift bist unter deinem Mann, wenn du dich verunreinigt hast und bei einem anderen Manne gelegen bist . . . (hier trat wahrscheinlich eine Pause ein, um dem Weibe noch Zeit zu einem Geständniß zu geben) so soll Jehova dich zum Fluche machen und zum Schwure unter deinem Volke, indem er deine Hüfte schwinden und deinen Bauch anschwellen läßt, und kommen soll dieses fluchbringende Wasser in deine Eingeweide, um den Bauch schwinden und die Hüfte verfallen zu machen.“ Diesen Eid mußte das Weib durch zweimaliges „Amen“ beschwören und so die Beschwörung auf sich nehmen.

Die Entblößung des Hauptes durch Wegnahme des Schleiers und die Auflösung der Haare bedeutet nach Theodoretus, daß vor Gott alles bloß und aufgedeckt liegt, oder vielmehr die Makel, die vermöge der Anklage an dem Weibe haftet, denn die Verhüllung war das Abzeichen weiblicher Sittsamkeit und ehelicher Treue. Deutet das irdene Gefäß auf die Werthlosigkeit hin, so soll die Beimischung des Staubes mit Berücksichtigung des Staubessens der Schlange[4]) als Fluch der Sünde, als Zeichen der Fluchwürdigkeit, der tiefsten Schmach und Erniedrigung dienen.[5]) Heiliges Wasser und Staub vom Heiligthume wird dabei verwendet, um die Wirksamkeit des Trankes zu verstärken und demselben die Kraft des heiligen Gottes zu imprägniren. Das Wasser heißt „das Wasser der Bitterkeit, das Fluchbringende“, nicht als ob das Wasser bitter gewesen oder nach der Ansicht der Rabbinen dem Wasser etwas Bitteres beigemischt worden wäre oder dasselbe erst im Munde der Ehebrecherin einen bitteren Geschmack angenommen hätte -- sondern weil es dem Weibe, wenn die Anschuldigung auf einer Thatsache beruht, bitteres Leiden als göttlichen Fluch bringt. Das Wasser ist also nicht bloßes Symbol, sondern als wirkliches Vehikel des göttlichen Fluches zu betrachten. Die Strafe entspricht ganz dem Wiedervergeltungsrechte und trifft die Organe, mit denen das Weib gesündigt hat, Bauch und Hüfte, die Organe des Gebärens. Die hier angedrohte Krankheit läßt sich

---

[1]) Ex. 23, 15; 34, 20. — [2]) Theodoret. int. 10 Num.: Carebat enim tum odore bono, tum lumine justitiae. — [3]) So Onkelos u. Sot. 2, 2. Die LXX verstehen reines Quellwasser. -- [4]) Gen. 3, 14. — [5]) Vgl. Mich. 7, 17. Jes. 49, 23. Ps. 71, 9.

medicinisch nicht bestimmen. Josephus[1]) bezeichnet sie als Bauchwassersucht mit tödtlicher Wirkung und als Ausrenkung des rechten Schenkels; Michaelis[2]) denkt an die Eierstockwassersucht (hydrops ovarii), Theodoretus[3]) an ein Bersten des Unterleibes, doch ist nicht bloße Unfruchtbarkeit darunter zu verstehen. Jedenfalls liegt dabei der Gedanke zu Grunde, daß der inmitten seines Volkes wohnende Gott zu der auf sein Gebot erfolgenden feierlichen Anrufung seines heil. Namens durch ein Gottesgericht sich bekennen werde. Darum konnte auch dieses Trinken des Fluchwassers nicht ganz ohne Wirkung sein, weil es sonst an einem sicheren Zeichen der Lossprechung unschuldiger Frauen gefehlt hätte.

Nach dem Amen des Weibes soll der Priester die Flüche, d. h. die im Eide enthaltenen Verwünschungen auf eine Rolle, nach Josephus[4]) blos den Namen Gottes auf eine Pergamentrolle schreiben und die Schriftzüge mit dem Fluchwasser abwaschen, so daß die Fluchworte in das Wasser übergehen, demselben die Kraft verleihen, auf den schuldigen Leib verderbend einzuwirken, dagegen dem unschuldigen keinen Schaden zuzufügen. Hierauf nimmt er das Eiferopfer aus der Hand des Weibes, webt es vor Jehova, zündet eine Hand voll davon als Speiseopfer auf dem Altare an und gibt dem Weibe das Wasser zu trinken. Hat er sie das Wasser trinken lassen und ist sie verunreinigt und hat an ihrem Manne Untreue begangen: so wird das fluchbringende Wasser in sie eingehen zu Bitterkeit, so daß ihr Bauch schwillt und ihre Hüfte schwindet, und das Weib wird zum Fluche werden inmitten ihres Volkes. Ist sie aber nicht verunreinigt worden und rein vom Vergehen, dessen sie beschuldigt wird, so soll sie frei sein von der gedrohten Strafe Gottes und mit Kraft, Kinder zu empfangen und zu gebären, begnadigt werden. Der Mann, welcher aus Eifersucht sein Weib diesem Verfahren unterwirft, ist unter allen Umständen, auch wenn das Weib unschuldig erfunden wurde, von jeder Schuld frei, das Weib aber solle im Falle der Schuld die göttliche Strafe erleiden.

Durch dieses Gesetz sollte ohne Zweifel die Reinheit des Familienlebens gewahrt, leichtfertige Weiber von Ausschweifungen zurückgeschreckt aber auch, wie Theodoretus bemerkt, dem Zorne eifersüchtiger Männer eine Schranke gesetzt werden, daß er nämlich in seiner Leidenschaft nicht an dem Weibe selbst sich vergreife, sondern gezwungen war, seinen Verdacht dem Gerichte des allwissenden Gottes zu unterstellen; insoferne bildet dieses Gesetz einen Schutz der Gattin gegen eine grundlose Eifersucht des Mannes. Da in der Wirkung des Fluchwassers die Bestrafung der Ehebrecherin lag, so brauchte die Schuldige nicht erst noch dem menschlichen Gerichte zur Verhängung der Todesstrafe übergeben zu werden. Nach der Mischna[5]) erstreckte sich die verderbliche Wirkung des Trankes gleichzeitig auf den Mitschuldigen der Ehebrecherin. Ferner sollen die bitteren Wasser nur da ihre Wirkung geäußert haben, wenn auch der Mann der Frau nicht untreu war[6]), jedenfalls eine in Rücksicht der würdigen Auffassung des häuslichen Verhältnisses charakteristische Ansicht. Eine unschuldige Frau soll nach dem

---

[1]) Ant. III, 11, 6 — [2]) M. Recht, V. S. 272. — [3]) l. c. Utero dirupto et femore collapso. — [4]) l. c. u. Sot. 2, 4. — [5]) Sot. 6, 1. — [6]) Gemara Sot. 5, 1.

Trinken des Fluchwassers schwanger werden und ihre Leibesfrucht zur Reife bringen [1]); hat sie früher schwer geboren, so soll sie jetzt nach der Gemara leicht gebären; hat sie zuvor Töchter gehabt, so soll sie von nun an Söhne bekommen.

Nach dem Talmud kamen noch folgende nähere Bestimmungen dazu: Ehe der Mann zum Reinigungseide schreiten durfte, so mußte er früher in Gegenwart zweier Zeugen sein Weib verwarnen. Geht sie ungeachtet dessen mit dem Verdächtigen an einen verborgenen Ort und verweilet sie längere Zeit daselbst, so ist sie dem Manne verboten, bis sie das bittere Wasser getrunken. Starb er, bevor dies geschah, so bleibt sie auch dem Levir unerlaubt, der aber zur Ceremonie des Schuhausziehens verpflichtet ist. [2]) Auf ein Gerücht hin, daß seine Frau Ehebruch begangen, kann der Mann sie nicht zum Trinken des Fluchwassers zwingen, wohl aber mit Auszahlung der Ketuba sich von ihr scheiden lassen. Doch muß das Gerücht so öffentlich sein, daß die Weiber beim Wollespinnen davon reden. [3]) Wenn zwei Zeugen aussagen, sie sei mit einem Manne allein gewesen und Ein Zeuge, sei es selbst ein Knecht oder eine Magd, bestätigt, daß sie wirklich Ehebruch getrieben habe, so scheidet sich der Mann von ihr, ohne Verabreichung der Ketuba. Auch das Zeugniß ihrer Schwiegermutter und deren Tochter, der anderen Frau oder Tochter des Mannes, wie auch der Frau seines Bruders ist beglaubigt, nur wird ihr auf solches Zeugniß die Ketuba nicht entzogen. [4])

Hierauf folgte eine Vernehmung durch die Ortsobrigkeit und dann vor dem Synedrium zu Jerusalem, wo man sie durch Drohungen und freundliches Zureden zum Geständnisse zu bringen suchte. [5]) Gestand sie die That, so wurde ihr Heirathsbrief vernichtet und sie ging straflos aus. Blieb sie bei der Behauptung ihrer Unschuld, wurde sie zum Nikanorthor des Tempels geführt, um das Eiferwasser zu trinken. Sodann wurden ihr die Kleider herabgerissen, ihr Geschmeide abgenommen, schwarze Kleider ihr angelegt und ein Strick um ihre Brust gelegt. [6]) Hatte sie das Wasser getrunken, so fing, wenn sie unrein war, ihr Gesicht an gelb zu werden; die Augen traten ihr aus dem Kopf und die Adern liefen ihr auf. Unter diesen Phänomenen ließ man sie hinausführen, daß sie den Vorhof nicht verunreinige. Einige gute Werke können jedoch einen Aufschub von ein bis drei Jahren erwirken. Nach den talmudischen Verordnungen wurde übrigens das Trinken des Fluchwassers möglichst beschränkt. Eine Verlobte oder auf die Leviratsehe Wartende konnte nicht dazu verhalten werden, verlor aber das verschriebene Heiratsgut. Nicht zugelassen wurden Schwangere, noch solche, die von Natur unfruchtbar oder vermöge des Alters zum Kindergebären unfähig waren.

Uebrigens wird sich ein schuldiges Weib nicht so leicht zum Trinken des Fluchwassers entschlossen haben, weil der Fluch Gottes, dem sie dann verfiel, vielleicht noch schwerer zu ertragen war, als die Todesstrafe. Bei dem Bestande der Polygamie galt das Gesetz nur für das Weib. Gestand dasselbe

---

[1]) Joseph. l. c. — [2]) Sot. 1, 1, 2. — [3]) Sot. 6, 1. — [4]) Sot. 6, 2. Maimonides zu Sot. 1, 1. — [5]) Sot. 1, 4. — [6]) Sot. 1, 5 ff.

die Schuld, so wurde damit zugleich der Verführer an's Licht gezogen und bestraft. Nachdem der Ehebrecher zu viele geworden, bemerkt die Mischna [1]), hat der Gebrauch des Eiferwassers aufgehört und zwar habe R. Jochanan, der Sohn Saccais, ihn abgeschafft mit Bezugnahme auf Hos. 4, 14, so daß also noch vor der Zerstörung Jerusalems dieser Gebrauch abhanden gekommen ist. Auch bei anderen Völkern finden sich ähnliche Unschuldsproben (Ordalien), denen sich des Ehebruchs verdächtige Weiber unterziehen mußten.[2])

Trotz dieser strengen Verordnungen fehlte es unter den Israeliten nicht an Ehebrechern. Um abzusehen von David, welcher seinen Ehebruch schwer bereut und gebüßt hat [3]), indem sein Sohn Absalom öffentlich dessen Kebsweiber beschlief, müssen die Propheten oft ihre Stimmen gegen Ehebrecher erheben. Das ganze Land ist voll von Ehebrechern, deren Lust einem Glühofen gleicht.[4]) „Israels Söhne treiben Ehebruch und schaaren sich in's Haus der Hure. Wie wohlgenährte Pferde schweifen sie umher; einer wiehert nach dem Weibe des andern.“[5]) „Dein Ehebrechen und dein Wiehern, das Laster deiner Hurerei auf den Hügeln, deine Greuel habe ich gesehen“, spricht Gott durch Jeremias.[6]) Isaias [7]) nennt sie daher mit Recht eine Brut des Ehebrechers und der Buhlerin. Ezechiel [8]) rügt die Unzucht und Blutschande, die frech in Jerusalem getrieben wurden und verkündet den Sündern das göttliche Gericht „nach dem Rechte der Ehebrecherinnen“. Unter den großen Verbrechen, die aufgezählt werden, erscheint auch der Ehebruch.[9]) „Der Geist der Hurerei hat Alle verführt, deshalb huren sie.“[10]) Der unzüchtige Astartecult [11]) trug noch mehr bei, diesen unnatürlichen Hang der Israeliten zu nähren. Zur Zeit Christi war die Sittenlosigkeit in Israel besonders groß [12]) und wurde hauptsächlich befördert durch das Beispiel der Herodier. Die Pharisäer suchten sie durch ihre Grundsätze zu beschönigen.[13])

Besonders bemüht sich der Weise, in den Weisheitsbüchern vor Ehebruch zu warnen und den Ehebrechern die göttliche Strafe zu verkünden. „Warum solltest du dich verführen lassen von einer Fremden und ruhen wollen an dem Busen einer Andern? Der Herr schaut auf die Wege des Menschen und sieht alle seine Schritte. Seine eigenen Missethaten umstricken den Gottlosen und in den Schlingen seiner Sünde verstrickt er sich. Er wird des Todes sein, weil er keine Zucht hatte und nach der Menge seiner Thorheit (Sünde) wird er sich täuschen.“[14]) „Wer Ehebrecher ist, sagt Salomon [15]), stürzt durch des Herzens Leerheit (Mangel an Weisheit) seine Seele in's Verderben. Schande und Schmach häuft er sich und sein Schimpf erlischt nicht mehr; denn des Mannes Eifersucht und Grimm schont nicht am Tage der Rache und läßt sich nicht von Jemand erbitten und nimmt nicht die größten Gaben zur Sühne an.“

---

[1]) Sot. 9, 9. — [2]) Vgl. Aelian. anim. 1, 57. Rosenmüller, Morgenland, 2. Bd. S. 226. — [3]) 2. Sam. 11. — [4]) Jer. 23, 10; 9, 2. Hos. 4, 2; 7, 4. — [5]) Jer. 5, 7, 8. — [6]) 13, 27. — [7]) 57, 3, 8. — [8]) 22, 10 ff. 23, 45 ff. vgl. Mal. 3, 5. — [9]) Ez. 18, 6, 11, 15; 33, 26. Ps. 49, 18. — [10]) Hos. 4, 11—13. — [11]) Siehe oben S. 25. — [12]) Röm. 2, 22. Joh. 8, 7. — [13]) Justin. M. c. Tryph. c. 134, 141. — [14]) Prov. 5, 20—23. — [15]) Prov. 6, 32—35.

Schön schildert Job[1]) das Treiben des Ehebrechers: „Das Auge des Ehebrechers harrt auf Dämmerung, indem er bei sich denkt: Nicht soll mich ein Auge sehen, und eine Hülle nimmt er vor sein Gesicht. Sie brechen im Dunkel in die Häuser, bei Tage verschließen sie sich, nicht kennen sie das Licht, denn allgesammt ist für sie die Finsterniß Morgen, denn man kennt die Schrecknisse der Finsterniß“ (d. h. sie sind mit der Finsterniß so vertraut, wie Andere mit dem hellen Tage). Ein Ehebrecher setzt Erinnerung und Glauben an die Allgegenwart Gottes bei Seite, um seinen Verbrechen ungestört nachgehen zu können, wird aber der gerechten Strafe nicht entgehen; denn so schreibt der Siracide[2]): „Jeder Mensch, der nicht bei seinem Bette bleibt (Ehebrecher), indem er nicht achtet seiner Seele und sagt: Wer sieht mich? Finsterniß umgibt mich und die Wände bergen mich und Niemand schaut sich um nach mir; Wen soll ich fürchten? meiner Vergehen gedenket nicht der Allerhöchste: der bedenkt wohl nicht, daß Sein Auge Alles sieht und die verborgensten Bestandtheile schaut. Ein solcher wird auf den Straßen der Stadt gestraft und gleich einem jungen Rosse herumgejagt, und wo er es nicht erwartete, ergriffen werden. Und zu Schanden wird er werden vor Allen, dafür, daß er nicht gedachte der Furcht des Herrn. Solches widerfährt auch jeder Frau, die ihren Mann verläßt und aus fremder Beiwohnung einen Erben erhält; denn erstens war sie gegen das Gesetz des Allerhöchsten untreu, zweitens hat sie gegen ihren Mann gefehlt, drittens hat sie sich durch Ehebruch befleckt und von einem andern Manne sich Kinder verschafft. Eine solche wird vor die Gemeinde geführt und über ihre Kinder Untersuchung angestellt werden. Nicht werden ihre (unrechtmäßigen) Kinder Wurzeln schlagen und ihre Sprossen keine Frucht bringen[3]) (also keine Familien begründen). Sie wird ihr Andenken zum Fluche hinterlassen, und ihre Schmach wird nie getilgt werden.“ Besonders sind „die Weiber der Gottlosen solche Thörinnen“, die durch Unglaube und Lust bethört, Ehebrecherinnen werden, „deren Geschlecht verflucht ist. . . . Die Kinder von Ehebrechern verderben und Nachkommenschaft aus gesetzwidrigem Beilager wird ausgerottet.“[4]) Auch „die Götzendiener“ wahren weder den Lebenswandel, noch auch die Ehen mehr rein; einer mordet den Andern aus Arglist oder kränkt ihn durch Ehebruch. Alles herrscht durch einander: Geschlechtsverwechslung, Zerrüttung der Ehen, die Ausgelassenheit des Ehebruches und der Lust.“[5]) Eine Ehebrecherin kann so leichtfertig werden, daß sie ihren Wandel, wie das Essen, nicht für Sünde hält: „Das ehebrecherische Weib ißt, wischt sich den Mund ab und sagt: Ich habe nichts Böses gethan.“[6]) Die schwere Versündigung beim Ehebruche beschreibt graphisch Job[7]): „Wenn sich mein Herz bethören ließ ob eines Weibes und ich an der Thüre meines Nächsten lauerte: so soll einem Anderen mahlen mein Weib (zu Diensten stehen) und über ihr mögen Andere sich krümmen, denn solches (Ehebruch) ist eine Schandthat, ein solches ein Verbrechen vor den Richtern, denn ein Feuer ist, das bis zur Hölle frißt und alle meine Habe entwurzeln sollte.“ Wer demnach eine Ehebrecherin behält,

---

[1]) 24, 15 ff. — [2]) Eccli. 23, 25—36. — [3]) Vgl. Sap. 4, 3. — [4]) Sap. 3, 12, 13, 16. — [5]) Sap. 14, 24—26. — [6]) Prov. 30, 20. — [7]) 31, 9—12.

ist thöricht und gottlos.[1]) Schließlich gibt der Siracide[2]) dem Manne die Lehre, auf seine Ehefrau nicht eifersüchtig zu sein, denn durch die Kränkung ungegründeter Eifersucht könnte diese leicht veranlaßt werden, die eheliche Treue zu brechen.

§ 11. Die Geschiedene.

Aus der oben entwickelten Ansicht über die Einsetzung und den Charakter der Ehe, wonach die zwei Gatten zu Einem Leibe[3]) werden, geht hervor, daß die Ehe ein bleibendes, unzertrennliches Verhältniß bildet, ein unauflösliches Band ist und somit jede Scheidung ausschließt. In diesem Sinne hat Christus diese Worte den Juden gegenüber erklärt, die ihn fragten, ob es dem Manne erlaubt sei, aus jeglicher Ursache sein Weib zu entlassen. Und als diese sich darauf beriefen, daß Moses befohlen, einen Scheidebrief zu geben und das Weib zu entlassen, antwortete er ihnen: „Euerer Herzenshärte wegen hat Moses euch erlaubt, euere Weiber zu entlassen; vom Anbeginn aber war es nicht also.“[4]) Aus dieser Aeußerung Christi folgt, daß Moses die Ehescheidung nicht erst eingeführt, sondern nur als altes Herkommen geduldet, und wie aus seinen Gesetzen erhellt, geregelt, sowie die Normen festgestellt hat, um sie zu erschweren und so den Mißbräuchen leidenschaftlicher Willkür vorzubeugen. Das Gesetz lautet: „Wenn Jemand eine Frau nimmt und mit ihr ehelich lebt, sie aber nicht Wohlgefallen findet in seinen Augen wegen irgend etwas Schändlichem, so schreibe er einen Scheidebrief und gebe ihn in ihre Hand und entlasse sie aus seinem Hause. Und nimmt sie nach dem Weggehen einen anderen Mann und auch dieser haßt sie, und gibt ihr den Scheidebrief und entläßt sie aus seinem Hause, oder er stirbt: so kann sie der erste Mann nicht wieder zur Frau nehmen, weil sie verunreinigt und ein Gräuel vor dem Herrn ist, und nicht soll das Land sündig gemacht (mit Sünden befleckt) werden, das Gott dir zum Erbe gegeben hat.“[5]) Das Gesetz gebietet demnach weder die Scheidung, noch die Ausstellung des Scheidesbriefes für den Fall der Ehetrennung; denn es heißt nicht: er soll oder muß den Scheidebrief geben, sondern Moses läßt dies nach dem bestehenden Rechte nur zu, woraus von selbst erhellt, daß er die Ehescheidung keineswegs begünstigt hat. So lange es nämlich dem Manne freistand, neben seiner Frau noch andere Frauen und Kebsfrauen zu haben, also die gegenseitige Stellung der Ehegatten noch nicht dem Wesen der wahren monogamischen Ehe entsprach: so lange konnte die Scheidung nicht ganz verboten, sondern nur der Willkür und Leichtfertigkeit des Mannes im Entlassen des ihm mißfälligen Weibes gesteuert werden.

Weil demnach Moses das alte Herkommen weder aufhebt noch verbietet, haben die jüdischen Schriftgelehrten darin eine gesetzliche Sanction gefunden und darauf ein förmliches Ehescheidungsrecht gebaut. Allein wie wenig diese Gesetzesstelle hiezu sich eignet, zeigt die Unklarheit und

---

[1]) Prov. 18, 22. — [2]) Eccli. 9, 1. — [3]) Gen. 2, 24. — [4]) Matth. 19, 3 ff. — — [5]) Dt. 24, 1—4.

Vieldeutigkeit des als Grund zur Scheidung genannten עֶרְוַת דָּבָר, welcher Ausdruck[1]) etwas Schamwürdiges, eine schändliche Sache bedeutet.[2]) Wie vielfach dieser Ausdruck gedeutet wurde[3]), ersieht man aus dem Streite der Schulen des Hillel und Schammai. Während jener den Ausdruck möglichst weit und lax erklärt, wegen jeder beliebigen Ursache, und weil sonst eine Sache an ihr ihm zuwider ist, z. B. wenn sie auch nur sein Essen anbrennen ließ oder versalzte, oder nach Akiba, wenn eine andere dem Manne besser gefiele, wie die Pharisäer zur Zeit Christi: *κατὰ πᾶσαν αἰτίαν*[4]): verstand Schammai darunter Unzucht oder eine lascive Sache überhaupt.[5]) Erstere Deutung wurde herrschende Praxis[6]) (Halacha); denn nach der Andeutung der Gemara ist hierin Geschmack und Sinn verschieden, so daß, was dem Einen gleichgiltig ist, dem Andern unerträglich sein kann.

Stand nun dem Manne das Scheidungsrecht zu, so war derselbe doch an gewisse Beschränkungen gebunden. Zuerst sollte er gewichtige Gründe dazu haben, wenn er etwas Unehrbares oder Ekelhaftes an der Frau bemerkte. Sodann konnte die Scheidung nicht ohne Förmlichkeiten vor sich gehen. Er mußte zunächst ein schriftliches Document, einen Scheidebrief (סֵפֶר כְּרִיתֻת d. i. Abschneidung nämlich vom Manne, mit dem das Weib Ein Fleisch sein soll) ausstellen, bei dessen Ausfertigung sich die Ausführung des Entschlusses in die Länge schob und nach plötzlichen Aufwallungen eine reifere Ueberlegung Platz greifen konnte. Ferner mußte der Scheidebrief der Frau in die Hände übergeben und sie förmlich aus dem Hause entlassen werden, wobei leicht Empfindungen erwachen konnten, die zur Aussöhnung führten. Endlich wurde wohl dem Manne eine bestimmte Angabe der Motive von den Richtern der Stadt nicht erlassen, an welche die Frau gewiß sich wird gewendet haben, wenn der vom Manne angeführte Grund sich bestreiten ließ. Fühlte sich die Frau des Ehebruches schuldig, so ließ sie dem Manne wohl auch ohne Richter und Angabe des Grundes gewähren; denn wäre der Ehebruch gerichtlich erkannt worden, so würde sie der Todesstrafe nicht entgangen sein.

Ein weiteres Hinderniß, ja ein Riegel gegen leichtfertige Ehehindernisse war das Verbot, daß der frühere Mann seine geschiedene Frau nicht wieder heirathen dürfe, wenn dieselbe inzwischen eines anderen Mannes Gattin geworden war, selbst in dem Falle, daß der zweite Mann gestorben war. Schon der Gedanke an eine Unmöglichkeit der Wiedervereinigung mit dem ersten Manne nach einer geschlossenen zweiten Ehe des Weibes mußte der leichtfertigen Lösung des Ehebandes Schranken setzen und mußte bewirken, daß der Mann die Sache reiflich erwog und bei etwa geschehener Uebereilung sich mit seiner Frau wieder vereinigte, ehe diese zur zweiten Ehe schritt, sowie daß auch das Weib anderseits mehr in den Willen des Mannes sich fügte und jeden Anlaß zur Scheidung vermied. Von besonderer

1) Vgl. Dt. 23, 15; 1. Sam. 20, 30. Js. 20, 4.

2) LXX ἄσχημον πρᾶγμα; Vulg: aliquam foeditatem; so auch der Syrer, Araber. Onkelos: Die Uebertretung einer Sache.

3) Vgl. Selden ux. hebr. l. 3 cp. 18 u. 20. Buxtorf de spons. et divort. p. 88. Lightfoot hor. ebr. et. talmud. ad Matth. 5, 31 sq.

4) Matth. 19, 3. — 5) Gittin 9, 10. — 6) Joseph. Ant. IV. 8. 23.

Wirkung mußte dabei der Umstand sein, daß die Geschiedene durch die Verheirathung mit einem zweiten Manne als „verunreinigt" galt, und zwar nicht blos mit Rücksicht auf den bis zum Abend verunreinigenden Beischlaf, sondern auch wegen der sittlichen Verunreinigung, d. h. Entweihung der durch die Ehe geheiligten Geschlechtsgemeinschaft. Die Wiedervereinigung einer vom zweiten Manne Geschiedenen mit dem ersten Manne ist eine Verunreinigung, ein Greuel vor Jehova, weil dadurch die Ehe zur bloßen Befriedigung des Geschlechtstriebes herabgewürdigt wird und einem Ehebruche gleichkommt, der gleichfalls als Verunreinigung galt.[1]) Es sollte also dadurch die Ehescheidung überhaupt dem Volke als Sünde zum Bewußtsein gebracht werden, weil sie dem geschiedenen Weibe Anlaß zur Verunreinigung gebe und auf diese Weise die Lehre Christi angebahnt werde: „Jeder, welcher sein Weib entläßt, ausgenommen auf Grund des Ehebruches, macht sie ehebrechen, und wer die Entlassene heirathet, bricht die Ehe."[2])

War schon die zweite Ehe einer Geschiedenen eine sittliche Verunreinigung, so würde dieselbe durch eine Wiederverheirathung mit dem ersten Manne wiederholt und gesteigert worden sein, da eine solche Verunreinigung, die das Weib sich durch die zweite Heirath zuzieht, weder durch die Scheidung von dem zweiten Manne, noch durch dessen Tod behoben wird. Wenn nun David die ihm von Saul unrechtmäßig entzogene Gattin Michol, welche dieser an Phaltiel verheirathet hatte[3]), von Isboseth zurückverlangt[4]) und mit ihr auch wieder ehelich lebt[5]), so fällt dieser Fall nicht unter den Gesichtspunkt unseres Gesetzes, da David die Michol nicht entlassen hatte und somit ihre zweite Verbindung eine unrechtmäßige und gewaltsame Ehe war. Berücksichtigt man jedoch den Geist des Gesetzes, so ist eine volle Rechtfertigung Davids wohl schwer zu erzielen.[6])

Daß solche Entlassungen nicht selten waren, bestätigen nicht blos die Vergleiche, deren sich die Propheten bedienen[7]), die Fürsorge des Gesetzes für die Verstoßenen, welche Wittwen gleichgestellt werden[8]), und das Gesetz, daß ein Priester keine Geschiedene heirathen dürfe[9]), sondern insbesondere Malachias, welcher die Ehen der aus dem Exile zurückgekehrten Juden mit Heidinnen und die damit zusammenhängende Verstoßung der israelitischen Frauen rügt. Da nämlich die Israeliten eine Gottesfamilie begründen, so verletzt ein Israelit dadurch, daß er eine Ehe mit einer Heidin eingeht, den Bund Gottes, weil eine solche Ehe mit dem Berufe Israels unvereinbar ist und begeht eine Treulosigkeit gegen sein eigenes Volk, die von Gott bestraft wird. Dadurch, daß „ihr eure Weiber verstoßet und Heidinnen nehmet, fährt Malachias fort, bedecket ihr mit Thränen den Altar Jehovas, mit Weinen und Seufzen (der verstoßenen Weiber, die bei Gott Hilfe suchen), so daß Jehova sich nicht mehr zur Opfergabe wendet und Wohlgefälliges aus eurer Hand annimmt." Und dies ist deshalb sündhaft, „weil Jehova Zeuge gewesen zwischen dir und dem Weibe deiner Jugend, an der du treulos gehandelt, während sie doch deine Genossin und das Weib deines Bundes ist"

[1]) Lev. 18, 20; Num. 5, 13 ff. — [2]) Matth. 5, 31; 19, 3. — [3]) 1. Sam. 25, 44. — [4]) Sam. 3, 14 ff. — [5]) 2. Sam. 6, 23. — [6]) Theodoret. Ex. 11 in 2. Sam. 11. — [7]) Is. 50, 1; 54, 6. Jer. 3, 8. — [8]) Num. 30, 10; Lev. 22, 13. — [9]) Lev. 21, 7, 14. Ez. 44, 22.

(der du Treue und Liebe gelobet hast). Und um den Juden jedwede Berufung auf das Verfahren Abrahams mit Hagar abzuschneiden, fügt er hinzu: „Was that der Eine (Abraham)? Samen Gottes suchte er“, also eine gottgeheiligte Nachkommenschaft, die nach dem Willen Gottes nicht durch eine fremde Magd, sondern durch die heilige Verbindung mit einer Israelitin erzielt werden sollte. „So sollt ihr euch hüten für eueren Geist (durch solche Mischehen) und an dem Weibe deiner Jugend handle nicht treulos. Denn ich hasse Scheidung, spricht der Herr, der Gott Israels, und der sein Weib verstößt, bedeckt mit Frevel sein Gewand. So sollet ihr euch hüten für eueren Geist und nicht treulos handeln.“ [1])

Aehnlich lautet auch das Urtheil des Talmud über die Scheidung: Wer sich von seiner Frau scheidet, der ist verhaßt vor Gott, und: Wer sich scheidet von seiner Jugendgenossin, über den vergießt der Altar (Bild des Friedens und der Versöhnung) Thränen.[2]) Obgleich das Weib bei den Hebräern auf keiner so tiefen Stufe, wie bei den Heidenvölkern stand, sondern immer ihre Persönlichkeit geachtet wurde: so erscheint doch darin ihre geringere Selbstständigkeit, daß nach dem mosaischen Gesetze das Recht, sich zu scheiden, nur dem Manne und nicht dem Weibe zustand. Wenn später Herodias nach der Geburt der Salome ihren Mann Herodes verließ und dessen Bruder heirathete [3]), und Salome ihrem Manne Costobarus sogar einen Scheidebrief schickt [4]), so bezeichnet Josephus selbst dieses Verfahren als ein solches, welches gegen die vaterländischen Gesetze verstößt und als eine fremde (griechische oder römische) Sitte eingedrungen war. Milderungen zu Gunsten der Frau brachte das rabbinische Gesetz.

In zwei Fällen verbietet der Gesetzgeber die Scheidung gänzlich. Wenn nämlich der Mann diesen Zweck auf eine die Ehre der Frau verletzende Weise zu erreichen sucht dadurch, daß er fälschlich vorgibt, er habe sie in der Brautnacht nicht als Jungfrau gefunden; in diesem Falle durfte er sie nicht entlassen [5]), ein Beweis, daß der Mann bei der Scheidung triftige Gründe anführen mußte. Ein zweiter Fall, in welchem der Mann die Frau nie entlassen durfte, war, wenn er sie als eine von ihm gewaltsam entehrte Jungfrau hatte zur Ehe nehmen müssen [6]), weil eine Solche von der ihr anhaftenden Schande sich nicht anders frei machen konnte und schwerlich einen anderen Ehemann gefunden hätte.

Das talmudische Recht hat über die Ehescheidung vielfache Bestimmungen getroffen.[7]) Die Scheidung kann entweder durch das Gericht veranlaßt oder auf Verlangen der Ehegatten geschehen.

Das Gericht veranlaßt die Scheidung auch dann, wenn beide Eheleute die Ehe fortbestehen ließen, in folgenden Fällen: 1. Wenn die Frau einen Ehebruch begangen, weil diese Verletzung der Sittlichkeit als ein am Staate begangenes Unrecht erscheint. 2. Wenn die Frau einen heimlichen Umgang mit einem Manne gepflogen, vor welchem ihr Gatte sie verwarnt hat. Hat sie nach Auflösung der Ehe den Verdächtigen geheirathet, so wird auch da die Scheidung gerichtlich veranlaßt, außer wenn bereits Kinder da

[1]) Malach. 2, 10 ff. — [2]) Gittin 90 b. — [3]) Joseph. Ant. XVIII, 5, 4. — [4]) L. c, XV. 7, 10. — [5]) Dt. 22, 13 ff. siehe oben S. 59. — [6]) Dt. 22, 28, 29. — [7]) Vgl. Frankel, Grundlinien l. c. S. 42 ff.

sind, damit sie nicht als Bastarde gelten. 3. Wenn die Eheschließung gegen ein gesetzliches Verbot verstieß, mithin ein matrimonium injustum war. 4. Wenn der Mann mit Aussatz behaftet ist, aus Gesundheitsrücksichten [1]), und 5. wenn die Ehe nach zehnjährigem Bestande kinderlos ist.[2])

Das talmudische Recht erkennt auch unter gegebenen Umständen der Frau das Recht zu, auf Scheidung zu dringen. Damit jedoch in diesem Falle dem mosaischen Gesetze gemäß die Scheidung vom Manne ausgehe, veranlaßte das Gericht, oft mit Zwangsmaßregeln, den Mann, den Scheidebrief zu ertheilen.

Der **Mann** kann die Scheidung beantragen: 1. Wenn die Frau bei Besorgung des Hauswesens sich gegen das mosaische Gesetz vergeht, z. B. bei Bereitung von Speisen, deren Genuß nach dem Ritualgesetze verboten ist, sich von ihm während der Menstruation beschlafen läßt, oder den sittlichen Anstand verletzt, z. B. mit aufgelöstem Haare ausgeht, auf offener Gasse spinnt und sich mit Jedermann unterhält, oder wenn der Mann findet, daß sie Fehler und Gelübde an sich habe. Zeigten sich die Fehler schon da, als sie noch im väterlichen Hause war, so muß der Vater den Erweis bringen, daß dieselben erst nach der Verlobung entstanden seien. Zeigen sie sich, da sie schon im Hause des Mannes war, so hat dieser den Beweis zu führen, daß sie dieselben bereits vor ihrer Verlobung hatte, in welchem Falle nur er das Recht hat, sie ohne Ketuba zu entlassen.[3]) 2. Wenn die Frau eines ehebrecherischen Umganges dringend verdächtig ist. 3. Wenn die Frau in Gegenwart ihres Mannes dem Schwiegervater oder auch dem Manne selbst flucht.[4]) 4. Wenn die Frau ihrem Manne nicht nach einem anderen Orte folgen will.[5]) 5. Wenn die Frau dem Manne die eheliche Pflicht verweigert. Gibt die Frau einen inneren Widerwillen vor, dem Manne die eheliche Pflicht zu leisten, so wird ihr die Scheidung ohne Auszahlung der Ketuba bewilligt, da man ihr hierin keinen Zwang auferlegen kann.[6]) Bei Verweigerung des ehelichen Umganges von Seiten des Mannes erfolgt Geldstrafe, und wenn diese nicht zum Ziele führt, Scheidung, wobei die Frau die Ketuba zu fordern das Recht hat [7]); ebenso wenn ihr die Leistung dieser Pflicht auf eine näher angegebene Weise verleidet wird.[8]) Bei Verweigerung der ehelichen Pflicht erfolgt die Scheidung nach 12 Monaten.

Die **Frau** kann die Scheidung beantragen: 1. Wenn der Mann nach der Verheirathung eine ekelhafte Krankheit sich zuzieht, bei üblem Geruch aus der Nase, oder ein Gebrechen bekommt, oder ein ekelhaftes Gewerbe ergreift, z. B. Erzgräber oder Gerber wird.[9]) 2. Wenn sie mißhandelt wird.[10]) 3. Wenn ihr Mann den Glauben wechselt.[11]) 4. Wenn der Mann wegen eines Verbrechens landesflüchtig wird. 5. Bei ausschweifendem, lüderlichem Lebenswandel des Mannes. 6. Wenn der Mann das Vermögen vergeudet und seine Frau nicht alimentiren will. 7. Bei sich

---

[1]) Ketub. 77. — [2]) Jebam. 64. Eben Haeser 154. — [3]) Ketub. VII, 6—8. **Kiddus.** II. 5. Gittin 90 a. b. — [4]) Eben Haeser 115, 4. Bet. Joseph. — [5]) Siehe oben S. 74. — [6]) Ket. 63 b. **Maimon.** Ischut 14, 8. — [7]) **Maim.** l. c. 14, 15. **Eben Haeser** 77, 1. — [8]) Ket. 48 a. Eben Haeser 76, 13. — [9]) Ketub. VII. 9, 10. — [10]) Eben Haeser 154. § 3. Glosse. — [11]) Eb. Haeser l. c. Bet Joseph 134.

herausstellender Impotenz des Mannes, wobei den Aussagen der Frau eine vorzügliche Glaubwürdigkeit beigelegt wird.[1]) Wenn der Talmud[2]) der Frau das Recht einräumt, wegen verweigerter ehelicher Beiwohnung, oder weil es der Mann ihr an Nahrung und Kleidung mangeln ließ, die Ehescheidung zu verlangen, so läßt sich ein solches Recht nach dem Vorgange der Rabbinen nicht aus den Stellen der Schrift Ex. 21, 8—11 und Dt. 21, 14 ableiten; denn diese handeln von den zu Concubinen genommenen Mägden und Kriegsgefangenen, welche Vorschriften auf freie Frauen keine Anwendung finden.

Außer den oben genannten Fällen, in welchen nach der Mischna der Mann zur Scheidung gezwungen wurde, gibt es noch andere, bei denen sich bloß der Ausdruck findet: „er soll sie gehen lassen und ihr die Ketuba geben;" so wenn der Mann ihr jede Beschäftigung verbietet,[3]) ihr manchen unentbehrlichen Genuß untersagt, den Besuch des Elternhauses verbietet, manche unsittliche oder unsinnige Forderungen an sie stellt oder sie dazu zwingt.[4]) In diesen Fällen kann das Gericht nur einen moralischen Zwang auf den Mann ausüben, ihn verwarnen, vor dem Umgange mit einem solchen Gesetzesübertreter warnen, nicht aber den Bann aussprechen.[5])

Die Fassung des Scheidebriefes ist streng formulirt.[6]) Der Mann überreicht ihn der Frau mit den Worten: „Dieses ist dein Scheidebrief, du bist nun von mir geschieden und kannst heirathen, wen du willst."[7]) Die Zeugen müssen das Document der Ordnung wegen unterzeichnen.[8]) Ursprünglich konnte man, wenn der Mann, die Frau oder der Ort mehrere Namen hatte, den einen oder den anderen in den Scheidebrief schreiben. Später mußte nach dem Namen die Formel beigesetzt werden: Und welchen Namen ich (sie, er) sonst noch führe.[9]) Ein solcher Scheidebrief, gewöhnlich גט, d. i. Urkunde genannt, hatte folgende Form[10]): „Am vierten Wochentage (Dienstag), am 11. des Monates Cislev im Jahre 5454 von der Erschaffung der Welt nach jener Zeitrechnung, welcher wir hier folgen, in der Stadt Amsterdam, auch Amstelredam genannt, am Meerbusen Taya gelegen, und an dem Flusse Amstel, erkläre ich Abraham, des Benjamin Wolf Sohn, aus priesterlichem Geschlechte, der gegenwärtig wohnt in Amsterdam, am Meerbusen Taya und an der Amstel gelegen, oder was immer für ein Name oder Zuname mir, meinen Eltern, meinem und meiner Eltern Wohnorte zukommt: aus freiem Entschlusse, ohne jeglichen Zwang verlasse, entlasse und verschmähe ich (scheide mich) dich, meine Frau Rebecca, die Tochter des Leviten Jonas, heute in der Stadt Amsterdam, auch Amstelredam genannt, am Meerbusen Taya und an der Amstel gelegen, und wenn irgend ein anderer Name oder Zuname dir, deinen

[1]) Jebam. 65 b. Maim. l. c. 15, 8. Eben Haeser 154, 6, 7. — [2]) Ueber Form und Weise der Scheidung handelt der Tractat Gittin, Maimonid. Geruschin, Eben Haeser 119—153.

[3]) Ket. 59. — [4]) Ketub. 70, 71. — [5]) Tosafot Ketub. 88. Eben Haeser 154. § 21.

[6]) Die formellen Bestimmungen in Hinsicht der Ausfertigung, Sprache, Unterschrift des Scheidebriefes enthält der Tr. Gittin 9, 4—9 und Eben Haeser 154.

[7]) Gittin 9, 3. — [8]) Gittin 4, 3. — [9]) Gittin 4, 2. — [10]) Aus Surenhus Mischna 3. Theil S. 325.

Eltern, deinem oder deiner Eltern Wohnorte zukommt, die du bisher meine Ehegattin gewesen bist, entlasse, verlasse und verschmähe ich, so daß du von nun an deine eigene Machtvollkommenheit habest (frei bist) und deine eigene Frau bist und jeden Mann, den du willst, heirathen kannst, noch irgend Jemand dich mit meinen Worten vom heutigen Tage an in alle Zukunft hindern kann und du allen Männern erlaubt seiest. Dieses ist für dich der Scheidebrief, die Verbürgung der Freiheit, das Scheidungsdocument nach dem Gesetze Mosis und der Israeliten.

Sealtiel, des Paltiel Sohn, als Zeuge.

Calonimus, des Gabriel Sohn, als Zeuge."

Der Mann kann den Scheidebrief auch durch einen Boten der Frau übersenden und bevor er in ihre Hände gelangt ist, ungiltig machen, nicht aber, wenn die Frau den Boten abgesandt hat, um das Document in Empfang zu nehmen, da derselbe sie vertritt. Sowohl die Aufforderung der Frau, als die Empfangnahme von Seite des Boten muß in Gegenwart zweier Zeugen geschehen.[1]) Der Ueberbringer des Scheidebriefes darf die Frau nicht heirathen.[2]) Wird der Bote aus einem fernen Lande unterwegs krank, so kann der Scheidebrief gerichtlich weiterbefördert werden.[3]) Stirbt Jemand beim Ueberreichen des Scheidebriefes an den Boten, so darf derselbe der Frau nicht übergeben werden.[4]) Im 11. Jahrhundert setzte derselbe R. Gerson, der als Urheber des Verbotes der Polygamie gilt, unter Androhung des Bannes fest, daß keine Frau ohne ihre Einwilligung geschieden werden dürfe, was im Allgemeinen gesetzliche Kraft erhalten hat.[5])

Auch die Griechen kannten die Ehescheidung. Bei Uebereinstimmung beider Theile konnte die Ehe sofort durch die bloße schriftliche Anzeige beim Archon getrennt werden; doch war dabei in den meisten Fällen die Einwilligung der Frau illusorisch, da sie eben ganz der Gewalt des Mannes anheimgegeben war, und so scheint der Wille des Mannes allein zur Trennung der Ehe hingereicht zu haben. Nur die Mitgift, die der Mann herauszuzahlen hatte, wirkte einigermaßen noch als Schutzmittel.[6]) Bei den Römern war es nach den alten Gesetzen[7]) dem Manne gestattet, wegen vier Vergehen der Frau: Giftmischerei, Ehebruch, Weintrinken und Unterschieben eines Kindes, die Frau zu entlassen; die Frau hatte jedoch kein Recht, Scheidung zu begehren. Bis zum zweiten punischen Kriege scheint die Volksstimmung und das moralische Gefühl den Ehescheidungen überhaupt abgeneigt und durch die censorische Aufsicht beschränkt gewesen sein, weshalb auch der Mann, welcher willkürlich seine Gattin verstieß, an seinem Vermögen gestraft wurde. Das Band der freien Ehe ohne manus wurde durch beiderseitiges Uebereinkommen, oder durch den Willen des Vaters der Frau oder des Gatten und später der Frau selbst gelöst, so daß in späterer Zeit die Scheidungen rasch zunahmen und die geringfügigsten Ursachen oder

---

[1]) Gittin 1, 6; 4, 1; 6, 1, 2. — [2]) Jebam. 2, 9. — [3]) Gittin 3, 6. — [4]) Gittin 1, 6. — [5]) Schulch. Ar. Eben Haeser 119, 4. R. Ascher respons. 42. — [6]) Demosthen. c. Eubul. Or. att. V. 514 ff.; c. Aphob. pg. 103, 104. — [7]) Diodor. Halic. 2, 25. Plutarch Romul. cp. 22.

Vorwände dazu hinreichten.[1]) Wenn demnach ältere Autoren[2]) als erste Ehescheidung die des Carvilius Ruga anführen, welcher seine Frau wegen Kinderlosigkeit fortschickte, und beifügen, daß diese Scheidung großes Aufsehen erregte, so gilt dieses nur von der einseitigen Scheidung, die damals zuerst Platz griff, als Ruga sich von seiner Frau ohne deren Willen schied, nicht aber von der Scheidung communi sensu, da frühere gerichtliche Scheidungen constatirt sind.[3]) Die Scheidung einer confarreirten Ehe war schwieriger, denn da diese in religiös-feierlicher Weise geschlossen wurde, konnte sie eben nur auf diese Art gelöst werden, um die Einwilligung der Götter zu erlangen und den Bruch des religiös geknüpften Bandes zu sühnen. Die Diffarreation geschah durch einen Priester unter traurigen Gebräuchen und Verwünschungen, die ohne Zweifel dem schuldigen Theile galten. Unauflöslich war nur die Ehe des Flamen Dialis, bis Domitian auch ihm die freie Scheidung gestattete.

§ 12. Die Wittwe.

Außer der Scheidung wurde die Ehe durch den Tod getrennt. Ist die Lage einer Wittwe[4]), die nach dem Tode ihres Mannes vereinsamt und verlassen, deshalb der Ungerechtigkeit Anderer preisgegeben und eben darum hilflos und schutzbedürftig ist, eine traurige, so mußte das Gesetz besonders ihr Schutz und Beistand angedeihen lassen. Dasselbe warnt vor jeder harten Behandlung der Wittwen und Waisen mit Hinweis auf die besondere Obhut Gottes, unter welcher sie stehen, und auf die Strafen, welche man durch harte Behandlung dieser Schützlinge Gottes sich zuzieht.

So erscheint Gott als „Vater der Waisen und Richter der Wittwen"[5]), der „Waisen und Wittwen aufnimmt"[6]), „Recht schafft der Waise und der Wittwe"[7]), der „die Wittwen reichlichst segnet"[8]), „die Grenzen der bedrängten Wittwe feststellt"[9]), d. h. das Besitzthum der bedrängten Wittwe schützt, der „ein schneller Zeuge ist gegen jene, welche Wittwen und Waisen unterdrücken"[10]) und ihre Bitten erhört: „der Herr mißachtet nicht der Waisen Bitten und nicht die Wittwe, wenn sie ihres Jammers Worte ausschüttet.[11]) Fließen nicht der Wittwe Thränen herab über die Wange, und ist ihr Rufen nicht gegen den, welcher dieselben auspreßt? Von der Wange nämlich steigen sie hinan zum Himmel, und der Herr, welcher erhört, hat

---

[1]) Siehe oben S. 44. Vgl. Juvenal. 6, 229: Sic fiunt octo mariti, quinque per annos. Martial. 6, 7: Aut minus aut certe non plus, tricesima lux est. Et nubit decimo jam Thelesina viro.

[2]) Diodor. l. c. Plutarch. comp. Thesei cum Rom. cp. 6; comp. Numae et Lycurgi cp. 3; quaest. rom. 9. Valer. Max. 2, 1, 4.

[3]) Döllinger, Heidenthum l. c. S. 700.

[4]) אַלְמָנָה d. h. die Verlassene, die Vereinsamte. Vgl. die Monographien G. Frommüller, de vidua Hebraea. Vit. 1714. Th. Dassovius, vidua Heb. in Ugolin. Thesaur. 30. Bd. S. 1025 ff.

[5]) Ps. 67, 6. — [6]) Ps. 145, 9. — [7]) Dt. 10, 18. — [8]) Ps. 131, 15. — [9]) Prov. 15, 25. — [10]) Mal. 3, 5. — [11]) Vgl. Prov. 22, 22; 23, 10.

nicht Freude an ihnen.[1]) „Darum seufzt auch Judith: „Komme zu Hilfe, ich bitte dich, Herr, mein Gott! mir, einer Witwe.“ [2])

Moses spricht gegen die Frevler dieses Gebotes den Fluch aus: „Verflucht, wer verdreht das Recht des Fremden, der Waise und der Wittwe!“[3]) Nach Baruch unterscheidet sich der lebendige Gott Israels dadurch von den Götzen, welche der Wittwe sich nicht erbarmen, und nichts Gutes den Waisen thun.[4]) Ja, Gott will sogar für die Wittwen und Waisen Edoms, des Feindes Israels, sorgen, daß sie nicht umkommen.[5]) Es ist demnach ein Zeichen der größten Verkommenheit des Volkes und der göttlichen Strafe, wenn Gott „sich der Wittwen und Waisen seines Volkes nicht mehr erbarmt[6]), die Weiber zu Wittwen macht[7]) und derselben mehr werden als der Sand am Meer.“[8])

Das Gesetz nimmt Wittwen und Waisen in Schutz mit Hinweis auf die göttliche Strafe Jener, welche sie bedrücken oder ihre Rechtsache nicht gerecht richten: „Beeinträchtigt nicht Wittwen und Waisen. Wenn ihr diese bedrücket, werden sie zu mir rufen, und ich werde ihr Klagen hören, und mein Zorn wird entbrennen, euch werde ich mit dem Schwerte tödten, und eure Weiber sollen Wittwen und eure Kinder Waisen werden.“[9]) Daß solche himmelschreienden Sünden in Israel oft vorkamen, bestätigen die Rügen der Propheten wegen der Hartherzigkeit ihres Volkes: „Deine Fürsten, Jerusalem, sprechen nicht Recht der Waise, und der Wittwe Streitsache gelangt nicht zu ihnen“, klagt Isaias[10]), und ebenso Jeremias[11]): „Die Rechtssache der Wittwe entscheiden sie nicht, die Sache des Waisen ordnen sie nicht.“ — „Wehe denen, die Unrecht niederschreiben, um zu unterdrücken im Gerichte Arme und Gewalt anzuthun der Rechtssache der Bedrängten meines Volkes, damit die Wittwen ihre Beute seien und sie die Waisen plündern könnten“.[12]) „Siehe, die Fürsten haben den Fremdling bedrückt in deiner Mitte, Waise und Witwe betrübt bei dir!“ ruft entrüstet Ezechiel.[13]) Ja, man ging zu Zeiten des Michäas so weit, daß die Gottlosen die Wittwen aus ihren Häusern, in denen sie bisher Glück und Zufriedenheit fanden, verjagten und sich an den Waisen vergriffen, so daß diese nicht mehr zur Verherrlichung Gottes beitragen können[14]), Wittwe und Fremdling tödteten und die Waise ermordeten[15]) und selbst die schlechten „Propheten Wittwen inmitten ihres Volkes mehrten“, indem sie in unersättlicher Gier nach Hab und Gut ihre Männer tödteten.[16])

Angesichts solcher Thatsachen lassen die Propheten die dringende Aufforderung ergehen, von diesem Lasterwege zum Gesetze zurückzukehren, wenn nicht die ganze Schwere des göttlichen Gerichtes über sie hereinbrechen soll. „Strebet nach Recht, kommt zu Hilfe den Unterdrückten, sprechet Recht der Waise, schützet die Wittwe, dann kommet und rechtet mit mir!“[17]) „Wenn ihr nicht den Fremdling und die Waise und die Wittwe vergewaltigt, spricht der Herr durch Jeremias[18]), so will ich bei

---

[1]) Eccli. 35, 17—19. — [2]) Judith 9, 3. — [3]) Dt. 27, 19. — [4]) 6, 37. — [5]) Jer. 49, 11. — [6]) Is. 9, 17. — [7]) Ex. 22, 24. Ps. 108, 9. Jer. 18, 21; vgl. Ez. 19, 7. — [8]) Jer. 15, 8. — [9]) Ex. 22, 22—24. — [10]) Is. 1, 23. — [11]) 5, 28. — [12]) Is. 10, 1, 2. — [13]) 22, 7. — [14]) Mich. 2, 9. — [15]) Ps. 93, 6. — [16]) Ez. 22, 25. — [17]) Is. 1, 17. — [18]) 7, 6.

euch wohnen“ und: „Uebet Recht und Gerechtigkeit, Fremdling, Waise und Wittwe betrübet nicht und vergewaltigt nicht ungerecht“, denn wenn ihr dieses nicht thut, soll der Tempel zerstört werden[1]). Und auch Zacharias[2]) spricht im Namen des Herrn: „Wittwe und Waise und Fremdling und Armen wollet nicht bedrücken.“ Die Bedrückung der Wittwen erscheint daher unter den größten Sünden. So beschuldigt Eliphas (wiewohl fälschlich) unter andern den Job: „Wittwen schicktest du leer fort und der Arm der Waisen ward zermalmt. Darob umgeben dich Schlingen und überfällt dich der Schrecken plötzlich.“[3]) Von dem Frevler und Gottlosen sagt Job, daß „er die Unfruchtbare, die nicht gebar, ausplündere und der Wittwe nichts Gutes thue[4]); und der Weise führt die Gottlosen also sprechend ein: „Vergewaltigen wir den Armen, den Gerechten und schonen wir nicht der Wittwe.“[5])

Job konnte sich mit Recht auf die Werke der Barmherzigkeit berufen: „Wenn ich einen Wunsch den Niedrigen versagt, und die Augen der Wittwe verschmachten ließ, und aß meinen Bissen allein, und nicht genoß davon die Verwaiste — nein seit meiner Jugend wuchs er mir auf wie einem Vater und von meiner Mutter Leib leitete ich jene . . . wenn ich über Waisen meine Hand schwang (sie bedrückte), weil ich im Thore (beim Gerichte) meine Hilfe sah, so entfalle meine Achsel ihrem Nacken“[6]) und Jedermann pries ihn glücklich, „denn ich rettete den Unglücklichen, welcher schrie, und die Waise, und die keinen Helfer hatten; der Segen des Verlorenen (der ihm seine Rettung dankte) kam über mich, und das Herz der Wittwe (die er beschützte) machte ihn jubelnd.“[7])

Ferner verbot das Gesetz, einer Wittwe das Kleid zum Pfand wegzunehmen[8]), noch irgend ein Vieh, welches sie zur Arbeit oder zum Unterhalte braucht. Darum beschuldigt Job die Gottlosen, daß „sie den Esel der Waisen fortführen und das Rind der Wittwe pfänden“ . . von der Mutterbrust (der Wittwe) den Säugling reißen, um ihn als Sclaven zu haben, sogar dessen ärmliche Kleidung pfänden und bei harter Arbeit ihn halb verhungern lassen.[9]) So beklagt sich eine Wittwe bei Eliseus, daß ihre zwei Söhne von dem Gläubiger als Sclaven weggenommen wurden.[10])

Nach Maimonides[11]) sollen vor Gericht erst die Sachen der Waisen und der Wittwen vorgenommen werden. Wittwen und Waisen sollen auch bei den mit Darbringung von Opfern und Zehenten verbundenen Festmahlzeiten als Gäste zugezogen werden.[12]) Wenn eine verwittwete Priestertochter kinderlos in das Haus ihres Vaters zurückkehrte, konnte sie Antheil an der heil. Hebe haben, weil sie wieder Glied der Familie wurde; hatte sie jedoch Kinder, so hatte sie keinen Antheil, weil sie mit denselben nach dem Tode ihres Mannes eine eigene Familie bildete, vorausgesetzt, daß ihr Mann ein Laie war.[13])

In späterer Zeit war es Sitte, den armen Wittwen für die Paschamahlzeit Wein zu den vier Bechern zu schenken. Auch hinterlegten Wittwen

[1]) Jer. 22, 3 ff. — [2]) 7, 10. — [3]) Job. 22, 9, 10. — [4]) Job. 24, 21. — [5]) Sap. 2, 10. — [6]) Job. 31, 16—23. — [7]) Job. 29, 11 ff. — [8]) Dt. 24, 17. — [9]) Job. 24, 3, 9 ff. — [10]) 4. Kön. 4, 1 ff. — [11]) Syned. 21, 6. — [12]) Dt. 14, 29; 16, 11, 14; 26, 12 ff. — [13]) Lev. 22, 12 ff.

und Waisen in der nachexilischen Zeit ihr Vermögen zur größeren Sicherheit im Tempelschatze[1]); es ist nicht unwahrscheinlich, daß mit diesen Depositengeldern von Seite der Priester mancher Mißbrauch getrieben wurde, worauf Christus anspielt.[2]) Die Nachlese auf Aeckern, in Weinbergen, an Oelbäumen, sollte den Wittwen und Waisen überlassen werden.[3]) Auch ein Theil der Kriegsbeute scheint ihnen zugesprochen worden zu sein.[4])

Es versteht sich von selbst, daß eine Wittwe ebenso, wie die Geschiedene, zu einer Wiederverehelichung schreiten konnte. Wenn auch das Gesetz keine directe Bestimmung hierüber enthält, so setzt es dieselbe voraus, wie aus einigen Rechtsbestimmungen deutlich erhellt. So soll der Hohepriester keine Wittwe heirathen[5]), weil für die hohe Würde seiner Person eine solche Ehe weniger angemessen erschien. Nach Ezechiel[6]) soll dieses Gebot beim neuen Tempel auch auf die Priester ausgedehnt werden. Ferner setzt das Leviratsgesetz die Wiederverehelichung einer Wittwe voraus. Es war Sitte, daß Wittwen zum Zeichen der Trauer um den verstorbenen Gatten Wittwenkleider, jedenfalls dunkle Kleider anlegten[7]) und sodann in's väterliche Haus zurückkehrten.[8]) Kann allerdings der Fall eintreten, daß eine Wittwe keine Ursache hat, den Tod des gottlosen Mannes zu beweinen[9]), so wurde doch der Wittwenstand im Allgemeinen schwer ertragen[10]), da dieselben ein eingezogenes Leben führten.[11]) Wenn nichts desto weniger eine Wittwe eine zweite Ehe ausschlug und im Wittwenstande lebte, so wird dies als ein Zeichen eines heiligmäßigen Lebens betrachtet. Als Musterbild der Wittwen erscheint Judith. Die Liebe zu ihrem verstorbenen Manne bewog sie, die Wittwenkleider nicht abzulegen, außer wenn es die Freude der Festfeier gebot.[12]) Als sie sich anschickte, in's feindliche Lager zu gehen, legte sie ihren Festschmuck an, gleichsam um dem Gatten noch zu gefallen, wenn sie das Vaterland befreie.[13]) Obgleich mit allen Vorzügen des Leibes und Geistes versehen und mit Gütern reich gesegnet, schritt sie doch nicht zu einer zweiten Ehe, sondern bewahrte ihre Keuschheit im Wittwenstande und ließ sich auch im Grabe ihres Mannes beisetzen.[14]) Der Wittwe von Sarepta, welche während einer Hungersnoth, der eigenen und ihres Kindes Noth vergessend, den letzten Bissen mit dem Propheten Elias theilt, vermehrte dieser das Mehl und Oel und erweckte den todten Sohn zum Leben.[15]) Auch Eliseus vermehrte auf Bitten einer Wittwe das Oel im Kruge, damit sie ihre Schulden zahlen könne.[16]) Einer klugen Wittwe bedient sich Joab, um von David die Zurückberufung des Absalom zu erwirken.[17]) Eine Wittwe war auch verpflichtet, ihr Gelübde zu halten.[18])

Bei Griechen und Römern galt die zweite Ehe von Alters her[19]) für wenig ehrenvoll, besonders in Rücksicht auf die Frauen[20]), und als ein

---

1) 2. Mach. 3, 10. — 2) Matth. 23, 14. — 3) Dt. 24, 19 fl. — 4) 2. Mach. 8, 28, 30. — 5) Lev. 21, 14. — 6) 44, 22. — 7) Gen. 38, 14, 19. Judith 10, 2; 16, 9. — 8) Gen. 38, 11. Ruth 1, 8 fl. Lev. 22, 13. — 9) Job. 27, 15. — 10) Js. 54, 4; Bar. 4, 12, 16; 2. Sam. 14, 5 fl. — 11) Vgl. 2. Sam. 20, 3. — 12) Jud. 8, 2 fl. — 13) Vgl. Bibl. Frauen, S. 343 fl. — 14) Jud. 16, 26 fl. — 15) Bibl. Frauen, § 31. — 16) 4. Kön. 4, 1 fl. — 17) 2. Sam. 14, 1 fl. — 18) Num. 30, 10. — 19) Pausan. 2, 21, 8. — 20) Diodor. Sic. 13, 12. Virgilius Aeneid.4, 23 fl. Val. Max. 2, 2, 3.

ungünstiges Omen. Daher durften der Groß-Pontifex[1]) und der Opferkönig sich nicht zum zweiten Male vermälen. Die zweite Ehe eines Weibes wurde sogar für bedenklich gehalten, weshalb nur einmal vermälte Frauen bei Hochzeiten zu Pronubae genommen und zum Culte der Pudicitia, Fortuna Muliebris und Mater Matuta zugelassen wurden.[2]) Josephus[3]) berichtet, daß die jugendliche Wittwe des Brudes des Drusus, Antonia, die zweite Ehe ausschlug, obgleich Augustus sie dazu aufforderte, und zwar aus Liebe zur Keuschheit.[4])

Der Talmud enthält vielfache Bestimmungen über die Wittwe, deren Tendenz dahin geht, ihr die Wiederverheirathung in jeder Weise zu erleichtern. Durch den Tod des Mannes erlangt die Frau auch nach rabbinischen Satzungen das Recht, frei über sich zu verfügen.[5]) Die auf Muthmaßungen beruhende Aussage über den Tod des Mannes ist ohne Gewicht, außer die Umstände sind derart, daß z. B. bei einem Sturze in's Wasser eine Rettung unmöglich war.[6]) Dagegen genügt die mündliche Aussage auch nur Eines Zeugen, ja der Verwittweten selbst, weil im Falle, daß sich die Aussage als unwahr herausstellt, die Frau, wenn sie eine zweite Ehe einging, den zweiten und ersten Mann verlassen muß, auch die Ketuba und die Alimente verliert.[7]) Doch darf die Wittwe vor Ablauf von 90 Tagen nicht wieder heirathen, die zur Schwagerehe Geeignete auch nicht die Ceremonie des Schuhausziehens vornehmen.[8]) Eine gerichtliche Verschollenheitserklärung kennt das talmudische Eherecht nicht. Der Beweis durch Identität der Leiche kann nur durch untrügliche Zeichen an der aufgefundenen Leiche hergestellt werden.[9])

Die Wittwe, welche erst nach dem Tode des Mannes ihren ersten Sohn gebar, hatte das übliche Lösegeld nicht zu zahlen.[10]) Die Pflicht, für die Wittwe zu sorgen, oblag den Kindern. Hinterließ ein Mann keine Kinder, so blieb der sich nicht wiederverheirathenden Wittwe die Nutznießung der Güter ihres Mannes bis zu ihrem Tode. Die Erben haben kein Recht, von der Wittwe zu verlangen, daß sie in's elterliche Haus zurückkehre, um dort ihren Unterhalt zu bekommen, sondern sie muß im Hause des Mannes eine standesgemäße Wohnung nebst Unterhalt und Bedienung erhalten und hat volle Ansprüche auf das ihr verschriebene Heirathsgut. Kehrt sie jedoch in's väterliche Haus zurück, so sind die Erben nicht verhalten, den Unterhalt zu geben, außer die Wittwe und ihre Kinder sind noch sehr jung, auch kann sie oder ihre Erben bis zum Verlaufe von 25 Jahren die Ketuba beanspruchen, indem man es ansieht, als sei auf die Betreffende Verzicht geleistet worden.[11]) Um ihren Unterhalt und Ketuba zu erlangen, kann die Wittwe (auch nach der Verlobung) selbst außergerichtlich, mit Hinzuziehung dreier Sachverständigen, von den Gütern des Verstorbenen verkaufen.[12]) Die Pflicht der Alimentirung der Wittwe war in dem alten Formular der

[1]) Tertull. de exh. ad cast. 13; de monogam. 17 u. ad uxor. 1, 7. — [2]) Plutarch., quaest. rom. 105. Tacit. Ann. 2, 86. Propert. 5, 11, 36. — [3]) Antiq. XVIII. 6, 6. — [4]) Vgl. Rau Progr. de princ. causa iodi secundarum nuptiarum ap. Veteres Lips. 1803. — [5]) Kidd. 1, 1. — [6]) Jebamot 114 u. 115. — [7]) Jebam. cp. 10, 15, 16. — [8]) Jebam. 4, 10. — [9]) Jebamot 120, 121. Eben Haeser § 24. — [10]) Maim. Bech. 1, 5. — — [11]) Ketub. 12, 3, 4. — [12]) Ket. 11, 2.

Ketuba also ausgedrückt: „Du sollst wohnen in meinem Hause und durch alle Tage deines Wittwenstandes aus meinem Vermögen ernährt werden", wozu die Judäer im Gegensatze zu den Einwohnern Jerusalems und Galiläas noch hinzufügten: „bis dir die Erben die Ketuba ausbezahlen werden."[1])

Dieses Benehmen, die Alimentirung der Wittwe von dem Belieben der Erben abhängig zu machen, wird als wenig ehrenvoll getadelt.[2]) Die Wittwe geht allen Erben voran, so daß, wenn nicht genügendes Vermögen zur Alimentirung Aller vorhanden ist, für die Wittwe nach muthmaßlicher Berechnung ihrer Lebensjahre vorweggenommen wird.[3]) Ein Erblasser kann zu Gunsten einer Wittwe Bestimmungen treffen, daß seine Frau nach seinem Tode unabhängig von der Ketuba alimentirt werden soll, in welchem Falle sie durch Auszahlung der Ketuba die Alimentirung nicht einbüßt.[4]) Auch ist die Wittwe verpflichtet, den Erben für die Alimente dieselben Dienste, wie dem Manne zu leisten[5]), mit Ausnahme derjenigen, welche die Frau dem Manne nur aus Liebe gewährt[6]), außer der Erblasser hat anders verfügt. Was von Nahrung und Wohnung gilt, hat auch Anwendung auf die Bekleidung und Verpflegung im Krankheitsfalle der Wittwe. Bei Auszahlung der Ketuba hat die Wittwe, wenn das beim Tode des Mannes sich Vorfindliche (Muchsak) nicht ausreicht, keine Ansprüche an die Mehrung und das in Aussicht Stehende.[7]) Später sind ihr auch hierin mannigfache Rechte eingeräumt worden.[8]) Wenn die Frau nur noch an einen Theil der Ketuba Ansprüche macht, oder ein einziger Zeuge aussagt, daß sie bereits bezahlt worden, so muß sie den Gerichtseid schwören, daß sie das Geforderte noch nicht erhalten habe.[9]) Hinterläßt ein Mann zwei Wittwen, so hat die erste (resp. ihre Erben) hinsichtlich der Ketuba das Vorrecht vor der zweiten.[10]) Die Verlobte wird nach dem Tode des Bräutigams als förmliche Wittwe angesehen und behandelt. Auch eine solche durfte der Hohepriester nicht heirathen. Eine Witwe muß von ihren, nicht von des Mannes Erben beerdigt werden.[11])

Da die Propheten den Bund Jehovas mit seinem Volke als ein eheliches Verhältniß auffaßten, so glich der Zustand Israels in der Gefangenschaft, während welcher Zeit der Bund suspendirt war, einem Wittwenstande.[12]) Darum führt Baruch nach der Abführung des Volkes nach Babylon Jerusalem als trauernde Wittwe vor, welche ihrer Kinder beraubt, das traurige Los derselben beweint und sich mit ihrer Rückkehr tröstet[13]), und als Gott sich ihr wieder zuwandte, die Wittwenkleider ablegt und sich über ihre herbeieilenden Kinder freut.[14])

Außer den oben angeführten Begünstigungen stand einer kinderlosen Wittwe noch das Recht auf die Leviratsehe, d. i. Schwager- oder

---

[1]) Jer. Ket. 4, 14. — [2]) Tosaf. zu Ket. 54 a u. 95 b. Maim. Ischut 18. Eben Haeser 93, 3. — [3]) Ket. 43. B. Batra 140. Maim. l. c. 19, 21. — [4]) Eben Haeser 93, 6. — [5]) Ket. 95. Eb. Haeser 95, 1. — [6]) Ket. 96. — [7]) Bechor. 8, 9. — [8]) Ketub. 8, 8; 9, 2. Maim. Ischut 16, 7, 10. — [9]) Ket. 9, 7, 8. Scheb. 7, 7. Gittin 4, 3. — [10]) Maim. conj. 17, 1. — [11]) Ueber Erbschaft d. Wittwen vgl. Selden de succ. ad leg. Ebr. in bona defunct. Mendelsohn Ritualgesch. 4. Hauptst. Berlin 1799. Gans Erbrecht in weltgesch. Entwicklung 1. 152 ff.

[12]) Sam. 1, 1; 5, 3. Js. 54, 4 vgl. Js. 47, 8, 9. — [13]) Bar. 4, 9 ff. — [14]) Bar. cp. 9.

Pflichtehe[1]) zu. Das Gesetz verordnet hierüber Folgendes: Wenn Brüder zusammenwohnen und einer von ihnen stirbt, ohne einen Sohn zu hinterlassen, so soll die Wittwe des Verstorbenen nicht auswärts einen fremden Mann heirathen, sondern der überlebende Bruder, Schwager (יָבָם Levir) der Wittwe, soll seine Schwägerin (יְבָמָה) heirathen. Der erstgeborene Sohn dieser Ehe soll den Namen des Verstorbenen fortführen, damit derselbe in Israel nicht erlösche.[2]) Dieses Gesetz beruht auf einem alten Herkommen, wie aus der Geschichte der Thamar erhellt, welche, nachdem ihr Schwiegervater Juda nach dem Tode seiner zwei kinderlos verstorbenen Söhne ihr den dritten zur Ehe zu geben verweigerte, durch List aus jenem selbst sich Nachkommenschaft zu verschaffen wußte, um ihrem erstverstorbenen Gatten Samen und Erhaltung seines Namens zu erzielen.[3]) Dieselbe Sitte herrschte einst auch bei anderen Völkern, so bei den Indern, bei denen nicht nur der Bruder eines Verstorbenen verpflichtet ist, mit dessen Wittwe einen Sohn zu zeugen, sondern auch bei Lebzeiten eines untüchtigen Mannes sein Bruder oder Verwandter beauftragt wird, dessen Frau zu einem solchen Zwecke beizuwohnen[4]); bei den Persern[5]), bei den heutigen Tscherkessen[6]), bei den Gallas in Abyssinien, bei den Afghanen, in Siam und Pegu.[7]) Ueber die Ursachen dieser Sitte gehen die Meinungen auseinander.

Der nächste und erste Grund der Leviratsehe bei den Hebräern liegt in dem Wunsche, Namen und Geschlecht fortzupflanzen. Galt es als ein Uebel, ohne Nachkommen zu sterben, so daß das Geschlecht, der Name und das Andenken des Verstorbenen erlosch[8]), so war es offenbar ein Act der Pietät des Schwagers, der sich entschloß, eine solche Pflichtehe einzugehen, da der erstgeborene Sohn nicht den Namen seines natürlichen Vaters, sondern das Geschlecht des Verstorbenen fortführte.[9]) Darum wird auch nie, wo von der Leviratsehe die Rede ist, der Ausdruck vermißt, daß dies geschah, um dem Verstorbenen Nachkommen zu erwecken[10]), daß sein Name erhalten werde und nicht erlösche in Israel.[11]) Für den Levir war dies allerdings ein Opfer, indem er der Fortpflanzung seines eigenen Namens durch den Erstgeborenen entsagen mußte, weshalb ohne Zweifel Viele sich dieser Pflicht zu entziehen suchten, was übrigens als eigensüchtig und lieblos beurtheilt wird.[12]) Diese Sehnsucht nach Kindersegen hatte aber in Israel eine religiöse Seite, weil der dem Abraham ertheilte göttliche Segen sich insbesondere an die Fortpflanzung und Erhaltung seines Samens und Namens knüpfte, wodurch die Kindererzeugung nicht blos als gottgewolltes und gottgefälliges Werk erscheint, sondern auch der alten Sitte, durch die Leviratsehe Geschlecht und Namen zu erhalten, eine gewisse göttliche Sanction ertheilt

[1]) Vgl. **Buxtorf**, Synag. jud. cp. 41. 618. **Perizonius** de const. div. super def. fratris ux. ducenda. Diss. Hal. 1742. **Benary** de Hebraeor. leviratu. Berl. 1835. **Redslob**, Ueber die Leviratsehe bei den Hebräern. Leipz. 1836. **Saalschütz**. M. R. S. 754.

[2]) Dt. 25, 5 fl. Matth. 22, 24 fl. — [3]) Gen. 38. Vgl. Bibl. Frauen, § 9. — [4]) S. **Gans**, Erbrecht I. 77 fl. **Benary** l. c. S. 34 fl. — [5]) **Kleuker** Zendav. III. 226. — [6]) **Niebuhr**, Beschr. 70. — [7]) **Bruce** II. 323 u. **Bodenstedt**, die Völker des Kaukasus. Ffft. 1848. S. 82. — [8]) Ruth. 4, 10. — [9]) Ruth. 4, 11, 12, 14. [10]) Gen. 38, 8, 9. — [11]) Dt. 25, 6, 7, 9. Ruth 4, 5, 10. — [12]) Dt. 25, 8–10.

wurde, indem dies das einzige Mittel war, einem zu erlöschenden Geschlechte den Antheil am Verheißungssegen zu sichern.

Das Gesetz verlangt nicht nach der Meinung des Josephus [1]), daß der Erstgeborene aus einer Leviratsehe den Namen des Verstorbenen erhalte, wie dies selbst bei dem Sohne der Ruth nicht zutraf [2]), sondern nur, daß der Name des Verstorbenen insoferne erhalten werde, daß der Sohn in die Familie jenes eingereiht und so als sein Sohn bezeichnet werde, wobei natürlich der Name des verstorbenen Mannes erwähnt werden mußte und also im Stamme fortlebt, wie z. B. die Hauptlinie Juda, die eigentliche Verheißungslinie [3]), aus der von Thamar erzwungenen Pflichtehe mit Juda hervorgeht.[4]) Außerdem war dabei noch ein anderer Grund maßgebend, nämlich die Erhaltung der Integrität des Familieneigenthums, welcher allerdings erst nach der Eroberung Canaans hinzukam. Dadurch sollte zugleich ein Mittel gegeben sein, der Uebertragung des Grundbesitzes von einem Geschlechte auf das andere vorzubeugen, weil mit dem Uebergange des Eigenthums in fremde Hände das Andenken des früheren Besitzers erlosch.

Daß dieses also der Fall war, bestätigt die Fassung des Gesetzes: „Die Frau soll nicht auswärts (d. h. außerhalb der Familie) einen fremden Mann heirathen, und wenn Brüder zusammenwohnen", was aber nicht gerade besagen will: in demselben Hause — denn wenn das Gesetz eben nur diesem Bruder die kinderlose Schwägerin im Vorhinein zugesagt hätte, so müßte ein solches Zusammenwohnen geradezu bedenklich erscheinen — sondern wenn ihre Besitzungen an einander grenzen, weil der Levir das Gut seines verstorbenen Bruders wie sein eigenes im Bau und unversehrten Zustand erhalten mußte. Würde es sich dabei blos um die Wittwe und nicht zugleich um das Besitzthum handeln, dann wäre dieser Zusatz ganz überflüssig; denn auch ein entfernt wohnender Bruder konnte dann die Wittwe einfach zu sich nehmen und ehelichen. Unbewegliches Besitzthum konnte er aber nur dann antreten, wenn er nicht durch eigenen Besitz an eine entfernte Gegend gebunden war. Die Verwaltung eines fremden Eigenthums für ein erst zu zeugendes Kind, welches auf einen anderen Geschlechtsnamen einzutreten hatte, konnte mit mannigfachen Schwierigkeiten verbunden sein und dem Levir die Pflichtehe verleiden.[5]) Wohnten daher die Brüder weit auseinander, so waren sie von den Pflichten frei. Natürlich sind nur Vaters Brüder zu verstehen; das talmudische Recht schließt Brüder mütterlicher Seite aus [6]), sowie auch Brüder, die erst nach dem Tode des Verheiratheten geboren wurden.[7])

Die Bestimmung: „und er hat keinen Sohn", ist nach dem Vorgange der LXX, Vulgata, des Josephus [8]) und der Rabbinen [9]) in dem Sinne von kinderlos zu fassen; denn hatte er eine Tochter (Erbtochter), so war durch die Verheirathung derselben an einen Mann seines Stammes die

---

[1]) Ant. IV. 8, 23. — [2]) Ruth 1, 2 col. 4, 17. — [3]) Matth. 1, 3 ff. — [4]) 1. Par. 2, 3 ff. — [5]) Ruth 4, 6. — [6]) Jebam. 17 b. — [7]) Jebam. 2, 1. — [8]) Ant. IV. 8, 23.

[9]) Hatte der Verstorbene einen Sohn oder Tochter, oder Nachkommen überhaupt, so hörte die Leviratsehe auf. Raschi zu Dt. 25, 5. Jebam. 22 b. Maim. Jibbum 1, 3.

Fortpflanzung seines Namens und Erhaltung seines Gutes[1]) gesichert; hatte der Verstorbene keinen Bruder, so ging die Pflicht und das Recht, die Wittwe zu heirathen und die Besitzungen zu übernehmen, auf den nächsten Verwandten über, aber nicht unter dem Titel des Levirats, sondern der Lösung, weshalb derselbe auch Goël, der Löser hieß. Das mosaische Gesetz erwähnt zwar nicht dieser Verpflichtung, allein sie ist durch die Geschichte der Ruth[2]) außer Zweifel gestellt. War die Wittwe zu alt, so hatte der Schwager oder der nächste Verwandte sie zu versorgen und das Erbgut zu übernehmen.[3]) Wahrscheinlich war die Leviratsehe ob der Nichterwähnung der Verwandten im Gesetze diesen blos freigestellt, nicht aber verpflichtend, wie beim Bruder.

Will jedoch der Bruder des Verstorbenen die Wittwe nicht heirathen, fährt die Gesetzesverordnung fort, so soll dieselbe die Sache vor die Aeltesten der Stadt im Thore bringen und sprechen: Mein Schwager weigert sich, seinem Bruder einen Namen in Israel zu erhalten, und will mich nicht zum Weibe nehmen. Dann sollen die Aeltesten der Stadt ihn rufen und mit ihm reden. Wenn er darauf besteht und spricht: Ich will sie nicht zum Weibe nehmen, dann soll sie vor den Augen der Aeltesten zu ihm treten, den Schuh von seinem Fuße abziehen und ihm in's Angesicht speien, sprechend: So geschehe dem Manne, der das Haus seines Bruders nicht baut, Und sein Name in Israel soll heißen „Haus des Baarfüßers“.[4])

So hat also Moses das alte Herkommensrecht beibehalten, dasselbe jedoch in rechte Grenzen eingeschränkt, damit es der Heiligkeit der Ehe nicht hindernd in den Weg trete; er benimmt nämlich den Zwang zur Pflichtehe, welchen die alte Volkssitte hatte, für den Fall, als der Bruder die Wittwe nicht heirathen wollte, und erkennt diese Weigerung als rechtsgiltig an, ertheilt aber gleichzeitig der kinderlosen Wittwe ein Recht, den die Pietät gegen seinen Bruder Verläugnenden öffentlich zu beschimpfen, um so der gekränkten weiblichen Ehre eine gewisse Genugthuung zu geben, und sie vor anderen Maßregeln zur Erreichung ihres Zweckes abzuhalten.[5]) Die Ceremonie des Schuhausziehens (Chaliza) war ein alter, in Israel gebräuchlicher[6]) symbolischer Act der Verzichtleistung bei Lösung und Tausch und ist daraus entstanden, daß man liegende Gründe durch Betreten des Grundes und Bodens in Besitz nahm und, mit dem Fuße darauf stehend, sein Besitzrecht behauptet.[7]) Dadurch, daß der Verwandte (der Ruth) den Schuh ablöste und der Wittwe überreichte, verzichtet er thatsächlich auf die Ansprüche auf die Güter des Verstorbenen, an denen zugleich die Pflicht, die Wittwe zu heirathen, haftet. Aehnliche Gebräuche finden sich auch bei den Indern[8]) und alten Germanen.[9]) Dadurch, daß das Gesetz der Frau das Recht zuspricht, selbst dem Levir den Schuh auszuziehen, entkleidet sie ihn der Stellung, die er zu ihr und dem verstorbenen Bruder einnahm, und gerade darin liegt für den Mann etwas Verletzendes, eine Schmach, die noch dadurch erhöht wird, daß sie ihm in's Angesicht spie[10]), welches

---

[1]) Num. 27, 1 ff. 36, 1 ff. — [2]) 2, 20; 3, 9; 4, 4, 6. — [3]) Ruth 4, 15. — — [4]) Dt. 25, 7—10. — [5]) Gen. 38, 12 ff. — [6]) Ruth 4, 8. — [7]) Ps. 59, 10. — [8]) Benary l. c. S. 14. — [9]) Grimm, deutsche Rechtsalterth. S. 156. — [10]) Num. 12, 14. Joseph. Ant. IV. 8, 23.

die Talmudisten[1]) in ein „vor seinen Augen zur Erde speien" abschwächen, und er einen Schimpfnamen erhielt: Baarfüßer, d. i. ein elender Kerl; denn baarfuß gingen die Hebräer nur in elender Lage.[2]) Nahm er diesen Schimpf auf sich und sein Haus, so war er der Leviratsehe entbunden. Es ist jedoch nicht unwahrscheinlich, daß blos die leiblichen Brüder des Verstorbenen, die sich der Pflichtehe entzogen, dieser gerichtlichen Beschimpfung ausgesetzt waren. Aus diesen Schlußbestimmungen ergibt sich, daß die Leviratsehe als eine Liebespflicht gegen den verstorbenen Bruder anerkannt wurde, keineswegs aber als ein strenges Gebot, dessen Nichterfüllung Schuld und Strafe nach sich zieht. Innerhalb dieser Grenzen entspricht die Leviratsehe einerseits dem Begriffe der Ehe als einem Bunde, welcher auf gegenseitiger Zuneigung und Liebe sich aufbaut, anderseits tritt sie mit dem Verbote der Ehe mit dem Weibe des Bruders[3]) nicht in Widerspruch. Während die Ehe mit der Schwägerin, wenn der verstorbene Bruder Nachkommen hinterließ, verboten war als eine Beeinträchtigung des geschwisterlichen Verhältnisses, erscheint sie im Falle der Kinderlosigkeit des Verstorbenen als eine Liebespflicht zur Erbauung des Bruderhauses, zur Erhaltung seines Geschlechtes und Namens. Durch jenes Verbot wird die Familie des Bruders in ihrer Integrität erhalten, durch dieses Gebot soll sein Haus zu bleibendem Bestande erhoben werden. In beiden Fällen wird die brüderliche Liebe als die sittliche Grundlage des Hauses gewahrt.[4])

Durch die Leviratsehe sollte aber der Polygamie, welche Moses nirgends billigt, durchaus kein Vorschub geleistet werden; denn das Gesetz legt dem Levir keinen Zwang an. Wollte er in monogamischer Ehe leben, so konnte er die Leviratsehe ablehnen. Ueberhaupt bleibt es zweifelhaft, ob ein Schwager, der bereits verheirathet war, zu derselben verpflichtet gewesen sei. Ist allerdings nach talmudischem Rechte[5]) die Eingehung einer Leviratsehe von Seiten eines bereits Verheiratheten zulässig, so findet sich doch in der heil. Schrift kein directer Anhaltspunkt dafür. Im Gegentheil ist beachtenswerth, daß Thamar ihren Schwiegervater für verbunden hält, ihr die Pflichtehe zu leisten, erst, als seine Frau gestorben war.[6]) Auch sollen die Aeltesten mit dem Schwager Rücksprache nehmen[7]), wahrscheinlich über die Gründe seiner Weigerung, die sich auf seine häuslichen Verhältnisse beziehen und oft derart sein konnten, daß das Gericht ihm das Verletzende der Ceremonie erließ. Da die Leviratsehe offenbar nur im Interesse der Wittwe lag, so wurde die Betreibung der Sache auch nur ihr überlassen. Weil der Hohepriester keine Wittwe heirathen durfte, so oblag ihm auch nicht die Pflicht, eine Leviratsehe einzugehen; doch war ihm nach dem Talmud[8]) die Ceremonie des Schuhausziehens nicht erlassen. Auch zeugungsunfähige Greise, sowie Proselyten, waren an dieses Gesetz nicht gebunden.[9]) Kraft des Gesetzes kommt es dem ältesten Bruder zu, des verstorbenen Bruders Wittwe zu heirathen; thut es der jüngere Bruder, so ist die Ehe giltig.[10]) Weigern sich alle Brüder, so hält man dem Aeltesten seine Pflicht vor,

---

[1]) Jebam. 12, 6. Maim. Jibbum 4, 7. — [2]) Js. 20, 2 ff. Mich. 1, 8; 2. Sam. 15, 30. — [3]) Siehe oben S. 48. — [4]) Keil, bibl. Archäologie 2. Abth. S. 64 ff. — [5]) Jebam. 2, 1. — [6]) Gen. 38, 12. — [7]) Dt. 25, 8. — [8]) Sanh. 2, 1. — [9]) Jeb. 11, 2. — [10]) Jeb. 2, 8.

die Wittwe zu ehelichen oder sich der Chaliza zu unterziehen; Aufschub wird dabei nicht gestattet.[1]) Der Levir wird erst durch den Beischlaf der Ehemann der Wittwe, sollte auch dieser wider ihren Willen geschehen sein.[2]) Obgleich die Wittwe des verstorbenen Bruders dem Schwager gesetzlich schon als Frau angehört[3]), so wird doch eine regelmäßige Antrauung dem Levir zur Pflicht gemacht.[4]) Ist die Frau des Verstorbenen mit dem Levir noch näher, z. B. blutsverwandt, Tochter (die Mischna führt 15 Fälle an), so kann selbstverständlich keine Pflichtehe eingegangen werden. Hat Jemand, der in Polygamie lebte, mehrere Wittwen hinterlassen, so darf der Bruder nur Eine heirathen, und es darf nur von Einem Bruder die Leviratsehe erfüllt werden; doch gibt es auch hier mannigfache Ausnahmen, welche die Mischna aufstellt.[5]) Mit einer von Natur aus Unfruchtbaren ist keine Leviratsehe einzugehen.[6]) Stirbt der Hohepriester, so muß sein Bruder die Chaliza vornehmen und darf die Schwägerin nicht heirathen.[7]) Der Talmud enthält überdies noch eine Menge Bestimmungen hinsichtlich der Zeit, des Ortes, der Zusammensetzung des Gerichtes, vor dem die Chaliza stattzufinden hat, der Person, des Alters des Mannes und Weibes bezüglich der Ceremonie des Schuhausziehens, der Beschaffenheit des Schuhes, des Losbindens[8]) u. a. So ist nur nach erreichter Mannbarkeit Beider die Vollziehung der Chaliza zulässig und rechtskräftig; sie muß in Gegenwart dreier Richter geschehen mit einem Schuh von dünnem Leder, Wolle oder Filz oder mit einem Sandalio. Das vom Schwager verschmähte Weib erhält eine von zwei Zeugen unterfertigte Chaliza-Urkunde. Die Wittwe durfte, so lange sie Aussicht auf die Leviratsehe hatte, sich mit keinem andern Manne verbinden[9]); eine solche Verbindung wurde in alter Zeit als Ehebruch betrachtet und mit dem Tode bestraft.[10]) Nach den Rabbinen wird die Leviratspflichtige, die einen Andern heirathet, mit 40 Geiselhieben bestraft, wie der, welcher sie geheirathet hat und sich überdies von ihr scheiden muß.[11]) Durch die Chaliza des Schwagers oder dessen Tod erlangte die Wittwe über sich das freie Verfügungsrecht.[12])

In späterer Zeit sind auch hierin mannigfache Veränderungen vorgegangen. Jetzt verpflichten sich die Juden vorher schriftlich oder mündlich, bei etwaigem Tode eines Bruders, der keine Kinder hinterläßt, der Wittwe sogleich die Chaliza zu ertheilen.[13])

§ 13. Die Sclavin, Magd.

Da das alttestamentliche Gesetz in jedem Menschen ein Ebenbild Gottes sieht, Alle von Einem Blute herstammen läßt und mithin die gesammte Menschheit als ein verbrüdertes Geschlecht betrachtet, so war von vornherein eine Sclaverei mit persönlicher Rechtlosigkeit, wie bei den heidnischen Völkern

[1]) Jeb. 4, 5, 6. — [2]) Kidd. 1, 1. — [3]) Jeb. 39 a. Maim. Jibbum 1, 1. — [4]) Jeb. 52 a. Maim. l. c. 2, 1. — [5]) Jeb. 1, 1 ff. 4, 11. — [6]) Jeb. 12 a. — [7]) Jeb. 6, 4. — [8]) Jeb. 12, 1 ff. Choiin 1, 7. Nidda 6, 1. Maim. Jibbum 1, 16—18. — [9]) Ruth 3, 9—12. — [10]) Gen. 38, 24. — [11]) Jeb. 92 b. Sota 18 b. Maimon. Jibb. 2, 18. — [12]) Kidd. 1, 1. — [13]) Becher 1, 7. Schulch. Aruch. Eben Haeser 165.

dies der Fall war, ausgeschlossen. Die bei den Heiden auf dem Sclaven so schwer lastende Leibeigenschaft wurde bei den Hebräern in ein Dienstverhältniß[1]) umgewandelt. Während schon der Name δοῦλος den Sclaven als einen „Gebundenen“ und mancipium den Kriegsgefangenen als ein Fanggut und eine bloße Sache bezeichnet, dem keine Persönlichkeit zukömmt, hat die hebräische Sprache kein Wort für den Begriff: Sclave, der unter den Dienenden einen niedrigeren Grad einnimmt, sondern bezeichnet sämmtliche männliche Diener als עֶבֶד, d. i. Arbeiter[2]) oder Knecht, und die weiblichen mit שִׁפְחָה und אָמָה Magd.[3]) Daß der Titel „Knecht“ bei den Hebräern nichts Entehrendes enthielt, ergibt sich aus dem Verhältnisse Abrahams zu seinem Knechte Elieser[4]), sowie auch daraus, daß „Knecht Jehovas“ als ein Ehrentitel dem Moses, den Königen und Propheten, ja dem ganzen Volke Israel[5]) zukam und sogar der Messias als solcher bezeichnet wird.[6]) Auch Frauen bezeichnen sich Gott gegenüber als Mägde[7]); oder im Gespräche mit Königen, wie Abigail gegenüber dem Könige David[8]), oder das Weib von Thecua[9]), die Zauberin von Endor vor Saul[10]), die zwei Weiber vor Salomon[11]), oder Propheten gegenüber[12]), oder überhaupt vor höhergestellten Personen[13]), ja selbst Bethsabee ihrem königlichen Sohne gegenüber.[14]) Wenn Canaan, Chams Sohn, dem traurigen Lose der Sclaverei verfällt, so ist dies eben nur als Fluch zu betrachten, dem er ob seines verwerflichen Betragens gegen seinen Vater verfallen ist.[15])

Bei einem Volke, welches dem Ackerbau und der Viehzucht oblag, bildete die Dienerschaft, das Gesinde (עֲבֻדָּה) einen Theil des Vermögens.[16]) Abraham besaß eine Menge von Knechten, denn er zieht mit 318 Hausgeborenen dem Feinde entgegen[17]), wozu noch die um Geld gekauften Sclaven kamen.[18]) Desgleichen finden wir im patriarchalischen Zeitalter, sowie später, Mägde als Dienerinnen der Hausfrauen und Töchter, sowie als Kebsfrauen des Herrn. Daß die Dienerschaft nicht als eine untergeordnete Kaste, als reine Sclaven gegenüber den „Freien“, sondern vielmehr zur Familie gehörig betrachtet wurden, erhellt daraus, daß die Sclaven im Hause Abrahams

---

[1]) Vgl. J. C. Mieg constitut. servi Heb. ex script. et Rabbinis collectae Herborn. 1785. Alting. acad. dissert in opp. V. 223. Mielziner, die Verhältnisse der Sclaven bei den alten Hebräern nach bibl. und talmud. Quellen dargest. Kopenhagen 1859.

[2]) Vgl. Ex. 20, 9.

[3]) Worin der Unterschied zwischen beiden Bezeichnuugen besteht, läßt sich bei der Unsicherheit der Etymologie schwer bestimmen. Im Allgemeinen ist Ama der Ausdruck der Unterordnung, der auch Gott gegenüber im Gebrauche war (1. Sam. 1, 11) und, weil wahrscheinlich mit אֵם Mutter zusammenhängend, eine im ehelichen Verhältnisse stehende Magd, oder die Leiterin des Hauswesens bezeichnet, die über die übrigen Mägde eine ähnliche Stellung hatte, wie Elieser als Oberdiener im Hause Abrahams. Schischa dagegen bezeichnet mehr das dienstbare Verhältniß, die unverheirathete Magd. So heißt Hagar (Gen. 16, 1) Schischa, nach der Geburt Ismaels aber Ama (Gen. 21, 10).

[4]) Gen. 15, 2 fl.; 24, 1 fl. — [5]) Vgl. meine Theol. d. Prophet. S. 477 fl. — [6]) Theol. l. c. S. 581. — [7]) Ps. 85, 16; 115, 16. — [8]) 1. Sam. 25, 24 fl. — [9]) 2. Sam. 14, 6, 7. — [10]) 1. Sam. 28, 21, 22. — [11]) 3. Kön. 3, 20. — [12]) 4. Kön. 4, 2, 16. — [13]) 2. Sam. 20, 17. Judith 11, 4, 13, 14; 12, 4, 19; 13, 18, 20. — [14]) 3. Kön. 1, 13. — [15]) Gen. 9, 27. — [16]) Gen. 24, 35; 26, 14. Job. 1, 3. — [17]) Gen. 14, 14. — [18]) Gen. 17, 23.

bei Einführung der Beschneidung gleichfalls beschnitten wurden und so am Verheißungssegen Antheil nahmen.

Das Gesetz unterscheidet zwischen hebräischen Sclaven und solchen, die aus anderen Völkern durch Kauf erworben oder im Kriege erbeutet wurden. Die Gesetze, welche die dienende Classe betreffen, beruhen auf einer doppelten Grundlage. 1. Weil Jehova das Volk Israel als sein Eigenthumsvolk aus ägyptischer Knechtschaft losgekauft, sie aus dem Hause der Knechtschaft herausgeführt hat [1]), so sind sie Knechte Jehovas geworden, die ihm allein angehören, und sollen nicht unter ein Sclavenjoch gebeugt, noch als Sclaven verkauft werden.[2]) Mochten nun allerdings Fälle eintreten, in welchen Israeliten in ein dienstbares Verhältniß geriethen, so hatte doch das Gesetz solche Bedingungen getroffen, durch welche ein israelitischer Knecht oder eine Magd die Selbstständigkeit wieder erlangen konnte Dagegen konnte Israel Sclaven aus den übrigen Völkern nehmen: „Knecht und Magd möget ihr nehmen aus den Völkern, welche rings um euch sind. Und von den Fremden, die bei euch weilen, oder die von ihnen in eurem Lande geboren werden, möget ihr euch Leibeigene nehmen und sie nach dem Erbrechte den Nachkommen überlassen und auf immer behalten." [3]) 2. Damit aber Israel diese Sclaven nicht hart bedrücke, wird dem Volke eingeschärft, eingedenk zu sein, daß sie selbst Fremdlinge und Knechte in Aegypten waren, und so aus eigener Erfahrung den Druck der Knechtschaft fühlten, und sie human zu behandeln und so den Dank gegen Gott zu bethätigen, der sie aus dem ägyptischen Joche erlöst hat.[4])

Die meisten Gesetze, welche sich auf die dienende Classe beziehen, betreffen Knechte und Mägde zugleich; jene besteht aus folgenden Kategorien: 1. Schuldner, die bei dem Gläubiger Dienste verrichten mußten. 2. Gekaufte hebräische Knechte und Mägde. 3. Fremde Knechte und Mägde. 4. Die Hausgeborenen, Kinder beiderlei Geschlechtes, die von Knechten und Mägden abstammten. 5. Die im Kriege Erbeuteten, 6. und Solche, welche um Lohn gemiethet wurden.

Ein Israelit konnte in Knechtschaft gerathen, wenn er infolge der Verarmung sich mit Weib und Kind selbst verkaufte [5]), oder wegen begangenen Diebstahles, weil er das Gestohlene nicht ersetzen konnte, vom Gerichte zum Leibeigenen verkauft wurde [6]), und zwar an den Bestohlenen selbst [7]), keineswegs aber an Auswärtige. Ob zahlungsunfähige Schuldner oder deren Kinder gerichtlich von dem Gläubiger in Anspruch genommen und in Knechtschaft verkauft werden können, ist im Gesetze nicht deutlich ausgesprochen. Die Stelle Lev. 25, 39, 47, hat zunächst den Selbstverkauf im Auge, schließt jedoch einen Zwangsverkauf nicht aus, denn Isaias (50, 1) setzt den Verkauf eines insolventen Schuldners voraus. Jedenfalls konnte der Gläubiger dabei nicht eigenmächtig vorgehen; denn, wenn das Gesetz verbietet, dem Armen über Nacht das Gewand zu entziehen [8]), die Mühle oder sonst etwas zum Lebensbedarf Nothwendiges zu pfänden [9]), so mußte

[1]) Ex. 19, 4 ff. 20, 2. Dt. 5, 6. Ps. 80, 11. — [2]) Lev. 25, 42, 55; 26, 13. — [3]) Lev. 25, 44—46. — [4]) Ex. 22, 20; 23, 9. Dt. 5, 14; 10, 19; 15, 15; 16, 11 ff. 23, 18, 22. — [5]) Lev. 25, 39. 47. vgl. Ex. 21, 2. — [6]) Ex. 22, 2. — [7]) Joseph. Ant. IV. 8, 27. — [8]) Ex. 22, 25 ff. Dt. 24, 12. — [9]) Dt. 24, 6.

das Gesetz auch den verarmten Familienvater und seine Kinder gegen die Willkür eines Gläubigers schützen. Allerdings mochten solche Fälle vorkommen, z. B. wenn einer Wittwe ihre zwei Söhne vom Gläubiger weggenommen wurden [1]); allein Amos [2]) rügt es als eine schwere Sünde, daß Arme um geringer Schulden wegen als Sclaven genommen wurden; Job [3]) bezeichnet es als Gottlosigkeit, von der Mutterbrust die Waise zu rauben und das Kleid des armen Elenden zu pfänden; Nehemias [4]) beschuldigt die Juden der Hartherzigkeit, daß sie den Armen zur Deckung der Schulden Söhne und Töchter als Sclaven wegnehmen.

Wenn ein Israelit einen seiner Volksgenossen männlichen oder weiblichen Geschlechtes [5]) gekauft hat, so soll er sechs Jahre dienen und im siebenten Jahre frei ausgehen.[6]) Wie nach sechs Arbeitstagen ein Ruhetag folgt, so soll das siebente Jahr dem Knechte und der Magd Freiheit von der Dienstbarkeit bringen. Die Freilassung fiel aber nicht immer mit dem Sabbatjahre zusammen, wie es z. B. zur Zeit des Königs Sedecias der Fall war, wo das Sabbatjahr Veranlassung zur Freilassung der israelitischen Dienstboten gab.[7])

Wenn die Stelle im Exodus vom Knechte blos spricht, so gilt diese Bestimmung nach Deuteronomium und Jeremias ausdrücklich auch von den Mägden. Dieses Gesetz soll nach jüdischer Tradition [8]) auch dem wegen Diebstahl an den Bestohlenen gerichtlich Verkauften [9]) zu Gute kommen. Weibliche Personen wurden wegen Diebstahl nach talmudischer Bestimmung [10]) nicht verkauft.

Trat der Knecht allein in den Dienst, so wird er auch allein frei; trat er verheirathet ein, so wird auch sein Weib mit ihm frei. Wenn dagegen der Herr seinem Knechte ein Weib gibt und diese ihm Kinder gebärt, so bleibt das Weib und die Kinder dem Herrn und er geht allein frei aus.[11]) Unter dem Weibe, das nicht die Freiheit erlangt, ist nach rabbinischer Auslegung [12]) eine heidnische Sclavin zu verstehen; denn war sie eine Israelitin, so mußte sie sechs Jahre dienen und erlangte im siebenten die Freiheit. Eine Nichthebräerin aber hatte überhaupt keinen Anspruch auf Freiheit.

Will ein Knecht aus Liebe zu seinem Herrn oder zu Weib und Kind nicht frei werden, so soll dieser ihn vor Gericht führen, damit er daselbst seine freiwillige Verzichtleistung auf die Freilassung erkläre, und dann an der Thüre seines Hauses, nicht aber des Stadtthores, wie Aben Esra und Abarbanel meinen, sein (rechtes) Ohr mit einem Pfriemen durchbohren, um durch dieses unvertilgbare Zeichen auf immer (ewig) ihn als Knecht an sein Haus zu heften und zu beständiger Dienstbarkeit zu verpflichten.[13]) Wenn die Rabbinen [14]) lehren, das Ohr der Magd wäre nicht zu durchbohren, so steht Dt. 15, 7 entgegen, wo auf jene Worte unmittelbar folgt: „auch deiner Magd thue desgleichen.“ Eine bloße Rückbeziehung dieser Worte auf V. 14 geht schwer an. Durch das bleibende Zeichen am Hörorgane sollte

[1]) 4. Kön. 4, 1. — [2]) 2, 6; 8, 6. — [3]) 24, 9. — [4]) 5, 5. — [5]) Dt. 15, 12. Jer. 34, 9. — [6]) Ex. 21. 1 fl. — [7]) Jer. 34, 8 fl. — [8]) Joseph. Ant. XVI. 1, 1 Philo de leg. spec. II. 336. — [9]) Ex. 22, 2. — [10]) Sot. 4, 8. — [11]) Ex. 21, 2–4. — [12]) Mechilta zu Ex. 21. — [13]) Ex. 21, 5, 6. — [14]) Maimon. Tr. Abad 3, 13.

die Verpflichtung zum bleibenden Gehorsam symbolisch dargestellt sein. Nach Theodoret[1]) und der rabbinischen Deutung[2]) soll darin etwas Verächtliches liegen, wie dem gebührt, der freiwillig eine dauernde Knechtschaft der persönlichen Freiheit vorzieht, aber wohl mit Unrecht, weil ja das Motiv Liebe zu seinem Herrn, seinem Weibe und seinen Kindern ist. Was den Ausdruck: er soll ewig dienen" oder „ewig Knecht sein" betrifft[3]), so soll nach Josephus[4]) dieser Zeitraum seine Grenze im Jubeljahre haben und demnach der Knecht unter allen Umständen mit Weib und Kind frei werden. Derselben Ansicht ist die Mischna[5]), wonach überdies ein Knecht mit durchbohrtem Ohre auch durch den Tod des Herrn die Freiheit erhält, ohne Verpflichtung, dem Sohne weiter zu dienen. Ein erkaufter Knecht hat, wenn der Herr innerhalb der sechs Dienstjahre stirbt, nur die Pflicht dessen Sohne weiter zu dienen, nicht aber der Tochter oder anderen Erben. Außerdem hat eine hebräische Magd auch darin etwas voraus, das sie frei wird, wenn sich an ihr die Zeichen der Naarah (Mannbarkeit) zeigen oder der Herr stirbt. Daß jedoch hier eine unbeschränkte Knechtschaft auf Lebenszeit gemeint ist, entspricht nicht blos dem bleibenden Zeichen, sondern auch der ausdrücklichen Erklärung des Knechtes.

Ferner verordnet das Gesetz[6]), den im siebenten Jahre frei ausgehenden Knecht nicht leer, sondern mit Naturalgeschenken von Kleinvieh, von der Tenne und von dem Keller, zu entlassen, mit Bezugnahme auf die geleisteten Dienste und Israels göttlicher Erlösung aus Aegypten, um ihm so seine selbstständige Stellung zu erleichtern. Ohne Zweifel sollte dies auch bei Entlassung der Mägde geschehen, obgleich das Gesetz hievon nichts erwähnt.

Ein anderes Gesetz ist bereits oben[7]) erwähnt worden, nämlich der Verkauf einer Tochter an einen anderen Israeliten zur Magd, d. h. zum Kebsweibe, nicht aber zur bloßen Sclavin.[8]) Mißfiel sie dem Herrn, so sollte er für ihre Auslösung sorgen, aber in keinem Falle durfte er sie an einen Ausländer verkaufen. Hat er sie für seinen Sohn zum Kebsweibe bestimmt, so soll sie nach Weise der Töchter behandelt werden; nimmt sich der Sohn eine andere, so darf er ihr an Kost, Kleidung und ehelicher Pflicht nichts entziehen, widrigenfalls sie umsonst, ohne Entgelt frei werden sollte.[9])

Die Verhältnisse der dienenden Classe werden durch ein Gesetz auch mit dem Jubeljahre in Verbindung gebracht. Wenn ein Israelit infolge der äußersten Noth seinen Grundbesitz veräußert hat und nicht im Stande ist, durch Lohnarbeit sein Leben zu fristen und deshalb sich als Knecht einem anderen Israeliten verkauft: so soll dieser ihm keine Sclavenarbeit verrichten lassen, sondern ihn als Lohnarbeiter und Beisassen halten, ihn also nicht zu erniedrigenden Arbeiten verwenden. In diesem Verhältnisse sollte er bis zum Jubeljahre bleiben, in demselben aber am Versöhnungstage mit Weib und Kindern frei ausgehen und zum väterlichen Erbe zurückkehren. Nach talmudischer Erklärung[10]) bezieht sich dies blos auf die

[1]) Quaest. 45 in Ex. — [2]) Gemar. zu Kidd. 1, 2. — [3]) Ex. 21, 6. Dt. 15, 17. [4]) Ant. IV. 8, 28. — [5]) Kidd. 1, 2. — [6]) Dt. 15, 13, 14, 18. — [7]) Seite 2 u. 104. — [8]) Vitringa observ. s. lib. III. cp. 14. § 4 seq. — [9]) Ex. 21,7—10. — [10]) Vgl. Selden de jure nat. et gent. Vi. 7.

mit einer freien Gattin erzeugten Kinder, die mit dem Vater in die Knechtschaft gekommen waren, wogegen die mit einer Sclavin, die ihm der Herr gegeben, gezeugten Kinder dem Herrn verblieben, so daß im Jubeljahre die Bestimmung von Ex. 21, 4 beobachtet worden wäre. Weil Gott Israel aus Aegypten erlöst hat, soll auch Keiner aus dem Volke als Sclave oder Leibeigener verkauft, noch auch mit Strenge behandelt werden, sondern man solle den Herrn fürchten.[1]) Dadurch wird also die Leibeigenschaft für das Volk Israel gänzlich aufgehoben.

Verkauft sich dagegen ein verarmter Israelit an einen im Lande wohnenden Nichtisraeliten, so soll er jederzeit von seinem Herrn freigegeben werden, wenn er entweder von seinem Verwandten losgekauft wird oder er selbst so viel Vermögen sich erworben hat, um sich loskaufen zu können. Der Kaufpreis ist zu berechnen nach der Zahl der Jahre, welche vom Verkaufe bis zum Jubeljahre verfließen, wobei der Dienst nach der Löhnung eines gemietheten Lohnarbeiters zu berechnen ist. Im Falle der Loskaufung ist von der Kaufsumme der Betrag des bereits geleisteten Dienstes nach gleicher Berechnung in Abschlag zu bringen. Wird er nicht gelöst, so geht er im Jubeljahre mit seinen Kindern frei aus.[2])

Dieses Gesetz, bestimmend die Freilassung des hebräischen Knechtes im Jubeljahre, scheint in Widerspruch zu treten mit der obigen Bestimmung, daß ein solcher nach sechs Dienstjahren schon die Freiheit erlangen solle. Ohne auf die verschiedenen Erklärungen näher einzugehen, welche, wie z. B. die Rabbinen, die letzte Verordnung auf den wegen Diebstahl vom Gericht verkauften, die des Jubelgesetzes aber auf den aus Armuth in den Dienst getretenen Knecht beziehen, oder welche[3]) unter den nach sechs Dienstjahren freiwerdenden hebräischen Knechten eine besondere Classe verstehen, welche eine Mittelstellung zwischen den im Jubelgesetz gemeinten Israeliten (Taglöhner) und den heidnischen Sclaven eingenommen haben: läßt sich dieser Widerspruch am besten dadurch lösen, daß während der ersten 44 Jahre einer Jubelperiode die Freilassung der Knechte nach dem Gesetze Ex. 21, 2 erfolgen solle, wogegen denen, die während der letzten Jahre einer Jubelperiode in Knechtschaft geriethen, schon das Jubeljahr die Freiheit brachte, wenn auch die sechs Dienstjahre noch nicht abgelaufen waren; denn das Jubeljahrgesetz geht von der Voraussetzung aus, daß der Knecht seine Loslassung im Jubeljahre noch erleben werde.

Die heidnischen Knechte und Mägde wurden von den umliegenden Völkern, wovon jedoch die im Lande wohnenden canaanäischen Stämme, die gänzlich zu vertilgen waren[4]), ausgeschlossen sind, und von den ansässigen Fremden, sowie von ihren im Lande geborenen Abkömmlingen und Familien genommen und als ewiges Eigenthum betrachtet.[5]) Doch wurden auch die Reste der Canaanäer, welche Israel nicht vertilgen konnte, zu Frohndiensten bestimmt[6]), wie auch der Pöbel, welcher sich beim Auszuge aus Aegypten an Israel angeschlossen hatte[7]), zu niedrigen Dienstleistungen verwendet wurde.[8]) Die Einwohner nicht canaanäischer Städte, welche sich dem Volke

[1]) Lev. 25, 39—43. — [2]) Lev. 25, 47—54. — [3]) Saalschütz, Mos. Recht. S. 703 ff. — [4]) Dt. 20, 16—19. — [5]) Lev. 25, 44 ff. — [6]) Richt. 1, 28. — [7]) Ex. 12, 38. Num. 11, 4. — [8]) Dt. 29, 11.

Israel freiwillig unterwarfen, sollten nach dem Kriegsgesetze [1]) der Frohnpflicht verfallen, wovon in den feindlichen Städten, welche Israel mit Gewalt bezwingen mußte, die Männer zu tödten, die Weiber aber mit den Kindern in die Sclaverei zu führen waren. Mochte diese Sclaverei beim ersten Anblick eine Art Leibeigenschaft sein, so war doch dieselbe im Vergleiche mit der Sclaverei bei heidnischen Völkern eine sehr gelinde, und läßt sich mit dieser in keinen Vergleich setzen, da den fremden Sclaven bei den Hebräern vielfache Begünstigungen gewährt, ja sie sogar bei stattgefundener Naturalisirung mit dem hebräischen Volke ganz verschmelzen konnten. So gab z. B. Sesan seine Tochter einem ägyptischen Knechte Jeraa zum Weibe [2]), und Abraham hat kein Bedenken, seinen Knecht Elieser zum Erben einzusetzen.[3]) Wie milde das Los der heidnischen Sclaven in Israel war, zeigt das Gesetz [4]), welches verbietet, einen seinem heidnischen Herrn entlaufenen Sclaven, der sich auf israelitisches Gebiet geflüchtet hatte, auszuliefern oder zu mißhandeln, und ihm gestattet, in einer israelitischen Stadt, wo es ihm gefiel, sich niederzulassen.

Diese milde Behandlung der Sclaven hatte zur Folge, daß wir in der Geschichte Israels nie von Sclavenaufständen lesen, von denen das römische Reich so sehr erschüttert wurde; die Zahl der Sclaven war daher bei den Hebräern nicht groß. So fanden sich zur Zeit Davids und Salomons im Reiche 153.600 zu öffentlichen Arbeiten verwendete Sclaven [5]) und unter den 42.360 aus dem Exile zurückkehrenden Juden 7337 Sclaven beiderlei Geschlechtes.[6])

Ein heidnischer Knecht oder Magd wurde durch Kauf erworben [7]), dazu kamen noch die im Hause Geborenen [8]), d. h. die Kinder der erworbenen Knechte und Mägde, sowie die Kinder der mit einem hebräischen Knechte verbundenen Magd, welche dem Herrn verblieben, wofür sich der Ausdruck: „Sohn deiner Magd“ [9]) findet.

Was die Kriegsgefangenen betrifft, so erlaubte das mosaische Gesetz keinerlei Grausamkeit gegen dieselben, wie dies bei anderen Völkern der Fall war, z. B. bei Syrern und Ammonitern, welche den schwangeren Frauen den Leib aufschnitten [10]) oder der Bevölkerung das rechte Auge ausstachen [11]); bei Römern, welche sie zur Verherrlichung des Sieges in Triumphzügen gebrauchten oder als Gladiatoren verwendeten, oder bei den Aegyptern, welche die Gefangenen den Göttern auf dem Altare opferten. Die männlichen Gefangenen, die man bei Zerstörung einer Stadt verschont hatte, traten in die Classe der milde zu behandelnden Knechte ein; dagegen wurde das weibliche Geschlecht in den Kriegen gegen andere Völker verschont, und obgleich das Gesetz angeordnet, keine Verschwägerungen mit den Canaanäern einzugehen, noch ihre Töchter den Söhnen Israels zu Frauen zu geben [12]), um die Gelegenheit zur Verführung zum Götzendienste abzuschneiden, so scheint doch mit Jungfrauen eine Ausnahme gemacht worden zu sein, wie z. B. dies selbst im Rachekriege gegen die Madianiter der

[1]) Dt. 20, 11 ff. — [2]) 1. Par. 2, 34, 35. — [3]) Gen. 15, 2, 3. — [4]) Dt. 23, 16, 17. — [5]) 2. Par. 2, 16. — [6]) Esr. 2, 34 ff. Neh. 7, 67. — [7]) Lev. 25, 44. Ex. 12, 44. — [8]) Gen. 17, 23. — [9]) Ex. 23, 12. — [10]) 4. Kön. 8, 12. Am. 1, 13. — [11]) Dt. 20, 14; 21, 10 ff. — [12]) Dt. 7, 3, 4.

Fall war, deren Frauen die Israeliten zum Götzendienste verführt hatten [1]); waren diese wohl zu tödten, so sollte Israel die Jungfrauen schonen und für sich behalten. [2])

Wenn ein Israelit unter den im Kriege Gefangenen ein Weib von schöner Gestalt sieht, Liebe zu ihr faßt und sie zum Weibe nimmt, so soll er ihr in seinem Hause einen Monat Zeit gewähren, um Heimat und Verwandtschaft zu betrauern; und sie soll ihr Haupthaar scheeren, ihre Nägel beschneiden und das Gefangenenkleid ablegen, nicht blos Zeichen ihrer Reinigung, sondern Symbole, welche ihre Losschälung von der Gemeinschaft ihres Volkes und von dem Stande der Sclaverei, sowie die Aufnahme in die Gemeinschaft des Bundesvolkes und die Liebe zu dem Volke und Gotte Israels, der das Elend und die Schmach der Sclaverei von ihr genommen, zum Bewußtsein bringen sollten. Hierauf konnte sie sein Weib werden. Wenn jedoch ihr Mann hernach kein Wohlgefallen an ihr fand, so sollte er sie nach ihrem Belieben frei ziehen lassen, nicht aber für Geld verkaufen, noch eigenmächtig mit ihr verfahren, da er sie geschwächt hat. [3])

Das Gesetz will also vorbeugen, daß arme gefangene Mädchen nicht das Opfer zügelloser Leidenschaften werden. In der gegebenen Frist sollte sie Zeit gewinnen, sich in die neuen Verhältnisse hineinzuleben, und der Mann, um seine Zuneigung zu prüfen. In jedem Falle war ihr die Freiheit gesichert. [4])

Ueber die religiöse und rechtliche Stellung verordnet das Gesetz Folgendes: Schon der Dekalog bestimmt, daß Knechte und Mägde am Sabbate nicht arbeiten dürfen. [5]) „Am Sabbate sollst du keine Arbeit thun, du, dein Sohn und deine Tochter, dein Knecht und deine Magd, und der Fremdling, der in deinen Thoren ist, so daß ruhe dein Knecht und deine Magd, wie auch du.“ [6]) Dieses Gesetz wird später noch einmal in Erinnerung gebracht: „Am siebenten Tage sollst du ruhen, damit sich erhole der Sohn deiner Magd und der Fremdling.“ [7]) Weil sie selbst Knechte in Aegypten waren und erlöst wurden, sollten sie in der erhaltenen Freiheit zugleich die Aufforderung erblicken, ihre Sclaven milde zu behandeln. [8]) Sowohl die hausgeborenen als auch die neu erkauften Sclaven sollten beschnitten werden, wodurch sie das Anrecht an den Vorrechten und Heilsgütern des erwählten Volkes [9]) und das Recht der Theilnahme am Paschalamme erhielten. [10]) Die Sclaven eines Priesters sollten wie die Familie desselben von den heiligen Speisen essen dürfen. [11]) Ebenso sollten Knechte und Mägde an der Freude der Festtage und an den Opfermahlzeiten theilnehmen. [12]) Nach rabbinischer Tradition durfte jedoch ein heidnischer Sclave nicht zur Beschneidung gezwungen werden, wurde aber, wenn er sich der Beschneidung nicht unterziehen wollte, nach Ablauf eines Jahres an Heiden verkauft, außer er hatte beim Eintritt in den Dienst sich dies ausbedungen. Ein beschnittener Sclave jedoch durfte nicht mehr an einen Heiden verkauft werden. Ein beschnittener

[1]) Num. 25, 1, 2, 15, 17, 18; 31, 16 ff. — [2]) Num. 31, 18. — [3]) Dt. 21, 10–14. — [4]) Die rabbinischen Bestimmungen hierüber siehe bei Selden de jure nat. V. 13. — [5]) Ex. 20, 10. — [6]) Dt. 5, 14, 15. — [7]) Ex. 23, 12. — [8]) Ex. 23, 9. — [9]) Röm. 9, 4. — [10]) Ex. 12, 44. — [11]) Lev. 22, 11. — [12]) Dt. 12, 12, 17 ff. 16, 11, 14.

Proselyte durfte eine Hebräerin heirathen, aber ein Priester durfte keine Proselytentochter heirathen.[1]) Es unterliegt auch keinem Zweifel, daß heidnische Mägde gleich wie die Knechte die mosaische Religion annahmen.[2])

Ueber das Leben seines Knechtes und seiner Magd hatte der Israelit kein Recht. Allerdings konnte der Herr seinen Knecht züchtigen, aber mit Maß. „Schlägt Jemand seinen Knecht oder seine Magd mit einem Stabe, so daß sie unter seiner Hand sterben, so soll es gerächt werden. Wenn er (sie) einen oder zwei Tage lebt, so soll es nicht gerächt werden, denn er ist sein Geld.“ [3]) Das Gesetz nimmt hier den heidnischen Sclaven und die Sclavin in Schutz, und handelt hier nicht von der absichtlichen Tödtung, auf die ohnedies nach dem allgemeinen Gesetze[4]) und selbst bei den Aegyptern[5]) die Todesstrafe festgesetzt war, sondern von der Tödtung eines Sclaven mit dem Stabe aus Veranlassung einer gewöhnlichen Züchtigung, bei welcher die Tödtung nicht beabsichtigt war. Stirbt der Sclave augenblicklich, so mußte die Tödtung an dem Herrn durch die Todesstrafe gerächt werden, wie dieser Ausdruck es besagt[6]), und auch die Rabbinen es erklären.[7]) Wenn jedoch der Sclave einige Tage noch lebte, so soll der Herr nicht gestraft werden, weil er ohnedies durch die Einbuße des Geldes, welches er für den Sclaven gezahlt hatte, hinreichlich bestraft ist, und jedenfalls die Absicht zu tödten, nicht vorausgesetzt werden konnte. Uebrigens waren die Umstände und das Maß der Strafe von der Obrigkeit zu bestimmen. Hatte sich der Herr zur Züchtigung eines Werkzeuges bedient, mit dem eine tödtliche Verletzung zugefügt werden mußte, so verfiel er nach rabbinischer Interpretation[8]) auch dann der Todesstrafe, wenn der Tod des Sclaven erst später erfolgte.

Wenn Jemand seinem Knechte oder seiner Magd ein Auge oder einen Zahn ausschlägt, hat er ihn sofort freizulassen[9]); so erlitt der Herr einen Verlust und der Gemißhandelte war durch die Freilassung entschädigt. Auge und Zahn, als die wichtigsten Leibesglieder, stehen für alle Uebrigen.[10]) Nach rabbinischem Rechte wurde die Tödtung und Verwundung eines Sclaven durch einen dritten so behandelt, als wäre sie an einem Freien verübt worden. Verletzte der Sclave irgend Jemanden, so wurde er im Falle der Freilassung zum Schadenersatze verpflichtet[11]). Wenn Jemand ein Weib, die Sklavin ist und einem Manne — nach dem Talmud[12]) einem Knechte — verlobt, dabei weder losgekauft noch freigegeben ist, verführt, so soll zwar nicht wie bei Schwächung einer verlobten freien Jungfrau[13]) Todesstrafe eintreten, weil sie nicht freigelassen ist, aber doch Züchtigung erfolgen und der Tödter ein Schuldopfer bringen.[14]) Die Freilassung einer Magd oder eines Knechtes geschah entweder durch eine von den Richtern abgegebene Erklärung oder durch Freibriefe. Bei letzteren war im Allgemeinen dasselbe zu beobachten, wie bei den Scheidebriefen der Frauen.[15])

---

[1]) Lev. 21, 14. Ez. 44, 22. Joseph. c. Ap. 1, 7. Ant. XI. 3, 10; u. 5, 3. — [2]) Maimon. Hilc. melach. c. 8. — [3]) Ex. 21, 20, 21. — [4]) Ex. 21, 12; Lev. 24, 17; Num. 35, 16--18. — [5]) Diod. Sic. 1. 77. — [6]) Lev. 26, 25. Dt. 32, 43. — [7]) Sanh. 52 b. — [8]) Gem. Sanh. 9, 1. Maimon. Rozeach 4, 3. — [9]) Ex. 21, 26, 27. — [10]) Kidd. 24. a. b. — [11]) Baba Kama 8, 4. — [12]) Kerith. 2, 5. Gem. 2 a. — [13]) Dt. 22, 23 fl. — [14]) Lev. 19, 20. — [15]) Gittin 9, 3; vgl. 1, 6.

Knechte konnten wohl auch Eigenthum haben, sei es daß sie solches mitbrachten oder geschenkt erhielten oder erwarben. Nach talmudischer Bestimmung[1]) hatten hebräische Knechte und Mägde, wenn sie etwas fanden, ein Eigenthumsrecht darauf, nicht aber canaanäische Sclaven. Wenn Jemand seinem Sclaven sein ganzes Vermögen verschreibt, erlangt dieser dadurch zugleich die Freiheit.[2]) Die Töchter freigelassener Knechte sind denen anderer Proselyten ganz gleich, so daß, wenn ihre Mutter Israelitin war, selbst Priester sie heirathen dürfen und die Kinder zur Priesterwürde fähig sind.[3]) Gehört ein Knecht oder eine Magd mehreren zugleich, und wurde er von dem Einen freigesprochen, also halb frei, so sollen nach talmudischem Rechte auch die übrigen Eigenthümer gezwungen werden, ihn (sie) gegen Ausstellung eines Schuldbriefes über den halben (oder theilweisen) Knechteswerth freizusprechen.[4]) Da die Tödtung eines Knechtes oder einer Magd durch ein stößiges Vieh mit einer Geldbuße von 30 Sekel Silber zu bestrafen war[5]), so scheint diese Summe wahrscheinlich der gewöhnliche Kaufpreis eines Sclaven gewesen zu sein, während das Lösegeld eines freien Israeliten 50 Sekel betrug.[6])

Endlich gehören hierher noch die Miethlinge oder Taglöhner, welche Arbeit nahmen, wo es ihnen gefiel, meist nichtisraelitische Fremdlinge waren[7]), und sich einer guten Behandlung erfreuten.[8]) Der ihnen zukommende Lohn durfte nicht über Nacht bis an den anderen Morgen vorenthalten werden[9]), „denn er ist arm und hegt Verlangen nach dem Lohne; auf daß er nicht wider dich zum Herrn rufe und es dir zur Sünde gerechnet werde“[10]), woraus hervorgeht, daß sie tageweise oder für eine bestimmte Arbeit gemiethet wurden. Doch konnten sie sich auch auf Jahre verdingen.[11])

Nicht blos das mosaische Gesetz, sondern das ganze alte Testament nimmt Milde und Schonung für die Sclaven in Anspruch. „Wenn du einen treuen Diener hast, so sei er dir wie deine eigene Seele; gleichwie einen Bruder behandle ihn, denn mit dem Blute des Lebens (im Kriege) hast du ihn erworben. Wenn du ihn ungerechter Weise mißhandelst, wird er die Flucht ergreifen, und wenn er sich aufmacht und davon geht, dann weißt du nicht, wen du fragen und auf welchem Wege du ihn suchen sollest“[12]), denn Niemand hat die Pflicht, ihn auszuliefern. Und „mißhandle nicht einen Diener, der in Treue arbeitet; sowie nicht einen Miethling, der daran sein Leben setzt. Ein verständiger Diener sei dir werth, wie deine Seele; betrüge ihn nicht um die Freiheit (im siebenten Jahre) und lasse ihn nicht hilflos.“[13]) Derselbe Weise warnt den Mann, „der Magd einer fremden Frau nicht nachzustellen und an deren Bett zu treten“[14]), um so Gelegenheit zur Sünde zu finden. Wie sehr die Menschenwürde des Sclaven im Alten Bunde geachtet war, bestätiget Job:[15]) „Wenn ich das Recht meines Knechtes und meiner Magd im Streite mit mir mißachtet: was sollte ich thun, wenn aufstände Gott, und wenn er untersuchte, was ihm erwidern? Hat

---

[1]) Bab. mez. 1, 5. Maim. Matthanah 3, 12. — [2]) Peah 3, 8. — [3]) Bikkur. 1, 5. — [4]) Kerith. 2, 5. Gittin 4, 5. Maimon. Abadim 7, 4. — [5]) Ex. 21, 32. — [6]) Lev. 27, 3. — [7]) Ex. 12, 45. — [8]) Lev. 25, 45. — [9]) Lev. 19, 13. — [10]) Dt. 24, 14, 15. vgl. Tob. 4, 15. — [11]) Lev. 25, 53. Eccli. 37, 14. — [12]) Eccli. 33, 31—33. — [13]) Eccli. 7, 22, 23. — [14]) Eccli. 41, 27. — [15]) 31, 13—15.

nicht im Mutterleibe mein Schöpfer auch ihn gebildet und uns zubereitet im Mutterschooße Einer?" Weil Sclaven und Freie in gleicher Weise von Einem Gotte erschaffen sind, daraus schließt Job, daß Alle gleiche Natur und Bestimmung haben, und vor Gott gleichberechtigt sind. Und dies spricht ein Mann aus, der an anderer Stelle klagt: „Meine Hausgenossen und Mägde achten mich als Fremden, ein Fremdling ward ich in ihren Augen. Meinem Knechte rufe ich und er antwortet nicht, mit meinem Munde muß ich zu ihm flehen."[1]) „Einem klugen Knechte sind die Geschäfte leicht und der Weg desselben wird recht sein."[2]) Der Weise ertheilt auch den Rath, einen Knecht bei seinem Herrn nicht (fälschlich) zu verklagen, damit er nicht fluche und du stürzest.[3]) Ein weiser Knecht wird durch Fleiß und Arbeitsamkeit sich leicht über thörichte und verschwenderische Söhne des Hauses emporschwingen und zu selbstständigem Besitzthume gelangen.[4])

Allerdings fehlen auch nicht Ermahnungen, einen Knecht (und eine Magd), namentlich träge, faule und böswillige in strenger Zucht zu halten und ihnen die Arbeit nicht ausgehen zu lassen, auf daß sie nicht übermüthig werden. „Ein Knecht kann nicht durch Worte gezüchtet werden, weil, was du sagst, er hört und zu antworten verschmäht. Wer zärtlich von Jugend seinen Knecht aufzieht, wird ihn später widerspenstig finden."[5]) Es gilt hier dasselbe, was der Weise von der Kinderzucht sagt.[6]) Mit einem faulen Knechte muß man daher über viele Arbeit verhandeln.[7]) Mahnt der Siracide zur Strenge, so fordert er auch zugleich zur Milde und zur Besonnenheit in Anwendung strenger Mittel auf: „Brot, Zucht und Arbeit gebühren dem Knechte. Arbeitet er in Zucht, so wird er auszuruhen suchen; lasse ihm müßig die Hände und er wird die Freiheit suchen. Joch und Riemen beugen den harten Nacken und den böswilligen Knecht drücken beständige Arbeiten nieder. Einem böswilligen Knechte gebühren Folter und Fußschellen; weise ihn zur Beschäftigung, damit er nicht müßig sei; denn viel Böses lehrt der Müßiggang.[8]) Zur Arbeit stelle ihn hin; denn so gebührt es ihm. Wenn er nicht gehorcht, beuge ihn mit Fußschellen; lege aber keinem Fleische (Knechte, der von demselben Fleische oder Ursprunge, wie du bist) zu viel auf, sondern thue ohne Ueberlegung nichts Wichtiges."[9]) Dem Knechte geziemt auch nicht zu herrschen[10]); denn durch einen Knecht, wenn er König wird, erbebt das Land.[11])

Der Prediger selbst sah Knechte auf Rossen und Fürsten wie Knechte auf der Erde gehen.[12]) Unerträglich ist auch eine Magd, wenn sie Erbe ihrer Gebieterin wird.[13]) Die Knechte und Mägde sollen daher immer ihre Augen auf die Hände ihrer Gebieter gerichtet haben, weil sie von deren Hand Alles zu erwarten haben.[14]) Die heilige Schrift führt uns einige Beispiele von treuen Mägden auf; so die Mägde der Judith, welche mit ihrer Herrin in größter Zurückgezogenheit lebten.[15]) Eine derselben (Abra) geht mit ihr in's feindliche Lager[16]), verläßt sie bei keiner Gelegenheit[17])

[1]) Job. 19, 15, 16. — [2]) Prov. 14, 15. — [3]) Prov. 30, 10. — [4]) Prov. 17, 2. Eccli. 10, 28. — [5]) Prov. 29, 19, 21. — [6]) Siehe S. 5. — [7]) Eccli. 37, 14. — [8]) Vgl. 2. Thess. 3, 11. — [9]) Eccli. 33, 25—30. — [10]) Prov. 19, 10. — [11]) Prov. 30, 22. — [12]) Eccl. 10, 7. — [13]) Prov. 30, 23. — [14]) Ps. 122, 2. — [15]) Judith 8, 5. — [16]) L. c. 10, 5. — [17]) L. c. 13, 12.

und leistet ihr bei Tödtung des Holofernes wichtige Dienste[1]); zur Belohnung dafür schenkte sie ihr die Freiheit.[2]) Eine Magd des Hohenpriesters wird benützt, um den zwei Priestersöhnen wichtige Nachrichten mitzutheilen, die sie an David berichten sollen.[3]) Die Mägde der Esther fasten und beten mit ihrer Königin.[4]) Undankbare Mägde waren die des Job[5]) und die Magd der Sara, welche sogar zu Schmähreden gegen ihre Herrin sich hinreißen ließ, weil sie eines Vergehens wegen zurechtgewiesen worden war.[6])

Die brave Hausfrau ist aber auch für das Wohl ihres Gesindes besorgt; sie steht noch vor Tagesanbruch auf, um Speise für die Hausleute und Arbeit für die Mägde herzurichten und gibt für den Winter ihnen eine warme Kleidung.[7]) Die gewöhnlichen Sclaven mußten Acker- und Hausdienste verrichten[8]); eine besondere Beschäftigung der Mägde war die Handhabung der Handmühlen, eine beschwerliche Arbeit[9]), welche zur Strafe auch von den männlichen bisweilen verrichtet wurde.[10])

Die völlige Aufhebung der Sclaverei, welche der natürlichen Gleichheit der Menschen widerspricht, kam auf alttestamentlichem Boden bei den Essenern und Therapeuten zum Durchbruch. Josephus[11]) schreibt von ihnen: „Sie (Essener) streben nicht nach dem Besitz von Leibeigenen, weil sie glauben, dieses führe zur Ungerechtigkeit.“ Philo[12]) berichtet: „Kein einziger Sclave ist bei ihnen, sondern alle sind frei. Sie verdammen die Besitzer der Sclaven nicht nur als ungerecht, weil sie die Gleichheit verletzen, sondern auch als gottlos, weil sie das Gesetz der Natur aufheben, welche wie eine Mutter alle auf gleiche Weise geboren und erzogen und zu leiblichen Brüdern nicht dem Worte, sondern der That nach gemacht habe.“ Und an einer andern Stelle[13]): „Sie lassen sich nicht von Sclaven bedienen; indem sie überhaupt jeden Besitz von Dienenden für etwas Widernatürliches halten; denn die Natur hat jeden als einen Freien geboren; aber die Ungerechtigkeit und Habsucht einzelner, welche die Ungleichheit, den Anfang alles Uebels, geltend zu machen strebten, hat den Mächtigeren die Gewalt über die Schwächeren in die Hände gegeben.“ So wurde also durch diese ascetische Richtung jene Freiheit angebahnt, welche Christus der Herr in die Welt gebracht hat, wobei „nicht ist Jude, nicht Hellene, nicht Sclave, nicht Freier, nicht Mann noch Weib, denn ihr Alle seid Einer in Christus Jesus“[14]), also jeder Unterschied der Nationalität, der Standesverhältnisse und des natürlichen Geschlechtes aufgehoben ist und Alle unter sich so völlig gleichgestellt und gereinigt sind, daß die Gesammtheit der Erlösten in dem Erlöser, als ihrem Haupte, zusammengehalten werden. Diese Gleichheit Aller hat die alttestamentliche Prophetie dadurch vorherverkündigt, daß Joel[15]) weissagt: „In jenen Tagen werde ich (Gott) meinen Geist über alles Fleisch ausgießen . . . auch über meine Knechte und Mägde will ich meinen Geist ausgießen.“

---

[1]) Judith 13, 5, 11. — [2]) L. c. 16, 28. — [3]) 2. Sam. 17, 17. — [4]) Esth. 4, 16. — [5]) 19, 15. — [6]) Tob. 3, 7 ff. — [7]) Prov. 31, 15, 21. — [8]) Luc. 17, 7 ff. — [9]) Ex. 11, 5. Is. 47, 2. Eccl. 12, 3. Luc. 17, 35. Matth. 24, 41. — [10]) Richt. 16, 21. — [11]) Ant. XVIII. 1, 5. — [12]) Quod omnis homo prob. II. 457. — [13]) De vit. contempl. II. 482. — [14]) Gal. 38, 2. — [15]) 2, 28, 29.

Inhalt.

Einleitung III
§ 1. Das Kind (Mädchen) 1
§ 2. Die Jungfrau 12
§ 3. Die Buhldirne 25
§ 4. Die Ehe 40
§ 5. Die Verlobte (Braut) 45
§ 6. Die Gattin 61
§ 7. Das böse Weib 77
§ 8. Die Mutter 83
§ 9. Das Kebsweib 99
§ 10. Die Ehebrecherin 105
§ 11. Die Geschiedene 113
§ 12. Die Wittwe 120
§ 13. Die Sclavin, Magd 130